孔子传

圣者布衣，人味千古

李木生◎著

文化发展出版社
Cultural Development Press

图书在版编目(CIP)数据

孔子传 / 李木生著 . — 北京：文化发展出版社，
2021.5

ISBN 978-7-5142-3395-7

Ⅰ. ①孔… Ⅱ. ①李… Ⅲ. ①孔丘（前 551～前 479）—
传记 Ⅳ. ①B822.2

中国版本图书馆CIP数据核字（2021）第062930号

孔子传

李木生　著

策　　划：凌　翔

责任编辑：武　赫

出版发行：文化发展出版社（北京市翠微路 2 号　邮编：100036）

网　　址：www.wenhuafazhan.com

经　　销：各地新华书店

印　　刷：三河市天润建兴印务有限公司

开　　本：880mm × 1230mm　1/32

字　　数：140 千字

印　　张：9

版　　次：2021 年 6 月第 1 版　　2021 年 7 月第 1 次印刷

定　　价：45.00 元

I S B N：978-7-5142-3395-7

目 录

第一章　孔子形象素描

出身贫贱而又一生四处碰壁的孔子，当然会不平则鸣，愤世嫉俗，也会让心上常存着悲苦。但是我也看到着一个平和、平凡、实际、幽默，甚至还让怀里常常揣着快乐的人。他没有像历代统治者累封的那样高，也不像历代知识分子所夸的那样玄，但是却实实在在比他们所封所夸的都要好，甚至还反其道而行之。

不妨让我们仔细瞧瞧。

素描之一，否定自己是圣人。大宰问于子贡曰："夫子圣者与？何其多能也？"子贡曰："固天纵之将圣，又多能也。"子闻之曰："大宰知我乎？吾少也贱，故多能鄙事。君子多乎哉？不多也！"（《论语·子罕》）

在这里，"大"读"太"，大宰是春秋时代的官职名称。有位大宰佩服地问子贡说："孔老先生真是圣人呀，他怎么这样博学而又多才多艺呢？"

这话真是说到了子贡的心坎上。子贡更进一步地说："那是当然，我的老师他是天生的圣人，更加上渊博的学问和多才多能。"

但是，孔子第一个站出来否定这个"圣人"说。他不是心里甜滋滋的，嘴上虚伪地否认，而是真诚地拒绝这个圣人的称谓。他说，你们以为这个大宰真的了解我吗？不，他并不了解。其实我哪里是什么圣人？我不过因为是孤儿出身，从小穷苦卑微，所以才学会并从事了许多鄙贱的技艺，也通达了许多的人情世故，真正的君子，是不会样样都通都会的。那个与他迥异的庄子，也说过类似的意思，他说人的生命是有限的，而知识却是无限的，用有限的生命去追求无限的知识，那是危险的、无法真正穷尽的。（"生也有涯，而知也无涯，以有涯随无涯，殆矣。"《庄子》）

素描之二，知过改过。子之武城，闻弦歌之声。夫子莞尔而笑，曰："割鸡焉用牛刀？"子游对曰："昔者偃也闻诸夫子曰：'君子学道则爱人，小人学道则易使也'"子曰："二三子！偃之言是也。前言戏之耳。"——《论

语·阳货》

比老师小了四十五岁的子游当了山东武城这个地方的县长，老师当然高兴。孔子是信任自己的学生的，而且去视察一下，看看学生的政绩，又是一件十分惬意的事情。老师去视察，肯定还要带着一帮子学生，如现在开现场会似的，既是研讨，又是实地学习。年轻的子游相当重视，也很兴奋。他知道，老师亲自来，这本身就是对于自己的莫大的重视、肯定与鼓励。

让孔子想不到的是，他一进武城，竟然听到了弹琴瑟、唱诗歌的声音。虽然弹琴瑟的技法还不高妙，甚至还有些生涩，但是听那咏唱诗歌的声音，却也透着一股蓬勃向上之气。弹琴瑟并配以咏唱诗歌，这是孔子教导学生们的一种高级方法，而且是到了一定程度、要在一定场合才使用的方法。比如在陈蔡绝粮的时候，弟子们不少饿倒病倒了，情绪也比较低落，这时孔子就使用了弹琴唱歌咏诗的教育方法。跟他流亡的弟子哪一个没有着高深的学问与修养？当然能够在音乐诗歌之中体味到了许多无法用语言表达的道理与情怀。可在这个小小的武城，乡里民间竟也有了弦歌之声。

这时孔子“莞尔而笑”。这是孔子在《论语》中唯一的一次“莞尔而笑”，是比微笑要开放一点的笑吧？这笑里当然隐含着一点点不以为然——在这样的小地方，教育老百姓，却用这样高级的方法。所以也就自然而然地说了一句“割鸡焉用牛刀？”

别看比老师小了四十五岁，子游听了老师的评价，刚才还灿烂着的笑容立即收敛起来，不仅不怯，甚至简直有点理直气壮地质问老师说：“老师，您以前不是教导过我们，说有知识的君子求学学道之后就能够唤醒仁爱之心，普通的百姓求学学道之后就能够懂得道理、指挥起来方便吗？我是这个地方的领导，教育百姓是我的责任嘛，怎么我按照老师说的去做反倒错了，成了用牛刀杀鸡了？”

这语气凌厉着呢，还有点抢白的味道，比自己大四十五岁的老师肯定会有些挂不住脸的吧？

真是让人想不到。孔子面对学生的抢白，却更加的和颜悦色起来，并对跟随的众多学生说：“大家都听好了，子游的话是对的。我刚才的话是开开玩笑，同学们可不要当真。”

学习当然要认真，但也不能光要嘴皮子，要学以致用。老师——哪怕他是孔子——也不会事事都对，对了就遵守，不对了就得说出来。子游就这样当学生。诲人不倦，鼓励向上，自己错了就承认，学生对了就听学生的。孔子就是这样当老师。

还是那个意思，我不是圣人，不仅不会事事都会，也不会事事都对。关键不在这里，关键是出现了错误就得承认错误，并且改正错误。不能以上压下、倚老卖老地"唯我独尊""一贯正确"。

还有一个故事。按照周礼的规定，同姓不能结婚。吴国与鲁国同是周公之后，依礼是不能通婚的。可是鲁昭公却娶了一个吴国的太太，取名叫吴孟子。于是陈国的一个司寇的官员出访鲁国的时候，就问孔子鲁昭公知不知礼。鲁国是周公的封地，周朝的文献典籍大多传之于鲁国，而且是问到自己国家的国君，孔子当然毫不犹豫地回答说昭公知礼。这个"陈司败"（是官名，亦司寇）果然厉害，不依不饶却又"知礼"。他没有让闻名列国的大学问家孔子难堪，等到孔子离开之后，就向孔子的学生巫马期作了个揖，靠近他认真地说："我听说君子无所偏袒，难道像孔子这样赫赫有名的君子也有私心吗？鲁君这样做如果算知礼，还有哪一个不知礼？"巫马期将陈司败的话原封不动地转达给老师，老师不仅没有恼羞成怒，还把人家指出他的错误当作一种幸运，"丘也幸，苟有过，人必知之"（《论语·述而》）。

有一年孔子去齐国，曾经发生过这样一件事：孔子拜见了齐景公却不去拜见齐国的权相晏婴。学生子贡不解，就问老师为什么。孔子这样回答子贡："晏婴连续被齐灵公、齐庄公、齐景公三个国君重用为相，执掌朝政数十年，可说是个不倒翁。我怀疑他是个八面玲珑、处世圆滑的人。因此，我才不想见他。"

晏婴听到孔子的话以后，向人表示着自己的不满与不服。他说："我以一心事三君，一心一意忠实地执行相继三个在位国君的旨意，为齐国的安定、富强竭尽了全力，所以我做相国才一直很顺利。如果我以三心事一君，那么齐国与我自己的情况就会相反了。现在孔子认定我从政顺利的原因是八面玲珑、处事圆滑，这真让人难以接受。原来我总以为孔子的意见是珍贵的，通过这个事情，我对他意见的正确性产生了怀疑。"

孔子听了之后，认为是自己说了错话。他不是文过饰非，而是真诚地检讨："我私下议论晏婴时，并没有确切地知道他有什么过失，这是我的错，是我对晏婴失言了，晏婴对我的批评是正确的。晏婴相国，是可以当我的老师的。"不仅有了这样知错的想法，又派弟子子宰前往齐国相府代自己向晏婴谢罪。还觉得不过意，又亲自登门拜访，向晏婴当面道歉。"'丘闻君子过人以为友，不及人以为师。丘失言于夫子，讥之，是吾师也'因宰我而谢焉，然仲尼见之"（《晏子春秋·外篇》）

孔子还说过"过而不改，是谓过"（《论语·卫灵公》），"过，则勿惮改"（《论语·学而》），"过而改之，是不过也"（《韩诗外传》），"能补过者，君子也"（《左传·昭公七年》），并赞扬颜回"不贰过"，不犯同样的错误（《论语·雍也》）。难怪子贡对于老师的知错认错改错的做法，佩服得五体投地，并进而悟出了这样的道理：君子的错误就像日食月食一样，大家看得清清楚楚，只要及时地纠正了，人们反而会更加信服——"君子之过也，如日月之食焉：过也，人皆见之；更也，人皆仰之。"（《论语·子张》）

这种知过与改过的深化，便是一种自觉的"自省"行为。"子曰：已矣乎！吾未见能见其过，而内自讼者也。"（《论语·公冶长》），一个人能够发现自己的过失，而又由内心深处自省咎责的人，是很难看到了。

素描之三，爱唱歌会乐器懂乐理能谱曲。子与人歌而善，必使反之，而后和之。——《论语·述而》

孔子与人一起唱歌，旋律与歌词都好，对方声音又好听，那就务必请对方单独再唱一遍。静下心来，听听，从旋律到词意，又会有新的发现与体味。这可真是一种享受。享受往往就能忘我，甚至会忽略了天地、时间，只让身心融入在歌声的意境中。动情了，思远了，那就再放开喉咙，与人合唱一次。

唱歌的孔子，不知是用的通俗唱法还是民族唱法？或者相当于现在的美声唱法？唱歌的孔子更能够欣赏音乐，他与音乐似乎有着一种本能般的相通。他在齐国时听了美妙绝伦的《韶乐》，竟能够沉浸于其中，三个月忽略了肉的味道。他的那句"想不到音乐竟然能够将人带到这样的境界"的感喟——"不图为乐之至于斯也"（《论语·述而》）——当是从灵魂深处发出的幸福的叹息。

是否只有音乐，才能真正表达他精神的自由、博雅与高远？那个曾经刺疼他、伤害他的时代与社会，包括那些庸碌的日子与碰壁的事情，还有那些让他恶心的小人，连同无法长存的生命与岁月，都会在音乐里被碾碎，化为烟云。只余一个解放了的灵魂，驾着云一样轻盈风一样无处不在的翅膀，翔于音乐的天地间。

那是一个和谐的生命，正畅游在一个和谐的境界里。

不仅是唱歌，还有咏叹，还有精通与粗通的各种乐器。或者，多才多艺而又情趣盎然的孔子，还能够舞之蹈之。祭祀之礼，不就有着某种舞蹈的味道吗？更为可贵的，是孔子对于音乐的原理有着专家般的理解。他曾经向鲁国的大乐官师挚讲解过有关音乐的高深的学问。他告诉他，音乐是可以了解的，开始演奏时众音陆续出现，呈现出活泼而热烈；接下去，众音单纯而又和谐，节奏清晰明亮，旋律连绵往复，直至一曲终了——“子语鲁大师乐，曰：‘乐其可知也。始作，翕如也；从之，纯如也；皦如也，绎如也，以成’”（《论语·八佾》）

在周天子的雒邑享受音乐《大武》，在陈、蔡之间七天绝粮却还要弹琴唱歌咏诗，在卫的击磬，还能够为《诗经》配上音乐（说明他会谱曲），尽显一个活泼的生命在向着和谐的境界前进，前进。“地气上齐，天气下降，阴阳相摩，天地相荡，鼓之以雷霆，奋之以风雨，动之以四时，煖之以日月，而百化兴焉。如此，则乐者天地之和也。”（《礼记·乐记》）地气升腾，天气普临，天地阴阳互相拥抱摩荡，雷霆鼓动，风雨滋沐，四季周流，日月照耀，万物蓬勃生长，而音乐便是宇宙自然的应和与再现了。陶醉于音乐之中的孔子定是将宇宙万物纳于胸中，并让一个浪漫的情怀向宇宙万物敞开来。“和顺积中而英华发外，唯乐不可以为伪”（《礼记·乐记》），在这无所不包的音乐之中，一个真诚的孔子就这样呈现在我们的面前。

素描之四，孔子的婚姻观。子谓公冶长，可妻也，虽在缧绁之中，非其罪也。以其子妻之。——《论语·公冶长》

子谓南容，邦有道不废，邦无道免于刑戮。以其兄之子妻之。——《论语·公冶长》

南容三复白圭，孔子以其兄之子妻之。——《论语·先进》

这是孔子在嫁自己的女儿与侄女。女儿嫁给曾经坐过牢的公冶长，侄女嫁给了大夫之子南容。

孔子是一个很实际的人，也有些世故。他要将自己的女儿与侄女嫁给可靠之人、可以托付终生的人。当然要有德有才，但还要是性格温顺持重，不会惹乱子的人。处于乱世之中，孔子确实为女儿侄女考虑得十分周到。

先说女婿公冶长。《孔子家语》中对公冶长有三个字的评价："能忍耻。"而孔子又说他虽然坐过牢，却并没有罪，是一桩冤案。综合起来，我们可以清楚三点：一是公冶长这个人品德上没问题，"虽在缧绁之中，非其罪也"。二是受到冤屈的时候可以平安过渡，挺过来，"能忍耻"。三是经过磨难之人，能够经得起风浪。将女儿嫁给这样的人，孔子可说是考虑周全。而且还有一个隐藏着的有利条件，那就是你公冶长有过牢狱之灾我都不嫌弃你，一旦女儿与之生活在一起，一般不会受气。当然，这里面也有一个老知识分子对于后辈的同情与声援。

公冶长到底是因为什么事而遭受牢狱之祸，各种书上都找不到记载。只有民间的传说里，说公冶长是个多才多艺的人，能够懂得鸟语。有一次他听到鸟对他说："公冶长！公冶长！南山有头羊，你吃肉，我吃肠。"公冶长到南山真的就扛回来一头羊，只是吃的时候忘了鸟的嘱咐，连肉带肠一块吃了。鸟生气了，就想害他。有一次又对他说了上次说过的话。公冶长再次赶到了南山之后，没有见到羊却看到了一具尸体，有口难辩，就坐了牢。

侄女就是那个腿有残疾的哥哥孟皮的女儿，更得慎之又慎。哥哥腿瘸，生活相当不易，去世时才把女儿托付给自己，这可不能有半点差池。选中南容作女婿，可说是考虑再三，选择的标准也就比女儿的还要严格还要高。当然最主要的还是有德有才还要性格好，不会在乱世之中惹乱子，能保证一家安全过日子。

南容正符合孔子选择侄女婿的标准。国家政治清明，他可以有官做不会被埋没，"邦有道不废"；国家政治黑暗，也不至于遭到刑罚，"邦无道免于刑戮"（以上两句见《论语·公冶长》）。说明这个南容，不仅有用世之才，也有自处之道。也就是《中庸》中所说的君子，"尊德性而道学问，致广大而尽精微，极高明而道中庸，温故而知新，敦厚以崇礼。是故居上不骄，为下不卑。国有道，其言足以兴；国无道，其默足以容。”这个“国无道，其默足以容”，是很难做到的。一般有才能的人，往往有着特立独行的性格，尤其处于黑暗的时代，恃才傲物，愤怒反抗，遭祸遭灾是经常的。而南容恰恰即有用世之才、又避免了有才之人的处世缺陷。选女婿，像屈原这样的人不行，虽有才有德，却在黑暗的时候硬要出头，最后被逼得在流放途中投汨罗江而亡。再有才有德，哪怕你有《离骚》《九歌》《天问》传世，可是人都没了，侄女靠谁去？傅雷这样的更不行，孤傲硬犟，总不能让侄女也与其一起上吊去吧？

对于南容的结论，是孔子经过细心考察得来的。如孔子有一次发现南容对《诗·大雅·抑》特别感兴趣，反复咏诵，一连读了三遍：“白圭之玷，尚可磨也；斯言之玷，不可为也……”白圭是一种玉，是说它上面的污点还可以磨去，可是如果人说话不注意，一旦说错就没法挽回了。从这里既可以看出南容对于品德的注重——古时君子往往以玉洁冰清来表达对于品德的追求，又可以看出南容是个相当谨慎的人。

孔子找侄女婿比找女婿慎重得多。在《论语·宪问》篇里，孔子对侄女婿南容还有过一次考察。南宫适问于孔子曰：“羿善射，奡荡舟，俱不得其死然。禹稷躬稼而有天下。”夫子不答。南宫适出，子曰：“君子哉若人！尚德哉若人！”这个南宫适，就是南容。关于善射的羿，鲁迅先生曾经写过一篇《奔月》的历史小说。南宫适问老师：那个夏朝有穷国的国君羿的箭术那么好，甚至可以射下太阳来，想称王，却被他的臣子寒浞杀掉了。而那个力气大得可以把江河里航行的船一手抓起来在陆地上行走的奡，也不得好死，为少康所诛。可是大禹和后稷，虽然没有羿和奡那么大的本事，只是规规矩矩去种田，却得到了天下。这是为什么呢？这个问题当然是无须回答的，提的问题本身就已经含有着答案，并且显示着提问题之人的思想与认识境界。所以南宫适一退出去，孔子就忍不住地告诉其他学生说，好一个君子，思想这么正确纯正，又这么崇尚道德！

何况南容还是个世家子弟，以后的日子应当是富足的。

显然，侄女婿要比女婿优越。真是实际又仁义的孔子，既是自己心中自然的选择，为女儿、侄女选择了优秀而又可靠之人，又可免于街坊邻居偏爱女儿之类的闲话。

素描之五，发牢骚与乐观态度。

子曰："凤鸟不至，河不出图，吾已矣夫！"（《论语·子罕》）

子曰："莫我知也夫！"子贡曰："何为其莫知子也？"子曰："不怨天，不尤人，下学而上达。知我者其天乎！"（《论语·宪问》）

凤凰不飞来了，黄河也没有图书出来了，我这一生恐怕是完了吧！

这真是一个严重的问题，这不仅是一种不被世用的苦闷，更是一种"两间荷一戟，吾自独彷徨"的孤独。"没有人了解我啊！""我这一生恐怕是完了吧！"这个牢骚可是发大了。类似这样不被人知不被世用的牢骚，孔子是经常发的。"道不行，乘桴浮于海"（《论语·公冶长》），我的主张真的就不被世人所用了，我只好乘个木筏子到海上去了。

只是孔子并不只是发牢骚，他还要从牢骚里跳出来，保持一个乐观向前的人生态度，"知其不可而为之"。子贡问他，老师如何对待这种没有人了解的现实呢？老师说："不怨天，不怪人。我下学人事，知道人事有顺有逆，因此不怪人；我上达天命，知道天命有穷有通，因此不怨天。没有人了解我怕啥，还有老天了解我呢！"

孔子说这个话的时候，当是在他结束流亡生涯回到鲁国之后了。此时，他不仅知天命，而且已经逼近随心所欲而不逾矩的自由境界。

此前，在他流亡岁月的末了，访问叶公的时候，这个好龙的叶公就曾问子路："你的老师孔子是个什么样的人呢？"一向心直口快的子路，这次倒让叶公给问住了。如果叶公说孔子的不好，子路可能会有说不完的反驳的话，可是一下子问老师是个什么样的人，他可真是没有仔细想过这个问题。况且老师太丰富多彩了，怎好骤然作答呢？叶公走了之后，子路就把这件事情告诉了老师。孔子却毫不迟疑地对子路说："你何不告诉他，我是一个发愤研求学问，常常忘了吃饭；当学问上有所发现与长进，就会快乐得忘了忧愁，甚至忽略了衰老的到来。"（"叶公问孔子于子路，子路不对。子曰：女奚不曰'其为人也，发愤忘食，乐以忘忧，不知老之将至云尔！'"《论语·述而》）

这是真正的快乐，一种忘食忘贫忘忧的快乐。这种快乐，实则是一种人生高境界上的澹定，物我两忘时的真快乐。同一章里，孔子还说过让天下的知识分子都舒心畅意的话："饭疏食饮水，曲肱而枕之，乐亦在其中矣。不义而富贵，于我如浮云。"不正当的功名富贵，就像天上的浮云一样，在我的眼里一钱不值。我饿了吃点粗茶淡饭，渴了喝碗白开水，倦了就蜷起胳膊当枕头甜甜地睡上一觉，我过我自己平淡却自由自在的日子，快乐得很！

一部《论语》，有四十五个"乐"字，却不见一个"苦"字。苦着难着、一生坎坷又一生忧国忧民的孔子，之所以能够"乐"在其中，就是因为他的心中树立着以天下为己任的忧患意识。

这种快乐，到了孟子那里，就成了一种威武不屈、贫贱不移、富贵不淫的浩然之气，也就是法国哲学家柏格森所说的"蓬勃的生气"。

素描之六：想发财又想当官的孔子。

子贡曰："有美玉于斯，韫椟而藏诸？求善贾而沽诸？子曰：沽之哉！我待贾者也！《论语·子罕》"

想当官的想法，溢于言表，而且迫切得很。子贡是深知老师想法的一个学生，他问得很有意思，虽直接又不至于让老师难堪："这里有一块美玉，是把它放在柜子里藏起来呢？还是找一个识货的商人卖掉呢？"行商坐贾，在这里，贾是指开店的商人。孔子当然也知道子贡亦庄亦谐的意向，但是久已藏于心上的想法，让他急不可待地回答道："卖掉它！卖掉它！我就是那块亟待出售的玉。"言外之意，是说我已经等待得太久了，就是没有遇到一个识货的主呢。他在《论语·泰伯》里，还说过这样的话："学习三年，却不想做官拿俸禄，这样的人是很难得的。"（三年学，不至于谷，不易得也）这真是将心比心的理解，并且还认为这种欲望是正常的正当的。名利浓于酒，这也是人类共同的感觉吧？

子曰："君子疾没世而名不称焉。"《论语·卫灵公》

到死而名声不被世人称述，这是君子引以为恨的。想出名的思想，似乎也挺严重。

当官，成名，孔子似乎还不满足，他还想发财。孔子真是常人的想法他都有，而且不怕降格。瞧他这样说："富而可求也，虽执鞭之士，吾亦为之。"（《论语·述而》）

但是，孔子与一般人不一样的地方，在于想着当官发财成名的时候，还有着另外的想法与态度——子曰：富与贵，是人之所欲也，不以其道得之，不处也。贫与贱，是人之所恶也，不以其道得之，不去也。君子去仁，恶乎成名。君子无终食之间违仁，造次必于是，颠沛必于是。(《论语·里仁》）财富和地位，是人人所追求的，如果不依循正当的道理和方法而得到它，一定是要拒绝的。贫穷和卑贱是人人所厌恶的，如果不幸到了这样的地步，也决不以不正当的手段去脱离它。以上所谓正当的道理与方法，就是“仁道”。一个君子，如果离开了仁道，怎能成就君子的美名呢？所以君子要时刻把握住仁道，从不会在吃完一餐饭的时间里离开过仁德，仓促急遽的时候固要与仁德同在，就是在颠沛流离的时候，也一定与仁德同在。

素描之七：骂人与恶作剧。

原壤夷俟。子曰：“幼而不孙弟，长而无述焉，老而不死，是为贼。”以杖叩其胫——《论语·宪问》

在《孔子家语》中，原壤是孔子的老朋友。马融在《论语》注中说：“原壤，鲁人，孔子幼少之旧。”《礼记·檀弓》曾记载着他的一则故事，说他的母亲去世的时候，孔子前去帮他治丧，他却站在母亲的棺材上、挺着肚子唱起歌来，孔子只好装作没听见。看来是一个与孔子有着不同意见且又落拓不羁的人。“宪问”中的这一段，虽然没有见到原壤的反应，单从孔子对他的态度看，两个人是老朋友，也许平时见了面并不正经，要相互指责几句，或者还要骂上两句，我们鲁西南老百姓称这种带点戏谑的骂叫“骂大会”，也叫抬杠。

孔子这里就是在骂了。孔子是一看见原壤的做派就动了气的，他两腿八字撇开坐在地上，见孔子来了连站也不站。孔子骂得并不斯文，甚至可以叫作粗口：“你小的时候不懂礼节，对兄弟姐妹没有爱心，长大了又没做几件好事，一生毫无作为，老了还白吃粮食，真是个老不死的害人精！”

骂了也就算了，孔子还动了拐杖，用拐杖敲了他的小腿，以杖叩其胫。不知是边敲边骂，还是骂完才敲。原壤到底有什么反应，《论语》上没有记载。我想他的嘴里肯定也会不干净，说不定还会骂得更毒更辣，所以孔子的学生们也就从略了。倒是明朝的李贽，有些同情原壤看不惯孔子，出来打抱不平说：“一头骂，一头打，孔夫子直恁慈悲。”

孔子的恶作剧，有时也会做得出人意料。《论语·阳货》中说：“孺悲欲见孔子。孔子辞以疾。将命者出户，取瑟而歌，使之闻之。”

这个鲁国人孺悲，肯定被孔子讨厌，他明明在家，却要让“传达”告诉孺悲说自己病了，不能见人。谁知“传达”的人刚出门，孔子就取出瑟，边弹边唱，故意让孺悲听见。表明他非但没有生病，反而很健康，就是借故不想见他罢了。如果孔子生于今天，或许能够当一名走红的通俗唱法或民族唱法的歌手？自弹自唱，而且是随手就来，可见孔子不仅是个性情中人，还对音乐与乐器确实有着相当的造诣与掌握。

孔子真是有点任性呢。如有一次大家都认为不该见的几个年轻人，孔子却非见不可。那个村子的居民因为不老实而出了名，村里的几个年轻人有一天去见孔子，孔子的弟子们都想挡驾，可就是没挡住。接见了这几个年轻人的孔子教育自己的学生们说：为何不能见他们呢？人家既然诚心诚意地来见我，而且又有改过的心意，我就应当既往不咎。

能说孔子不也是个性情中人吗？

孔子实在是一个有趣的人，从他活泼生动多棱的语言，就可以想见他的活泼生动的多维脾性。听听他的这句话：“不曰‘如之何、如之何’者，吾未如之何也已矣。”（《论语·卫灵公》），像绕口令，搬到现代舞台上又如说相声一般，可这就是二千五百年前孔子说过的话。他表达的是什么意思？意思又浅又深刻，不过是说：“一个不知道问‘怎么样？怎么样？’的人，我真不知道该把他怎么样了。”深入进去想想，其实孔子是在讲一种谨慎的态度和怀疑的精神。只有事前多打几个问号、多问几个为什么，才能把事情考虑周全，也只有富有怀疑精神，才能有所发现、有所创造。

素描之八：孔子好掉泪。

颜渊死，子哭之恸。从者曰：“子恸矣！”曰：“有恸乎？非夫人之为恸而谁为？”（《论语·先进》）

颜渊是孔子最得意的门生，贫穷一生，身体不好，去世又早，孔子真的是哭惨了。不仅号啕大哭，边哭还边呼天抢地地喊：啊啊，老天爷要了我的命呀！老天爷要了我的命呀！（噫！天丧予！天丧予！）这里没有描写孔子的泪掉了多少，是不是把衣襟都湿透了。但是肯定是掉了很多的泪。

子路死，孔子又是这样大哭，掉了许多的泪。

有一次，孔子偶然碰到一个老相识的丧礼，就进门吊唁。看见老相识的家人哭，他也就感动得跟着哭了起来。出来之后，又让弟子将他鞍韂上的一个零件卸下来给丧家送去，作为祭礼，并且说：“拿进去当祭礼吧。平白无故地哭祭，不带点礼品是不好的。”

就是看到本该清平世界才能出现的瑞兽麟出现在了乱世，他也会哭，哭它的生不逢时。看到这个不被人认识的麟被人弄断了一只腿，他更是大哭了。

《述而》说：“子于是日哭，则不歌。”还是在说孔子的哭，而且哭得那样真那样用心，以至于只要哭过，这一天也就不能唱歌了，不是理智或礼仪上规定哭过不能唱，而是孔子因为哭而当天唱不出来。学生们既然将他哭的当天就不唱歌的小小细节写在《论语》里，那就说明，孔子的哭是常常要发生的，也说明，孔子的唱歌是比哭更加的频繁。哭与歌，都要情动于衷。

泪多的人心软，孔子当是一个心软的人了。好掉泪的人多情，孔子当是一个多情的男儿。

孔子的多情往往会被人们所忽略。他当然也有着庄严的一面，但是庄严不能与无情划等号。比如孔子在《论语·为政篇》中说过的“诗三百，一言一蔽之，曰：‘思无邪。’”这句话，就被大家长期误解着，将“思无邪”理解为“思想纯正无邪”。实则，孔子在这里是说诗经三百篇，用一句话来概括，那就是无不出于直驰如马奔的真情。这里的思无邪，是说诗人的感情像向前奔驰的马一样，直行不邪、不可阻挡。这“思无邪”三字，就是取自《诗经·鲁颂·駉》，“駉駉（jiong）牡马，在坰（jiong）之野。薄言駉者，有骃（yin）有騢（xia），有驔（dian）有鱼，以车祛祛。思无邪，思马斯徂（cu）。”壮硕的雄马，在野外的草地上。都称之为壮硕的，有黑白相间的马，有红白间杂的马；有黄脊的黑马，有目白似鱼的马，拉起车来强健有力。没有偏斜啊，马的这种奔驰。在这里，“思”仅仅是语首助词，没有含义，“无邪”就是指诗人胸怀中炽热的情感直驰不斜。

素描之九：不摆谱。

子疾病，子路使门人为臣。病间曰：久矣哉，由之行诈也！无臣而为有臣，吾谁欺？欺天乎？且予与其死于臣之手，无宁死于二三子之手乎？且予纵不得大葬，予死于道路乎？——《论语·子罕》

孔子病了，而且病得不轻，子路为老师做好了后事的安排。他觉得老师生前没有享受过国君的待遇，这回死了就让他享受一回吧。于是还安排同学们分别担当了各种大臣的角色。

没想到孔子是苦出身，身体得到过长期劳作奔波的锻炼，大病竟也挺了过来。挺了过来的孔子知道了子路的这一番把戏，觉得又可气又好笑。孔子从来也没把富贵权位真正当回事，他只是一心要行道救世济众罢了。在他心里，他早已超出了那些个诸侯君主了。不用说别的，光是这些个学生以及自己的教育事业，哪一个君主能有如此不朽的事业？但是孔子不这样说，他只是就事论事通俗地骂一顿子路罢了。他指着子路说："我病了这样久，想不到你竟然干下这样一个欺诈的行为！我本来就是一个平民百姓，是一个知识分子（士），你却把我搞成一个不伦不类的什么国君。我这是欺哄谁？欺骗上天吗？多丢人呀！你觉得国君就大我孔子就小？我与其以君臣的关系死在臣子的手上，还不如以师生的关系死在你们学生们的手里更好呢。有没有国葬有多大关系？我纵使死了得不到大葬的哀荣，难道你们会忍心看着我死在路边上不成？"

想一想，在孔门最著名的七十二弟子中，也只有子路能导出这样一幕可爱的悲喜剧。而我们在又一次畅想其师生情谊的时候，不得不深深佩服孔子在生死大节上的清醒和实在。

素描之十：孔子爱体育。

孔子既不道貌岸然，更不文弱不堪。他那健壮高大的体魄（身高一米九一），分明透着鲜活明亮的阳刚之气。而这种健壮与阳刚，是与他热爱体育分不开的。他教授学生们的"六艺"——礼乐射御书数——其中就有两种项目属于体育或者说属于军事，射是射箭，御是驾车。春秋末期，战乱频仍，这驾驭战车与射箭尤其显得重要，也就成为孔子教学的重要内容。

《礼记·射义》载："孔子射矍相之圃，观者如堵墙。"能够当三千学生的教师，虽不见得非要与小李广花荣一样的射术，也不会如后羿那样的可以射下太阳，但是射术肯定也是一流的，而且是常人难以企及的。不然，孔子的射箭就不会吸引得鲁国首都曲阜那么多的人争相观看。"观者如堵墙"，那可是个热闹场面。古人的当时，也是他们的"当代"，以他们对于射箭中的孔子的热情，远远的要比我们的追星族高明得多。高大健硕、英姿勃发，再弯弓引箭，当是一个美好的画面。而且我们可以想像，这个少时贫贱并做过许多粗活的孔子，一定会在这种“如堵墙”的众多观众面前更加地焕发出力量与刚劲，并让胸中充满着得意与快乐。难怪他会自信而又欢愉地说：“君子没有什么可以争的事情。如果有所争，那一定是比箭吧！比赛之前，相互作揖礼让然后昂昂然走上比赛场。比赛完了，计算出中靶的多少以决定喝酒的多少，然后再去痛痛快快地喝上一场酒，那可真是君子的一种竞赛啊！”（“君子无所争。必也射乎！揖让而升，下而饮。其争也君子。”《论语·八佾》）

别看孔子身高力大，射箭驾车都有着先天的优越条件，可他因为对于此道有着深切的认识，并不只是争强好胜。他教育学生们的时候，也是告诉他们，只要勤学苦练、掌握好要领，射中就算好的，没有必要非要射穿靶面，因为每个人的力量是不一样的。“射不主皮，为力不同科，古之道也。”（同上）

别看孔子射箭会引得鲁国人“观者如堵墙”，其实他的驾车本领比射箭还要精当。“达巷党人曰：‘大哉孔子！博学而无所成名。’子闻之，谓弟子曰：‘吾何执？执御乎？执射乎？吾执御矣。’”（《论语·子罕》）达巷街上有人说孔子真是厉害，什么都会，只可惜没有什么能使自己成名的专长。林语堂先生译解达巷党人对孔子的这句评价最有意思，他说那个意思就是“孔子样样都通，却件件稀松”。听了这样的话，有着多种专长的孔子不仅不烦不厌，还能够自我解嘲地说：“那我专练什么呢？赶马车呢？还是练习射箭？让我好好地练赶马车好了。”谐谑雅善的天趣的后面，不仅藏着忠厚的宅心，也还透露着孔子驾驭车马的高超技艺。

其实，孔子不仅真的有着一流的驾车技术，还有着别样的驾车心得，那就是要求上了车，首先要站立端正，拉好扶手带，心无旁骛，不能向内顾盼，不能光顾着说话，还不能指指划划。（“升车，必正立，执绥，车中不内顾，不疾言，不亲指”《论语·乡党》）这可真是安全驾驶理论的创始人，那个“执绥”，不就是我们现在的系好安全带吗？可惜我们现代人，驾着车吸烟的啦呱的打手机的，甚至有的看见了警察才将安全带虚虚地随便挂在胸前的，可谓应有尽有，真是比二千五百多年前的孔子落后多了。

素描十一：孔子是“难得糊涂”的鼻祖。

子曰：宁武子，邦有道则知，邦无道则愚。其知可及也，其愚不可及也。——《论语·公冶长》

我们平常所说的一个人太笨太傻，又可以叫他“愚不可及”，也就是愚蠢。这个“愚不可及”，就是从孔子这里来的，虽然我们已经把它当作了一个贬义词，但是在孔子那里，却是在表扬宁武子，而且是一种大表扬。

宁武子是春秋时代卫国有名的大夫，姓宁名俞，武是他的谥号。这个人有着常人没有的智慧与涵养。他经历了卫文公与卫成公两个完全不同的朝代，卫文公时政治清明，“邦有道”，他充分发挥了自己的聪明才智，为国家办了好多的事情。到了卫成公时，政治黑暗起来，但是这个宁武子仍然参加了这个统治集团，而且也没与卫成公与别的当政者发生什么冲突。他在卫成公时代的一个最主要的做法、也是孔子十分佩服的做法，就是“邦无道则愚”，直说就是装糊涂，显得一种愚蠢的样子。

孔子有些向往地说：“宁武子的聪明才智，我们也许可以超过他，但是他的装糊涂，他的‘愚’，却是我们赶不上、也很难学得来的，‘愚不可及’了。”实际上，清代郑板桥的“难得糊涂”，就是跟着孔子的教导学的。仔细想想，做到这一步确实难。难在哪里？糊涂时并不是投降或者同流合污，而是装着糊涂，要在糊涂的掩护下保持清醒、保全自己，而后再尽可能地多为国家为人民办点力所能及的事情。然而一个品德高洁的人，特别是品德高洁又有着大才的人，如果处在一个黑暗的时代，小人践踏君子，腐败与不公横行，他是血性刚烈地拍案而起，还是大智若愚地隐于“糊涂”？虽然这两种选择都艰难而痛苦，恐怕后一种则更难。

从这里可以看出孔子的两个方面：既向往宁武子的装糊涂，也提倡装糊涂，但是他自己又明知不可而为之，装不出糊涂来，只有叹喟“愚不可及”。

素描之十二：孔子的生活艺术。

《论语·乡党》一章，几乎就是孔子生活起居、待人接物的全面的生动的记载，虽然没有其他章节显得“重大”，却更加地贴近当年那个真实的孔子，也让这个带着圣人光圈的人，一下子散发出浓浓的人间烟火的味道。南怀瑾先生说，可以以乡党一章当脚本，演关于孔子的电影或者排演关于孔子的戏剧。

孔子的待人接物因人而异，十分讲究得体——

孔子于乡党，恂恂如也，似不能言者。其在宗庙朝廷，便便言，唯谨尔。孔子在本乡本土的地方上，面对乡亲，就非常恭顺，好似不能说话的样子，从不显示自己多么高明和多么有文化。可是在宗庙与朝廷上就不一样了，有话便明白晓畅地说出来，只是说得少一些。

对待同僚呢？又是一种做派。朝，与下大夫言，侃侃如也；与上大夫言，訚訚（yin）如也。君在，踧踖如也，与与如也。上朝的时候，君主还没有来（从那时就有了领导晚来让大家等待的传统），他同下大夫说话，温和而快乐的样子；同上大夫说话，正直而恭敬的样子。君主来了，恭敬而心中不安的样子，行走也稳重了许多。

看他招待外宾的时候又是一副什么仪态。

君召使摈，色勃如也，足躩如也。揖所与立，左右手，衣前后，襜如也。趋进，翼如也。宾退，必复命曰："宾不顾矣。"

这是孔子会见外宾时候的仪态。鲁君召他去接待外国的贵宾，孔子的表情立即矜持庄严起来，脚步也加快了。见了贵宾及他们的随行人员，他就热情地向两边作揖，左边拱手，右边拱手，衣裳就随着他作揖时的俯仰也很有节奏地一俯一仰。这个时候他的步子是快速的，以至于他那肥大的礼服也飘扬了起来，像鸟儿的翅膀。贵宾辞别之后，孔子必须恭敬地向国君报告说："已经把客人送走了。"真是形象逼真，他的左边作揖右边作揖，衣服一俯一仰的样子，他的快步前行礼服像鸟儿的翅膀飞起来的样子，都如在眼前一样。我们至今仍可以想见，一个一米九一的大块头，穿着接见外宾的宽大的礼服，礼服的下摆就在快步带起的风里如翼般的飘举着，潇洒而又庄重，威武而又飘逸，还有自信与谦逊。我们甚至可想见众多外宾眼睛里亮起的光彩，与微微的赞叹声。

在国君身边，孔子总是有些拘谨的样子。入公门，鞠躬如也，如不容。立不中门，行不履阈。过位，色勃如也，足躩如也，其言似不足者。摄斋升堂，鞠躬如也，屏气似不息者。出，降一等，逞颜色，怡怡如也。复其位，踧踖如也。走进朝门，害怕而谨慎的样子，好像没有容身之地。站，不站在门的中间；走，不踩门坎。经过君主的座位，面色矜庄，脚步也快，言语好像中气不足。提起下摆向堂上走去，恭敬谨慎的样子，憋住气好像不呼吸一般。走出来，下了一级台阶，面色才开始放松，有点怡然自得的样子。等走完了台阶，再快快地向前紧走几步，好像鸟儿舒展翅膀。回到自己的位置，又是恭敬而又心里不安的样子。

出使国外，又是另外一个孔子。举行典礼时，他拿着圭，恭敬谨慎，好像举不起来。向上举像作揖，向下拿像在交给别人，面色矜持好像在作战。脚步也紧凑狭窄，好象在沿着一条线走。到献礼物的时候，就满脸和气。以私人身份和外国君臣会见，则显得轻松愉快。

穿戴打扮，孔子似乎有着专家的眼光。如他说君子不用近乎黑色的天青色和铁灰色作镶边，而近乎赤色的浅红色和紫色不用来作平常家居的衣服。暑天，穿粗的或者细的葛布做的单衣，但一定有衬衫，并使它露在外边。黑色的衣配紫羔，白色的衣配麂裘。居家的皮袄身材较长，但是右边的袖子要做得短一些……

斋，必有明衣，布。斋必变食，居必迁坐。

斋戒沐浴的时候，一定要有布做的浴衣。斋戒期间，一定要改变平时的饮食，吃素餐；还要改变居住的地方，不能与妻子同房。孔子平时居家过日子又是怎样一种情形呢？正襟危坐吗？不苟言笑吗？当然不是，孔子几乎从来都不是这个样子。《论语·述而》中说“子之燕居，申申如也，夭夭如也”，燕居就是在家的生活，申申如也是爽朗舒展，夭夭如也，活泼愉快。随和，舒坦，把握生活而又享受生活。

对于吃，孔子更是有着独特的认识。

食不厌精，脍不厌细。食饐而餲，鱼馁而肉败，不食。色恶，不食。臭恶，不食。失饪，不食。不时，不食。割不正，不食。不得酱，不食。肉虽多，不使胜食气。惟酒无量，不及乱。沽酒市脯不食。不撤姜食，不多食。

粮食舂得越精越好，鱼和肉切得越细越好。粮食霉变发臭，鱼和肉腐烂，都不吃。食物颜色难看的不吃，气味难闻的不吃，烹调不当不吃，不到吃饭的时间不吃，不按照一定的方法切割的肉不吃，不加一定的调味品如酱油醋的不吃。席上的肉虽然很多，但是吃肉不超过主食。只有酒可以不限量地喝，却不要喝醉。买来的酒和肉干不吃。吃完了，姜不撤下，但是也吃得不多。

鲁迅先生据此还推断出孔子有胃病：“‘割不正不食’，这是他老先生的古板规矩，但‘食不厌精，脍不厌细’的条令却有些稀奇。他并非百万富翁或能收许多版税的文学家，想不至于这么奢侈的，除了只为卫生，意在容易消化之外，别无解法。况且，‘不撤姜食’，又简直是省不掉的暖胃药了。何必如此厚于胃，念念不忘呢？以其有胃病之故也。”（《由中国女人的脚，推定中国人之非中庸，又由此推定孔子有胃病》）鲁迅是在日本学过医的，恐怕他的推断有几分道理。我推想，孔子的性功能也许有着一定的缺陷，不然他不会专门对于房事有着禁忌，而且流亡列国十四年从没回家过一次。

孔子的生活可不算差，并且十分讲究，我们现在讲究菜的“色香味”，恐怕与孔子有着直接的关系。从他的这些饮食习惯里，我们还能学习到一些养生的道理，如要按时进食，少吃肉，不醉酒，适当吃几片生姜等。这些标准，应当是他在鲁国当了大官或者结束流亡返回鲁国之后。有富可敌国的子贡这样的学生照顾他的生活，而且，他教了那么多的学生，光是学费一项，也使他有了讲究的资本。这也是他的劳动所得，不仅无可厚非，还是要提倡的吧？当然，在他艰难困苦的青少年时代和他流亡期间，恐怕就没有条件讲究这些了。

他也还有一些生活上讲卫生的好习惯，如吃饭的时候不说话，睡觉的时候不交谈（食不语，寝不言）；参与国家祭祀典礼，不把祭肉留到第二天，若是存放过了三天，便不吃了（祭于公，不宿肉。出三日，不食矣）；睡觉不能像死尸一样直直地平躺着，平日坐着，也不要像接见客人或自己做客一样跪着两膝在席上（寝不尸，居不客）等。

真是一个能受罪也能享福的孔子，苦乐年华不就是说的人生吗？这些素描，毕竟只是一个个的镜头，或许能够从中看到孔子的一个侧面。要知道一个全面的孔子，还是让我们从头说起吧。

第二章　孔子的先辈们

孔子所处的我国春秋末期，虽然由周天子、各国诸侯、卿大夫和士组成的贵族领主等级制度还基本保留着，但是已经到了“礼崩乐坏”的地步，各阶层之间的力量对比也处于一个急剧变化的时代。

首先是周天子早已是形同虚设，完全丧失了号令诸侯的权力，各诸侯国随着自己领土的扩张与军事的强大，纷纷向天子闹独立，有的甚至还要号令胁迫天子。其次是各诸侯国内的卿大夫，也随着自己力量的扩大而向诸侯闹独立，如卫大夫孙林父占据采邑领地戚而叛卫，晋赵鞅“入于晋阳以叛”，以及鲁国“三桓”各自占据采邑领地费、郈、成向鲁君闹独立等。卿大夫所属的家臣，也在利用自己经济与军事实力的增长、而将替卿大夫管理的采邑据为己有而向卿大夫闹独立，如晋范氏家臣佛肸以中牟对抗晋国权臣赵简子，鲁国季孙氏家臣阳虎甚至到了“陪臣执国命”、也就是执掌国家大权的地步。这种各自独立的状况，也就必然地导致诸侯间和各国内部卿大夫间及卿大夫与家臣间频繁的兼并战，“春秋无义战”说的就是这样一种形势。而鲁国作为一个经济、政治、军事相对弱小的国家，处于大国晋、齐、楚之间，附于楚则晋怒，依于晋则楚来伐，而如果不防备齐的话，又会遭到齐的侵略。

孔子，就出生在春秋时代的鲁国（今山东曲阜）。

孔子，名丘，字仲尼。“子”是当时一般的表示尊敬的称谓，而“仲尼”之“仲”，则是表示兄弟排行中老二的位置。那时兄弟排行是用“伯仲叔季”来表示的，因为孔子有一个同父异母的哥哥叫孟皮、字伯尼，所以孔子便字仲尼。他生于公元前五五一年夏历八月二十七日，死于公元前四七九年夏历二月十一日，享年七十三岁。

说孔子出生于一个破落的贵族家庭是确切的。他的先祖经历了从王室到诸侯，由诸侯到公卿，再由公卿到大夫、士族之家的破落过程。

关于孔子的先祖，有一条清晰的脉络，可以一直追溯到我国商朝王室的微子启。微子启被封为宋国国君，他传位于弟弟微仲。这个宋国国君微仲，就是孔子的直系先世，传 14 代而到孔子的父亲叔梁纥。从微仲至叔梁纥，有几位在历史上留下故事的人物，他们是孔子的第十代祖先弗父何、第七代祖先正考父、第六代祖先孔父嘉和孔子的父亲叔梁纥。

不过还是得先说说微子启。微子启在司马迁的《史记·宋微子世家》中却叫微子开，这是因为司马迁写作《史记》时的汉朝，被称作汉景帝的皇帝名字叫刘启。皇帝叫什么就把什么字霸占了，现在他叫了“启”，别人就不能再用这个“启”字，哪怕微子启比他早生了好多个世纪。这个规定，在专制制度的古代名之为“避讳”。

微子启当然不会想到，多少世纪之后会有人给他改“启”为“开”。当然这个为他改名的人已经无从考究了。虽然“启”改“开”，见于司马迁的《史记·宋微子世家》，但是在《史记·殷本纪》中，微子启的“启”字却完好无损。这说明这个将“启”改“开”的人，可能是开始实行避讳的唐朝以后的人了。

其实这个微子启是很有点自己想法的人，他是非分明，富有正义感，而且还敢作敢为。他本来是商纣王的同母庶兄。庶出一般是指妾所生，以区别于正妻所生，既然同母，怎么还会兄庶弟嫡？原来是纣王辛的母亲在生微子启的时候还是妾的身份，等到生纣王辛的时候，已经是妃了。身份就是命运，这也是专制社会的一个重要的特征之一吧？

微子启对于商纣王的荒淫无耻、残暴害民早就深恶痛绝。他一次次地谏诤，期望着这个当着国王的弟弟能够改邪归正，也好使商的天下不至于不可收拾。瞧瞧这个纣王对于不同意见的态度吧。当时的大臣九侯有一个美丽的女儿，本来已经献给了他，就因为她看不惯纣王的荒淫无耻，稍稍表示了不满，就被纣王杀了。杀了这个美丽的女人还不解气，又把九侯也杀了，再剁成肉酱，分赏给诸侯们吃。大臣鄂侯来劝阻，商纣又把鄂侯也做成了肉干。与微子同时向这个暴君谏诤的还有太师箕子和少师比干，都是商纣王的叔叔。丧心病狂的纣岂能听谏，不仅听不进不同意见，还更加变本加厉地作恶。箕子只好装疯当了奴隶，而比干糊涂地死谏，竟然落了个被纣剖心的下场。对于比干的死谏，商纣戏弄地说：“你这样做是想当圣人吧？我听说圣人的心脏有七个孔穴，那就让我看看你有没有。”说罢就下令剖开比干的胸膛，取出他的心脏来观看。对于这样一个无恶不作的无耻暴君，竟然还有生在现代文明国度里的文明人为他翻案，说他多才多艺，并将他连年的侵略战争说成了为中国的统一做出贡献。

固然，在《论语·子张》篇中，子贡说过这样的话：“纣之不善，不如是之甚也。是以君子恶居下流，天下之恶皆归焉。”他是说，商纣的坏，不像现在传说的这么厉害。所以君子憎恨居于下流，一居下流，天下的什么坏名声都会集中在他的身上。商纣的坏名声，不可避免，也有周人为了说明自己灭商的正确而故意扩大宣传的因素。但是，暴君的实质，是无论如何也无法抹杀的。

几千年前的微子要比几千年后的现代人清醒得多，他知道跟着这样的暴君走必然是国破家亡死路一条。

于是微子启毅然走了一条截然不同的道路，那就是弃暗投明，投降了商的敌人周。

身为王室嫡系成员，投降了敌国，也同时是背叛了家族，按说这应当被当作“叛徒”的。有想法的微子却有着自己的主见。他觉得对于这样一个暴虐无道的坏蛋，是应当人人得而诛之的，跟着他走，那可是实实在在的“助纣为虐”了。什么叫作忠于国家？像商纣这样一个残暴无耻之徒根本不能代表国家——尽管他打着天命与国家的招牌。箕子那样装疯为奴有点窝囊，比干那样以死相谏的忠贞，则是愚得可怜。于是微子毅然为后世千百万代树立起一个另类的榜样：远离暴君与他的政权，绝不与这样的暴君与这样黑暗的政权为伍，绝不与其同归于尽。

等到周武王打败了众叛亲离的商纣，微子更公然表示降服。《尚书·微子》这样记载了微子投降的场景：“周武王伐纣克殷，微子乃持其祭器造于军门，肉袒面缚。左牵羊，右把茅，膝行而前，以告。”不仅犒劳获胜的周师，还要跪着交出祭祀的权力。

对于暴君与暴君的残暴政治，微子坚持着批判的立场；在批判不起作用，而且会成为残暴政治牺牲品的时候，毅然选择自我流放或曰逃亡；当新兴的、进步的、顺应着历史潮流的新政权建立的时候，他又甩掉一切束缚，敢于降服——这就是孔子的祖先微子，一个反对派的微子、开明的微子、向善的微子。

对于先祖微子这种弃暗投明之举，在“礼崩乐坏”之际同样对社会持批判立场的孔子，以“仁”赞扬之。在《论语·微子》中，孔子这样说：“微子去之，箕子为之奴，比干谏而死”，“殷有三仁焉”。

国破家亡之后，身为殷商王室的微子被周封于宋。周公代幼小的周成王作了一篇名为《微子之命》的任命书，虽然真伪难辨，但其意思却是与历史的事实相符的。这篇任命书相当有味道，有说教又有知心话，有警示也有劝慰和鼓励——

成王如此说：“喂，殷王的儿子，考察古代，能尊崇有德之人，向贤者学习，完全继承先王，修先王的礼法，为王朝做事，才能与国家一样吉庆，永世无穷。唉！你的先祖成汤，能够和圣人一样伟大，上天保佑他，让他作天子。他对百姓宽厚，革除邪虐。他是当时功劳最大的，其德行也一直传到他的后裔，你应当像他那样去做。你过去的名声很好，做事谨慎，孝顺父母，对人与神都很恭敬。我嘉许你的德行与你的行为，说，永远不会忘记你做的好事。上帝按时享受你的祭祀，百姓也很和谐，因此封你为上公之位，到东方的宋去作国君，你要谨慎呀！到那里去传布你的教化，当好你的国君。一切按照过去的规定去办，卫护周王室。发扬你祖先的事业，把百姓管理好。永远保持君位，辅助我一个。你的后世，代代受你保护，万国以你为榜样，使我周朝永远不讨厌你。啊，高兴地去吧，不要违背我的任命。”

孔子的第十四代祖先微仲，按照弟承兄位的规矩从兄长微子启手中接过宋国国君的位置的时候，孔子先世的地位已经从商朝的王室下降为周朝的诸侯。而再由诸侯下降为公卿，则要等到孔子的第十代祖先弗父何。弗父何还有一个弟弟鲋祀，故事就出在父亲宋缗公的传位上。宋缗公死时仍然按照自己祖先殷商的制度，将宋国国君的位置传给了弟弟熙，也就是历史上的宋炀公。但是从西周开始，早已改了商的规矩，变弟承兄位为父死子传。在专制制度的土壤里，权力之争总是最为残酷最为血腥的，规矩也好，习惯也罢，都不过是掩饰其血腥的幌子罢了。

弗父何的弟弟鲋祀早已觊觎着国君的位置，并为获得这个位置而积蓄力量、等待机会。叔父熙的继承国君，也就为自己带来了杀身之祸。当鲋祀弑杀叔父熙之时，就公然宣布："我当立！" 既然叔父已死，国君的位置当然应当落在长子弗父何的头上。可是国君的位置却让身为宋缗公次子的鲋祀占得，也就是历史上的宋厉公。历史的记载中，大都记述为哥哥弗父何发扬风格让位给了弟弟鲋祀。其实仔细想想，弟弟那一句"我当立"，早已透露出了历史的真相：他有力量弑杀叔父，当然也绝对不会允许别人夺得他的"胜利果实"。

从这个事件，我们不是也可以看出弗父何的德行与聪明吗？作为最有资格与叔父争夺国君之位的长子，不仅没有为争夺宋国国君权位处心积虑——这是他的淡泊之心，而当叔父被杀之时，他当然更不会为了这个位置而自蹈死地了——这是他能够审时度势的聪明。于是，有德行而又聪明的弗父何，也就当定了宋国的上卿。地位是由诸侯降为了卿，但是也因此而为自己的后代谋下了一个相对安全的环境。

弗父何的曾孙、也是孔子的第七代祖先的正考父，更是把乃祖弗父何的德行与聪明发扬光大了。他虽然连续辅佐了宋国的三届国君——戴公、武公和宣公，却越来越谦恭俭朴，好似全宋国就他的官小一样。他在自己家庙中的鼎上为后世留下了这样的铭文："一命而偻，再命而伛，三命而俯，循墙而走，亦莫余敢侮。饘于是，粥于是，以糊余口。"

先不说这篇 31 个字的铭文记下了正考父当年处世与生活的真实模样，光是从文章的角度，这就是一篇精妙的散文。区区 31 个字，竟然惟妙惟肖地刻画出了一个人的内心世界与外在做派，并将那个时候权力中心的险恶，暴露无遗。主要的意思就是说每逢接受提升职位的任命时，都是越来越恭谨，一副如履薄冰的样子。我们不妨将这段铭文变作现代语再品品其中的滋味：始而低头，再而曲背（是故意曲背，而不是背驼），三而弯腰，连走路也要小心翼翼地专拣墙根走。末了还不忘以这个家鼎说说自己生活的俭朴：我用这个鼎煮饭和稀粥，勉强糊口充饥而已。这真是个有知识的人，也是我见到过的中国历史上最早的知识分子之一了。中国知识分子的心态与脾性，在正考父身上就有着活灵活现地体现。恭敬谨慎，儒雅谦让，但是内心里却有着一个硬的核，那就是骨气与自立。他的这篇 31 个字的铭文中间，有一句就透露出了这个"核"——"亦莫余敢侮"——也就是虽然我谦逊恭谨，但是谁也不敢欺负与侮慢我（更不是侮辱）。不仅葆有着这个核，还敢于将自己的见解与追求大大方方地铸在鼎上。

谦恭而又有着硬核的正考父，还是个文献的爱好者与整理者，据说《诗经》中的《商颂》，就是经过他的手整理的。其中“温恭朝夕，执事有恪”，从早到晚恭顺小心，做起事来这样谨慎，不也能够看见他的形象吗？他当然想不到中国知识分子境遇与地位的每况愈下，因为专制制度越是要“加强”和“稳固”，越是不允许独立的思考与个人的自由意志。他当然更加想不到自己的七世孙、比自己学问更大的孔子，甚至会落到个如丧家之犬的地步。落到这个地步又能怎样，一句“亦莫余敢侮”的坚硬的内核——中国知识分子独立立场的骨气——却让一代又一代的专制统治者无法彻底消化。

孔子的祖先里，只是上溯到第六代才有了第一个“孔”姓的人，他就是孔子第六代祖先孔父嘉。他的命运，就不如其父正考父了。

他不仅以大司马的身份辅佐宋穆公和宋殇公 19 年，组织策划了一系列的战争，还深深地卷入了宋国内部的矛盾与斗争。他也是以“贤”著称，但是却与以柔见长的父亲相反，显示着一种刚性。他对于与国君殇公有着矛盾的宋国太宰华父督，没有任何妥协，并因此埋下了杀身的祸根。在宋国有着强大势力的华父督，借着宋国与郑国交战战败之机，公然“使人宣言国中曰：‘殇公即位十年耳，而十一战，民苦不堪，皆孔父为之。我且杀孔父以宁民”（《史记·宋微子世家》）面对威胁，孔父嘉毫不畏惧，“孔父正色立于朝，则人莫敢过而致难于其君者”（《公羊传》）。昂首以对危险，有他“正色”立于朝廷之上，无人敢说毁谤的话，也无人敢于向国君发难。

公元前 710 年，也就是宋殇公十年，郑国宣布将联合其他诸侯国再次大举进攻宋国。已经饱受战争之苦的宋国民众，骤然一片惊慌。太宰华父督感到时机成熟，煽动朝野对孔父嘉和殇公的不满情绪，并迅速发动宫廷政变，杀死了孔父嘉与宋殇公，并从郑国迎来公子冯立为宋国国君，是为庄公。自立为庄公宰相的华父督，立刻废除了孔氏卿大夫的世袭之位，将孔父嘉儿子木金父降为士。从此由孔父嘉开始的“孔”姓家族，在宋国再也不被重用，走上衰落之途。而宋庄公在位期间各诸侯国更是屡次伐宋，宋国再也走不出内忧外患的混乱局面。在国破家衰的背景下，孔父嘉的曾孙孔防叔——也是孔子的曾祖父——“为避宋乱”（《孔子故里志》），而迁居鲁国，并被封为大夫。这个大夫，只是受点糊口的禄，并没有可以世袭的封地，爵位也不能世袭，其实也就是介于贵族与平民之间、并为贵族当差服务的一种特殊阶层“士”了。

在孔子的先祖里，以“士”的身份，而在历史上留下业绩的，要算孔子的父亲叔梁纥了。他是孔父嘉的五代孙，虽然只是一个为大贵族服务的武士的身份，却也有着孔父嘉的勇敢与献身精神。

叔梁纥有两件战功，虽然时间过去了两千多年，至今还在被人津津乐道。

公元前 563 年（鲁襄公十年），叔梁纥以一名武士的身份却成了偪阳之战的主角。以晋国为首的几个诸侯国，攻打一个叫偪阳的小国（今山东省枣庄市南面），叔梁纥只是作为鲁国贵族孟献子的部属参加作战。一个小国，受到如此的侵犯，当然只能防守，而且还只能智守。攻城的喧哗与守城的静谧，似乎在预示着一种出人意料的结果。想不到会如此容易，想不到守城的偪阳人会如此大胆，他们竟然让城门向着入侵者洞开。

这个小国太小了，攻城者似乎根本就没有把它放在眼里，甚至不用去考虑其中是否有陷阱。就在攻城者踊跃冲进城门的时候，另一道悬门突然从天而落。原来那道通常情况下供晨昏开启之门的打开，是在诱敌入城，而隐蔽的悬门的突然放下，当然既可以立即阻止攻城人的进入，又可以将已进者堵在两门之间，从而从容歼灭。

但是，就在悬门落下的那个瞬间，机警而又雄健的叔梁纥突然赶到，举起双臂一下子托住正在下落的悬门，使得几乎就要陷入绝境的攻入者得以迅速撤出。守城者与攻城者，都被惊呆了，他们都在问：那个比一般将士都要高大魁梧、能够以一己之力托住重达千斤悬门的勇士是谁？《左传》襄公十年这样记载这个战斗场景：“晋人围偪阳。偪阳人启门，诸侯之士门焉。县门发，郰人纥抉之以出门者。”

7 年之后，公元前 556 年（鲁襄公十七年），已经六十多岁的叔梁纥做出了另一个更大的壮举。

这一年，强大的齐国侵入鲁国的北部，齐军高厚带领部队围困了鲁国的防邑。被围困的有鲁国上卿大夫臧纥、孔子的父亲叔梁纥、和臧纥的弟弟臧畴、臧贾。臧纥的职位最高，鲁国派出军队要救出臧纥。鲁国求援的军队从现今泰安东部一个叫阳关的地方出击，但是到了接近防邑的旅松却停了下来，再也不敢前进了。他们害怕齐国的军队过于强大。这时，以勇敢著称的叔梁纥成了大家的主心骨。他说我们不能等死，到了夜间跟着我突围好了。果然，他挑选了三百名精悍的甲兵，在夜色的掩护下，带着臧畴、臧贾，一起保护着臧纥突围而出，将臧纥安全送到了鲁军的旅松防地。能够突出重围救出上卿大夫臧纥，本来已经完成了任务，可以戴功撤退了。可是叔梁纥不走，他不能让自己的土地落入敌人之手。出乎所有人的意料，叔梁纥竟然扭头杀入重围，固守防邑，与如狼似虎的齐军公然对峙。慑于叔梁纥的勇猛果敢，久攻不下的齐军只好撤退。

屡立战功的叔梁纥，虽然"以勇力闻于诸侯"（宋胡仔《孔子编年》），却也终身没有超拔于武士的身份，只有一个不能传之后代的郰邑大夫的职位。郰邑大夫与臧纥的鲁国大夫是有着天壤之别的。当时鲁国分上大夫、中大夫和下大夫，臧纥是上大夫，而叔梁纥只是一个乡邑大夫、也就是下大夫。郰邑的辖区很小，也就是相当于现在的一个乡镇，而郰邑大夫的职位，也是与现在的乡镇长不相上下的。

第三章　孔子诞生之谜

司马迁在《史记·孔子世家》中说，叔梁纥与颜氏女（颜征在）“祷于尼丘”（即现在的曲阜尼山），“野合而生孔子”。“野合”二字，从此让孔子的出生，平添了一种神秘与浪漫的味道。自司马迁以来，对于“野合”大致有三种理解——

第一种理解认为叔梁纥与颜征在年龄上悬殊太大，一个六十多岁，一个不满二十岁，不符合当时的“壮室初笄之礼”。这里的“野”字，是粗野不合礼仪的意思。如《论语·雍也》篇中的“质胜文则野”、《先进》篇中的“先进于礼乐，野人也”、《子路》篇中的“野哉，由也”等，其野字都是粗野朴鄙之意。第二种理解则把“野”视为野地之野，认为孔子是私生子，是父母在没有婚姻关系的情况下于野外交媾后所生。第三种理解则视野合为专为圣人所造的神话，如钱穆先生就认为：“此因古人谓圣人皆感天而生，犹商代先祖契，周代先祖后稷，皆有感天而生之神话。又如汉高祖母刘媪，尝息大泽之陂，梦与神遇，遂产高祖。所云野合，亦犹如此。欲神其事，乃诬其父母以非礼，不足信。”（钱穆《孔子传》第二章）

三种理解，都没有确凿的佐证。我们不妨抛开各种假设的桎梏，以已知的事实和一个常人正常的生活逻辑，去尽可能复原历史的真实。

有一点是肯定的，那就是叔梁纥娶颜氏女颜征在，纯粹是为了传宗接代，没有爱情可言。而一个不足二十岁的少女，能够心甘情愿地嫁给一个六十多岁的男子，却往往会有某种浪漫的憧憬。

战场上英武无敌的叔梁纥，在生活中却愁事连连。先娶的鲁国施姓平民女子，一连生了 9 个闺女。按照那时的规矩，女孩家是不能继承祖业的。郰邑大夫虽然是个很小的官职，可毕竟还在大夫之列，况且又是商王与宋国国君之后，加之自己又以英雄著称于各诸侯国——如果没有一个男孩接续香火，可说是人生最大的遗憾。施氏也是贤惠，更因只生闺女而自责，也就积极地张罗着让丈夫将一个妾娶回家来。让叔梁纥想不到的情况又发生了，妾竟然生下了一个脚有残疾的男孩。从“孟皮”这个名字，就可以体察出叔梁纥当时的失望与无奈。“皮”就是古时的“跛”字，说白了就是为他生了一个瘸子。鲁国是周公的后代，实行的当然全是周朝的礼仪。而周礼中最为讲究、也是世人最为看重的，就是祭神祭祖的祭祀活动，可周礼又明明规定着，不仅女人，就是瘸子也是不准进庙的。

没有一个健全的儿子，也就成了叔梁纥最大的心病。

战场立功的喜悦迅速被这块心病消解得无影无踪。而年龄的日益迟暮，更是让他有了一种火烧火燎的急迫。

他想到了同住在尼山之麓的颜家的女儿，而且是颜家的三女儿。

这是一个健康而又活泼的女子。她还与自己的女儿们有过交往。其实她与女儿们的交往，与其说是同龄人之间的友谊，倒不如说是一个少女对于一位英雄的好奇与向往。这样一位能够双手托住快速下落的千斤悬门、救战友于危难之中的人，这样一位仅带三百兵士冲出敌人的重重包围、将鲁国上大夫臧纥护送至安全地带，并能够再次杀进重围、守卫住国土的人，不是英雄是什么？这样一位大英雄，竟然就在自己身边，而且仪表非凡，怎能不让浪漫的少女动心？在动了心的女人的心上，是没有年龄的界限的。

她只看到了一个可以依托的英勇盖世的男人。她虽然没有明确地向他许诺过什么，但是叔梁纥一定感觉到了她对自己的好感与崇拜。

于是年迈但却仍然英气逼人的叔梁纥，无须媒人的三寸不烂之舌，径自走进颜氏的大门，直截了当地求婚了。他知道颜家有三个女儿，他知道那第三个女儿会出乎父母的意料而“挺身而出”。

在《孔子家语》中，对于这个登门求婚的场面有着逼真而又生动的描述：“颜氏有三女，其小曰征在。颜氏问三女曰：‘陬邑大夫虽父祖为士，然其先圣王之裔也。今其人身长九尺，武力绝伦。吾甚贪之。虽年长性严，不足为疑。三子孰能为之妻？’二女莫对，征在曰：‘从父所制，将何问焉？’父曰：‘即尔能矣。’遂以妻子。”

至于老夫少妻同去尼山神庙为生一个健康的儿子而祈祷，肯定不会只有一次两次，而应当是多次。到底多少次，恐怕连他们自己也记不清了。尼山不高，却草木茂盛，风景幽静而秀丽。站在山的东崖远眺，有蜿蜒的泗水在日光里闪烁。而山的西南，则有五老峰错落排开，缠雾带云，呈着凉阴阴的青黛。年纪轻轻的颜征在，就如眼前的花儿一样鲜亮芬芳，而久经战阵的叔梁纥，则如尼山的苍柏一样，挺拔遒劲。他们是去祈祷，也是去享受生命里美好的时光。如花的颜征在也许还会有一点儿任性吧？只是她的任性里，会掺着些许的娇憨与对于未来的期冀，一个妻子与母亲独有的期冀。

按照孔子的生日推算，母亲的受孕当是在腊月的严寒里。朔风里，红如火苗的阳光下，尼丘山一定会有皑皑的白雪覆着。只是更加的静谧了。柏树的枝在雪的映照下，越发的青翠了，野兔在洞的门口探着好奇的头，还有喜鹊拖着长长的尾巴，在柏树下的雪地上寻找着食物。

相牵于天地之间，还有一个美好的期冀催着，他们肯定会有男女间的冲动时刻吧？家中是忙乱而又略嫌狭窄，九个女儿，跛足的儿子，还有妻与妾，真的是连做爱的时间与空间都难得寻觅了。那么，这清静而又生机盎然的尼山，真的就是他们最好的“家”了。不要将两千多年前的春秋时期想得过于禁锢，列国的竞争，早已让“礼崩乐坏”了，何况人性的原生的力量，是会冲破任何阻碍的。那个居于简陋的庙宇中的“神”，很难听到他们的祈愿，但是两颗心却是那样的真诚与炽热。何况这雪中的恬静，更让他们沉浸于热烈的冲动与欢乐之中。

怀孕的喜悦与恐惧肯定要折磨着这对老夫少妻的。怎能不喜悦，那个老夫，几乎将这次怀孕当作他最后的希望；那个少妻，更是第一次体味着母性的温柔与甜蜜。当然，还会有恐惧伴随：会不会还是个女孩，会不会又生下个残疾？

他们来尼山的祷告更勤更殷了。

终于，公元前五五一年夏历八月二十七日到来了。这一天，在鲁国的昌平乡陬邑的尼山，颜征在生下了她与叔梁纥的儿子，那个将要对中国与世界产生深刻而又深远影响的孔子。

是在一次祈祷的跪拜中扰动了胎儿，还是因为“野合”不被流俗接受而不得不外出生产？尼山东山坡下的一个不大的山洞，真的就成了孔子诞生的地方。孔子因尼山而得名，尼山更会因孔子而流芳千代万载。只是原来的尼丘山，却要因为避孔子“丘”字的讳，而叫尼山了。

千百年来，关于孔子的降生，流布着许多的传说与神话。如《祖庭广记》载：孔子父母上尼山祷告时，上山草木之叶皆上起相迎，下山时则草木之叶皆下垂相送；还说孔子诞生之夕，有二龙绕室，五老降庭，颜氏之房闻钧天之乐，并有声音从空中传来，“天感生圣子，降以和乐之音”。《珍珠集》说：徵在夜梦二龙自天而下，因生夫子，有二神女擎香露于空中而来，以沐浴之，天帝下奏钧天之乐，列于颜氏之房。《拾遗记》称：孔子未生之先，有麒吐玉书于阙里，其文曰“水精之子，继衰周而为素王”，颜氏异之，以绣绂系麒之角，信宿而去。还有什么颜母生孔子于山坡草地上，血将身下的草染红，自此那块地上的草就成了红色，并且再也不长荆棘，那个山坡从此就叫红草坡。什么圣人生，黄河清，什么生在山洞中之后，老虎来喂养，老鹰用翅膀来打扇……

其实，就是一个六十多岁的武士与一个不满二十岁的普通女人（有人说他们相差 54 岁），在尼山的山洞中生下了一个后来叫作孔子的儿子，这个原本十分普通的小山洞，也便被命名为坤灵洞，或曰夫子洞。这个男婴是与其他的婴儿没有什么两样的，至于后世流传的孔子长相的“七露”“四十九表”之说，纯粹是想人为地把圣人与普通人区别开来，是没有任何依据的。耳目口鼻的“七露”即眼露白，眼白不是像平常人一样在黑眼珠的两旁，而是露在黑眼珠的下方；耳露轮，两耳后贴，将正面轮廓裸于外面；口露齿，嘴大且不需张开就会将门牙显示出来；鼻露孔，两个鼻孔上翻外露。“四十九表”则是“反首、洼目、月角、目准、耳垂、珠庭、龟背、龙形、虎掌、胼胁、参膺、河口、海目、山脐、林发、翼臂、虬唇、注颜、隆鼻、阜颊、堤眉、地足、谷窍、雷声、泽腹、昌颜、均颐、辅喉、骈齿……”。简直是通体“神异”，“孔子以前，既无孔子；孔子以后，更无孔子”了。

还是司马迁厉害，他知道即便是孔子，初生之时也不过一个普通的婴儿罢了。他在《孔子世家》的开头，有一段关于孔子出生的简捷明了的概述：“孔子生鲁昌平乡郰邑。其先宋人也，曰孔防叔。防叔生伯夏，伯夏生叔梁纥。纥与颜氏女野合而生孔子，祷于尼丘得孔子。鲁襄公二十二年而孔子生。生而首上圩顶，故因名曰丘云。字仲尼，姓孔姓。”其中“生而首上圩顶，故因名曰丘云”，是说他刚出生时头顶是凹陷的，所以就给他取名叫丘。头顶的凹陷，不是神奇，只是一种缺钙的表现。

这里没有神话。

因为孔子，我多次去曲阜的尼山拜访。尼山孔庙和尼山书院就掩映在千余棵清秀笔挺的古柏间。这种柏树，在世界上也许是绝无仅有的：从根至梢，不生一个树枝，扁扁的、香香的柏叶，从根长到顶就长在树干上，七八米十几米不等，棵棵都是墨绿的一个独杆，一如一杆杆如椽之笔。形状像笔，又是中国文宗孔子的诞生地，人们便将这种柏树呼之为“文柏”。“文柏”这名叫得真好。质香躯挺，得天地之精魂；淡雅清苦，没半点奴颜媚骨。非是这样的文腹，便酿不出《论语》。深秋的尼山，安憩而荒凉。当暮霭潜侵，周遭渐入朦胧的时候，这些原是伟丈夫似的古柏，便幻化作一群美妙绝伦的倜傥女郎，袍飘袖舒，舞姿奔放，整个尼山便成为生命无拘无束地飞翔的极乐世界。在这里，在这时，永恒便是一瞬，一瞬也成永恒。

当舞动的柏林，衔起一轮古老而又新鲜的明月的时候，五溪正在尼山脚下汇流。柏林间的观川亭里，不老的孔子还在吟咏：“逝者如斯夫，不舍昼夜……”

第四章 “吾少也贱”的少年时代

在《论语·为政》篇中，有一段孔子总结自己一生的名言：“子曰：‘吾十有五而志于学，三十而立，四十而不惑，五十而知天命，六十而耳顺，七十而从心所欲，不逾矩。’”

树有根，水有源。孔子之所以能够成为对中国乃至世界都发生深刻影响的伟大人物，当然与他的少年时代有着绝大的关系，犹如一座庞大山系的基础。而这一基础的形成，又与一位平凡而又非凡的母亲紧密相关。当我们世代传颂孟母的贤与慧的时候，是不应当忽略孔子的母亲颜征在的。

颜征在无疑是一位敢于追求自己的幸福而又勇于牺牲、有决断的女性。在她不足二十岁的少女时代，就毅然嫁给六十多岁的勇士，并敢于“野合”而生孔子，这是一般的女性连想都不敢想的。不要说将一生托付给一位花甲之年的人需要非常的勇气，单是顶住舆论的压力就显现出一种无畏与坚强。虽然已经过去了两千五百多年，我仍然能够窥见其个性中的不羁与泼辣、真诚与阳刚。

这无疑是一个可以担当大事的女性。而当危难突然降临的时候，这位女性又有着临难不惧的丈夫气概。

孔子三岁上，本来身体强健的叔梁纥突然去世。幼年的孔子与正值青春年华的颜征在顿失依靠。他们不仅在复杂的家庭关系中一下处于孤立与弱势的地位，甚至连孔子的生存也处于一种不安定的状态之下。

此时，刚刚二十出头的颜征在做出了一个影响孔子一生的重大行动：离开昌平乡郰邑的叔梁纥家，带着三岁的儿子孔丘，迁居到鲁国国都曲阜城内的阙里。

这是一个富有远见的决定。这位年轻的母亲，要为自己唯一的儿子谋划未来的前程——学好本领，继承父业，改变贫贱地位，进入贵族阶层，干一番大事以光宗耀祖。要想实现这一计划，第一步就要学到进入贵族阶层的本领，要懂得周朝的礼乐典章，并学会当时可以进身谋生的礼、乐、射、御、书、数，也就是被人们称之为“六艺”的“儒业”。

而鲁国国都曲阜，恰恰是她实现这一计划最好的地方。古代鲁国是西周初年周公姬旦的封地，他的长子伯禽前来掌管封地的时候，就带来了众多的典章文物，以至到了春秋末年，经过战乱之时典章文物的流散之后，人们普遍认为周朝的典章文物尽在鲁国。《左传·昭公二年》中，就给我们提供了一个有力的佐证：这一年，晋侯派韩宣子到鲁国聘问考察，这个韩宣子在聘问考察之后得出了这样的结论——“周礼尽在鲁矣。吾今乃知周公之德，与周之所以王也。”他的这一结论说明，在周室名存实亡、其典章文物在犬戎入侵、平王东迁洛邑而遭到惨重破坏的时候，鲁国却相对完好地保存了这些典章制度和历史文献。而韩宣子访问鲁国的这一年，孔子只有十二岁。鲁国国都曲阜，当然也是贵族聚集之地，更是“六艺”的兴盛之地。让孩子从小在这样的环境中成长，既能在耳濡目染间受到熏陶，更能提供有利的学习条件。当然，孤儿寡母，首先还是谋生。他们居住的阙里，是曲阜最繁华的地方，谋生的门路自然会多；而曲阜几家颜氏大姓的存在，更为她提供了亲戚的帮助；加之叔梁纥远播的名声等，也为他们母子的立足提供了有利的条件。

我们已经无从知道当年这对母子的具体生活细节。不过我们不妨从孔子自己的话中去体察当时的情景，他曾说过这样的话：“吾少也贱，故多能鄙事。”（《论语·子罕》）——因为我是孤儿出身，从小在艰难困苦中走过来，所以就学会了不少被认为是鄙贱的技艺——艰辛、穷苦，是肯定的。为了糊口，也为了成长，儿子都要做许多鄙贱的事，作为含辛茹苦的母亲，更会苦上加苦，做更多也更加鄙贱的事。在郑环《孔子世家考》里，有这样的记载：“圣母（指颜征在）豫市礼器，以供嬉戏。”是说颜征在花钱买礼器给儿子作嬉戏的玩具。这钱到底是为人做保姆得来，还是为人做针线活或浆劳作洗得来，都已不太重要，重要的是这样一个千辛万难的母亲的忘我之爱，是她的让儿子从小就得到良好教育的良苦用心。而《史记·孔子世家》中所记载的场景，更加印证了少年孔子的学习成长过程：“孔子为儿嬉戏，常陈俎豆，设礼容。”这个俎豆，就是当时祭祀时存放供品的方形和圆形的祭器。祭祀是礼中之大，而礼又是进身贵族阶层的最为重要的内容。小小年纪的孔子，连玩耍都要练习怎样摆放祭器和实习磕头行礼，其学习的态度于此可见一斑。

从这里我们可以得出这样的结论，艰苦的学习，当是少年孔子的主要功课。内容当然以可以进身谋生的礼、乐、射、御、书、数的“六艺”为主。这种“六艺”，在当时已经作为一种“儒业”，只是等到孔子将仅是进身谋生技艺的“儒业”，身体力行地变为可以载道、可以表达自己的思想与政治观点的载体，并开学授业的时候，才产生了真正意义上的儒家学派。孔子曾经对他的学生子夏说：“汝为君子儒，毋为小人儒。”这也许就是早于孔子的儒业与孔子所创儒学的分界。纯粹当作进身谋生的职业，这是孔子所说的小人儒，只有从这一步前进到探求“六艺”的根本意义、源流演变，塑造一个有完美人格与高度修养的“士”，并进而积极入世，使社会变得更好，才是达到了君子儒的境界。

孔子的十有五而志于学，则已表明，他已经在他少年时代的结束时期，有了从小人儒进步到君子儒的觉悟，虽然这还有漫长而坎坷的路要走。

正当少年孔子向着一个更加广阔的人生领域迈进的时候，人生的打击却接踵而至。

先是母亲死了。死在孔子十七岁的时候。少年的孔子只知道，这个世上自己唯一的依靠与亲人永远地走了。

对于一个只有十七岁的少年来说，这无异于塌天之祸。从小失去了父亲，如今相依为命、并为自己人生导师的母亲又离他而去。孔子知道母亲是个苦命人，孔子更把母亲的爱存在心里头，孔子也更加明白母亲对于儿子的期待。病了的母亲，不仅不舍得花钱治病，还要坚持着做各种杂役粗活来维持母子的生计。年轻守寡，肯定会对她的身心产生莫大的伤害，而为了儿子的生活与教育所付出的超出常人的操劳，更会对她的身体造成损伤。鲁国国都曲阜上上下下都在关注着这件事情，他们要知道，郰邑大夫叔梁纥的儿子、那个在少年时代已经获得博学之名的孔丘，会怎样处理母亲之死，他会懂得礼仪并按照礼仪处理好颜征在的丧事吗？还有，曾在鲁国引起小小轰动的这个敢于嫁给比自己大四十岁的女人、这个敢于野合的女人的丧事将会怎样进行？而最为关键也最让大家关注的，还是这样一个曾经引起舆论议论、顶着巨大的压力也要嫁给英雄并敢于与英雄野合的女人，能否与她的丈夫叔梁纥合葬?

孔子并没有让极度的悲伤击倒。他心里暗藏着一个心愿：一定要让辛苦一生的母亲与父亲合葬，也要为生前饱受非议的母亲正名。

但是一心要让母亲与父亲合葬的孔子，却不知道埋藏父亲的具体位置。但是年少的孔子没有惊惶失措，而是先用严格周到的礼节为母亲举行了哀戚而又庄严的丧礼。为了方便辨识，他先将母亲浅葬在曲阜城外一条名叫五父的大路旁边，然后就开始寻访父亲所葬的地址。

虽然生下了健全的儿子，人们还是拒绝年轻的母亲参加叔梁纥的葬礼。这在母亲是作为一种屈辱藏在心上的，她生时不可能告诉儿子埋葬父亲的具体地点，当然也避讳谈论这个问题。在那样的年代，人死了不时兴墓祭，只是岁时在家中祭神祭祖，况且古人的坟墓又不封土不种树，也就更加增加了孔子寻找父亲葬址的难度。但是少年的孔子是那样的充满着孝意，他还是用心地去寻找不已。对于这样一个孤儿的举动，一定是感动了大家，并让他寻父的事情在鲁国传扬开来。终于有一天，郰邑车夫（《史记》中作挽父）的母亲找到孔丘，她告诉孔丘她与他的母亲当年是邻居，关系也好，她的儿子曾经参加了叔梁纥的葬礼。然后，这位好心的车夫的母亲就领着已是孤儿的孔丘，赶到防（现在曲阜东十余公里的防山），将叔梁纥所葬的位置，清清楚楚指给他看。少年的孔子终于将一生作难、却在三十多岁的盛年就离世的母亲与十多年前去世的父亲合葬于防，也就是现在的梁公林。孔子的异母哥哥孟皮，也挨着父母葬在这里。

我曾数次拜谒远在曲阜城东十余公里的梁公林。它南对防山，北临泗水，远远望去有古柏如云。只是曾经郁郁葱葱的梁公林神道两侧的古侧柏，在“农业学大寨”中被全部砍去。虽然如今地上已没有丁点踪影，青年人也不知道这儿曾经有过一片郁郁葱葱的生命。但据农人讲，至今那地下的根还在鲜灵灵地活着，一如人们记着英雄的叔梁纥与勇敢的颜征在。

就在母亲去世不久，少年的孔子受到了又一次打击。这次打击，来自鲁国权臣季孙氏的家臣阳虎，而阳虎所代表的，正是整个贵族阶层。

季孙氏也就是季平子，名季孙如意。他与弟弟孟孙氏（亦作仲孙氏）、叔孙氏是鲁国的三大贵族，都是鲁桓公（公元前 711 年至前 694 年在位）之子季友、仲庆父、叔牙的后裔，被称为“三桓”，当时掌握着鲁国大权，而以季孙氏的权力最大。阳虎虽然是季孙氏的家臣，却相当有权，曾经一度掌握了季孙氏一家的大权，并控制了整个鲁国的国政。就是这个被孔子指责为“陪臣执国命”的阳虎，还要在相当长的时期内与孔子发生纠葛。

孔子腰间系着孝麻带守丧时，听说了季孙氏要宴请鲁国士一级贵族的消息。少年的孔子是有些犹豫的，在服丧期间，原是可以不赴宴的。但是孔子考虑得更加长远，他深深地懂得，母亲去世之后，孑然一人的自己必须要独自谋生与奋斗了，而掌着鲁国大权的季孙氏是不能忽视的。况且，这种集会，也是接触与学习的机会，会对自己以后的道路有所帮助。当然，孔子也自然想过，自己是郰邑大夫叔梁纥的儿子，是应当算在士的行列中一员的吧（虽然士是贵族中最低的一个等级）?

年少的孔子郑重地做出了一个决定：前往季孙氏家赴宴。

孔子万万没有想到，他竟挨了当头一棒。正当他跟随着其他人一起走进季孙氏家的时候，居然被季孙氏的家臣阳虎蛮横地拦阻。司马迁的《史记》对此有一段现场描述：“孔子要绖，季氏飨士，孔子与往。阳虎绌曰：‘季氏飨士，非敢飨子也’。孔子由是退。”听听阳虎的口气，“季家宴请的是贵族的士，你孔丘是干什么的，谁请你呢！”，轻蔑、跋扈，向着少年的孔子劈头盖脸地来了。

无奈的孔子只好蒙着羞辱退了回来。

他当然不会知道，这才是小小的打击，更多更大的打击还在后面。受辱的孔子暗自立誓，要让自己更加强大起来。于是退回来的孔子，只是把身子埋得更深了，他要向着更高更远的路途前进。

第五章 “少能鄙事”的青年时代

曲阜孔庙大成殿中的那个正襟危坐、戴着十二冕旒的帝王之冠的孔子，肯定是与孔子背道而驰的孔子。但是孔子到底是一副什么模样呢？尤其是青少年的孔子是个什么样子呢？可惜的是，因为他的“圣”与“神”，烙在世人心目中的形象，只是一尊老态龙钟而又透着威严的样子，这是晋朝顾恺之与唐朝吴道子给我们留下的形象。虽然顾恺之以其雄健的线条与明朗的造型，使得他笔下的孔子要比吴道子的孔子生动许多，但终归还是离真的孔子相去甚远。

台湾画家江逸子，曾经绘出了一个“温和慈祥”“善良德性”而又“恭敬严谨”“自奉节俭”、凡事“谦让有礼”的孔子。这个孔子，当然散发着一种亲切与平易，但却缺少了英气。在孔子诞辰2557年的祭孔大典前夕，中国孔子基金会颁布了一个据说可以作“标准像”的孔子，255.7厘米的青铜圆雕，国字脸，阔嘴，浓眉，长髯，是一个有着山东人特征的长者形象。虽然设计者说要还原一个布衣的平民的孔子形象，但是设计者“东方圣哲”的追求还是让他与真的孔子有着较远的距离。倒是吴门画苑程宗元先生，专门为匡亚明先生的《孔子评传》所绘的六幅孔子像，尤其是第一幅“布衣孔子三十而立像”，让人觉得似乎看到了当年那个真正的孔子，并与我心目中的孔子有着某种契合。

青年的孔子，长得高大且透着一种少有的文气，并不是如后来被神化的那种五官与身体的怪异形象。曾经亲临曲阜采集过孔子事迹的司马迁，这样描绘他：“孔子长九尺六寸，人皆谓之‘长人’而异之。”周尺要小于现在的市尺，按周尺一尺折合现代公制十九点九厘米计算，则孔子身高为一米九一。可以想象，他既继承了勇士父亲的魁梧威风，又比父亲多了一份沉稳秀气，用文武兼备来形容当是恰当的。

这样一个博学而又威武挺拔的青年，在十九岁上就娶了妻子宋人亓官氏。一年之后，孔子就有了自己的儿子。

那时的孔子在鲁国已经有了相当的名气了吧？不然，鲁国国君鲁昭公也不会为孔子的新生儿子，专门派人送来祝贺的鲤鱼。生活的艰辛、家境的困顿与自己渴望立业救世的理想，都会让孔子对于当权者怀着一种期待。何况对于涉世未深的青年孔子来说，更会对于世事怀着某种美好的向往。于是他便为自己的新生的儿子起名为“鲤”，字伯鱼。国君的一条鲤鱼，让儿子连名带字全派上了用场。或者，孔子的取舍，也正埋下了他坎坷而又悲剧人生的伏笔：想依托国君实现自己的政治理想，可天下的国君又没有一个真正理解他支持他。

有了家室与儿子的孔子，就要在谋生与学习的路上，挑起更重的担子了。

还在母亲健在的时候，小小的孔子一定干过很多贵族子弟不屑于干的杂活，诸如扫地、打柴、推车、洗衣、挑担等。但是他的真正走上社会做事，却要在母亲去世之后了。家道中落，又没有资格承袭官爵，这却从另一方面帮助了他，让他在艰难困苦之中学会了生活与做事的本领，坚强了面对困境时的意志，也锻炼出了承当苦难与挫折的良好心态。同时，也让他有机会能够看到贵族与平民两个天地间的真实状况，这也为他日后思考人生与国家的问题，提供了独到的视角。“吾少也贱，故多能鄙事”，“吾不试，故艺”——我小时候贫穷没有地位，所以能够干许多被人认为鄙贱的事，我不能出仕，所以才学到了许多技艺——（《论语·子罕》）。

结婚生子后的第一份工作，当是在鲁国权臣季孙氏家里任委吏。委吏就是管理仓库的一个小差役。看似容易，做好却难。他的前任就是因为管理混乱和有贪污嫌疑而为季孙氏不满。孔子并不嫌这个职位的鄙贱，尽心尽力，并让自己的能力得到了充分的展示。料量升斗，会计出纳，全部做得清楚明白。季孙氏想不到年轻的孔子竟有这样处理事情的能力，就又委派了他第二份工作，做乘田。乘田也许比委吏还要鄙贱，因为这是一份管理饲养放牧牛羊驴马等牲畜的小吏。身大力不亏，加之孔子肯动脑筋，晨夕饲养，牵出赶进，清扫洗刷，很快又把这份乘田的工作做得井井有条。

孔子并不忌讳谈论自己曾经干过这样鄙贱的事情，他甚至还带有某种自豪的口吻谈起自己的这一段经历。他说：“叫我管仓库，我就把仓库里的账目计算得清清楚楚”，“叫我管牛羊，我就把牛羊管理得肥胖强壮起来”（《孟子·万章下》：“孔子尝为委吏矣，曰，‘会计当而已矣。’尝为乘田矣，曰，‘牛羊茁壮长而已矣。’”）。

孔子在日后的教育、文化与政治活动之中，还与音乐结下了不解之缘，这不仅是他天性中的一种爱好与追求，是当时礼与乐、诗与乐几乎融为一体的现实反映，其实也是孔子谋生的一种技艺。而六艺之中的“乐”，也就有了相当重要的分量。少年的孔子，是下过功夫学习过音乐并掌握了多种乐器的演奏技能。在他的艰难的青年时代，这个管理过仓库、放牧过牲畜的小伙子，还多次做过另外一种事情：为别人的婚丧嫁娶，充当过“乐器班子”，说得通俗一些也就是吹鼓手。这个身材高大、长得体面、中气十足而又有文化的青年，一定是有着相当的知名度了，请他的人也会远近都有。而他，不仅会在具体演奏之时增长驾驭乐器的技巧，还可以从各种礼仪中扩大与社会的接触面，并增长自己的见识与阅历。

孔子并不是生而知之——世界上从前没有、将来也不会有这种生而知之的人——他的能干与才能，全部来自于他的好学与勤奋。有这样几件好学的故事，能够真实地反映出青年孔子的精神风貌。

在《论语·子罕》一章里，记着这样一件事：在孔子所住的阙里不远的地方有个达巷，那里的人一定是多次亲眼见到了孔子的博学与多闻多能，所以才信服地赞叹：姓孔的那个青年真不简单啊，虽然他还不是个知名的人，但是他会的东西实在是多呀！”（达巷党人曰：“大哉孔子！博学而无所成名。”）孔子听到后，却谦逊而又有些幽默地说：“我有什么本事啊？会赶车吗？会射箭吗？我不过会点赶车的本领而已。”（子闻之，谓门弟子曰：“吾何执？执御乎？执射乎？吾执御矣。”）其实，在青年时代就已经精通了礼、乐、射、御、书、数“六艺”的孔子，很明白六艺中最容易的要数赶车了。他之所以强调自己“不过会点赶车的本领而已”，就是在告诉自己的学生们，一个真正会学习好学习的人，是要从最基础最简单处学起做起，不能眼高手低，更不能好高骛远。在他第一次有机会进入鲁国祭祀周公的太庙时，他便从进门到出来，遇到什么就问什么，好像一个饥渴的小学生一样。有人见到孔子的“每事问”，便不解地说：“谁说鄹邑大夫叔梁纥的儿子懂得周礼呢？他进入了太庙就问这问那，还没见他住过嘴。”

这话传到了孔子的耳朵里，孔子却不客气了，回答说："这才是合乎礼的呢。"还在儿时就已经"为儿嬉戏，常陈俎豆，设礼容"，按照周礼进行演练不已的孔子，当然对于周礼早已烂熟于心，他怎能会不知道呢？他只是在对于自己掌握的知识进行验证，并对于春秋末年一些背离周礼的地方表示疑问罢了。（子入太庙，每事问。或曰："孰谓鄹人之子知礼乎？入太庙，每事问。"子闻之，曰："是礼也。"《论语・八佾》）

公元前 525 年（鲁昭公十七年），鲁国的一个附属小国郯国的郯子来朝见鲁昭公。在一次宴会上，鲁国大夫昭子问郯子：少昊的时候，以鸟名官是怎么回事呢？郯子说，少昊是我的祖先，这个情况我是知道的，当时少昊刚立的时候，正好有凤飞来，这就是以鸟名官的起因吧。接着，郯子还向昭子详细地介绍了当时的情况。孔子听到这个消息，再也坐不住了，连夜敲开了鲁国宾舍郯子所宿居的门，迫切地向郯子请教关于少昊时代职官制度典籍历史等情况。

当时二十六岁的孔子，其博学早已闻名鲁国，郯子见这样一个知名学者却能够如此虚心求教，十分感动，便倾其所有，全部奉告。两位学者谈得那样投机，甚至忘了天已大亮。离开郯子依然兴奋的孔子，还忍不住向人惋惜着感叹着：周天子那里已经没有主管这类事情的人了，像郯子这样有学问的人，已经散落于四方了。

堪称经典的，还是孔子向师襄学琴的故事。

师襄是与孔子同时代鲁国著名的乐官。古代乐官一般叫师，后来担当这一职务的人就把师作为自己的姓，冠于名之前。如师襄，又称师襄子，加子表示尊重。

师襄也许一生也没有见到能够如孔子这样学琴的人。本来孔子的琴技已经相当好了，但他不满足。在他听了师襄的弹奏之后，就下定决心要向师襄学习，好让自己的琴技提高到新的境界。已经学习弹奏了半个多月了，孔子还是坚持继续学习同一支曲子。连师襄都觉得已经相当好了，就劝他："这个曲子你确实已经会了，学一首新的吧。"孔子却说："曲调是学会了，可是奏曲的技巧还尚未学好。"过了几日，师襄听着看着，觉得这下连技艺也熟了，又劝他："技艺已经学好，该学新曲子了。"孔子还沉潜在曲调中，好一会才回答说："我还没有能够全部领会这首曲子的志趣神韵呢。"

又过了些日子，细心的师襄清楚地觉察出，自己的这个学生已经将曲子的志趣与神韵真正把握住了，便再次郑重地劝他：“志趣神韵都有了，可以学习新曲子了。”但是让师襄想不到的是，孔子还是坚持要继续学习同一支曲子。他向师襄请求：“再等等吧，等我体察出这个曲子的作者是谁并想象出他的精神风貌，再学新的曲子吧。”

终于有一天，孔子在琴声缭绕的余音中站起身，推开窗子，向着遥远的天边抬头仰望，许久，才若有所思地说：“我已经体察到作者的为人风貌了，这样的曲子，除了周文王还有谁能作得出来呢？！”此语一出，师襄顿感震惊。他一下子从座位上站起来，向着二十七岁的孔子连连作揖道：“是呀是呀，我的老师向我传授此曲的时候，正是说此曲名叫《文王操》呀！”

孔子为学，如哈勃望远镜瞭望太空，群星灿烂又有条不紊，其思远而行笃；孔子为人，如莫扎特之交响曲，柔情似水又情趣盎然。如在《论语·述而》篇中，就有这样的记载：“子与人歌而善，必使反之，而后和之。”——他听到一个人唱歌唱得很好听，肯定要请这个人再唱一遍，然后自己再去和他同唱。孔子一定是有着一副好听的嗓子吧？再加上胸中奔放的激情与飘扬的才思，这歌声肯定会放射着感染人的穿透力。在同一篇中，还有着这样的记录：“子在齐闻《韶》，三月不知肉味，曰：‘不图为之至于斯也。’”——孔子在齐国听到了《韶》的乐章，三个月都尝不出肉味来，喟叹道：“想不到欣赏音乐竟然可以达到这样令人忘我的境界！”其实，在《史记·孔子世家》里，在“三月不知肉味”之前，还有“学之”二字，或者这才是表达了当时孔子的真实情景，就是孔子的好学与学习的投入，学习起来到了入迷的程度，连吃肉都不知道味道了。

好学不辍又本色性情的少年孔子，终于在遍尝人生五味之后走进了三十而立的中年时代。

第六章　孔子适齐

公元前 517 年（鲁昭公二十五年），鲁国发生“斗鸡之变”，并由此引发了内乱。

斗鸡之变发生在这年夏天，操纵着鲁国大权的季平子与另外一个鲁国贵族郈昭伯两家，因斗鸡赌博时双方作弊又都发现对方的作弊而引起纠纷。对于季平子的操纵鲁国大权，鲁昭公早已不满，便趁着这个机会，与郈昭伯一起，联络起另一贵族臧昭伯，在同年秋天出兵围困了季平子。力量的对比，关键要看鲁国的另外两家世卿叔孙氏与孟孙氏的态度。叔孙氏的家臣很聪明，对叔孙氏说：“如果灭了季氏，唇亡齿寒，我们叔孙氏也就危险了。”于是叔孙氏非但没有支持国君，反而派兵救援季平子。正在观望的孟孙氏见有机可乘，立即将前来联络的郈昭伯杀死，也起兵响应。鲁昭公大败，并被迫逃亡齐国。

就是在鲁国内乱不已的时候，三十五岁的孔子也去了齐国。孔子的适齐，当然是迫于鲁国的内乱，但是深层的原因还是孔子想借助大国齐有所作为，以期真正实现自己的忠君尊王、实行仁政、天下安定的政治理想。而且在他适齐之前，就曾在鲁国与齐景公有过交往，并留下了较好的记忆。那是在五年前，正当而立之年的孔子，就对齐景公抱着为天下示范的幻想。当时是齐景公与晏婴一起来鲁，齐景公曾经请教孔子：“秦穆公的秦国国家小而又处于偏僻的地方，然而他却能够称霸，这是什么原因呢？”当时，孔子毫不迟疑就给出了明确的答案：“秦国虽小，志向却很大；所处地方虽然偏僻，但施政却很公正恰当。秦穆公亲自提拔用五张黑羊皮赎来的百里奚，授给他大夫的官爵，把他从拘禁中解放出来立即就与他一连谈了三天的话，随后就把执政大权交给了他。用这种精神来治理国家，就是统治整个天下也是可以的，他这个霸主还是小的呢（以此取之，虽王可也，其霸小矣——《史记·孔子世家》）。”

齐国是西周初年周王室的军事统帅姜尚的封地，地广土肥，农业发达，又有渔盐之利，曾是春秋初年的霸主之一，常与鲁国发生纠纷，这次接受鲁昭公的避难并能够礼遇孔子，当然也是与鲁国当权者斗争的需要。

这次孔子在齐国居住了将近两年，与齐景公有过多次交往，并与齐景公有过两次著名的谈话。对此，《史记》与《论语》都有详细的记述。一次是向问政的齐景公讲了“君君、臣臣、父父、子子”的话，一次是向齐景公提出了“政在节财”的建议。

对于孔子，齐景公确实是动心了，曾经准备以尼谿田作为孔子的封地，并要给以稍低于上卿的待遇。但是孔子的到来与齐景公准备重用孔子，遭到了以晏婴为首的齐大夫的反对，甚至到了有人要害孔子的地步。失于政并已暮气沉沉的齐景公也便在反对声中改变了对于孔子的态度，是安慰又是敷衍地对孔子说“我老了，不能用你了”。

作为齐国宰相，晏婴是春秋时期的一个重要人物，也是历史上一个相当知名的人物。虽然有许多与孔子冲突的观点与做法，但却也不失为一个血肉丰满、有着相当人格魅力的大国之相。要体会他反对孔子政见的初衷，我们不得不先好好了解一下晏婴是个怎样的人。

说来有趣，我对于晏子的兴致，倒是从晏子车夫的妻子开始的。本来是一对恩爱夫妻，就因为妻子从门缝里偷看过一次丈夫驾车，就和丈夫闹开了离婚。听听她数落丈夫的话，两千多年了还掷地有声——人家晏子身高不足六尺（不到一米六），当上了咱齐国的宰相，名显天下，却志向深远，有礼于百姓；你呢？白长了个八尺的大个子，给人驾驾车就趾高气扬得不知道姓啥了，我没法跟你这样的人过！当然，这两口子不仅没分手，“驾驶员”还听了媳妇的教诲，有了巨大的进步，被晏子推荐为齐国的大夫。从媳妇、车夫到晏子，这可谓是一幕充满着人情味的喜剧。然而，在我们古老而悠久的中国，有人味的人是很难进入官场的，一旦进入官场，要保持人味更是难于上青天。中国的官场，充溢着的是血腥味、市侩味、腐臭味，就是没有人味。满肚子的男盗女娼，却偏要满嘴的仁义道德，这是中国的官僚最为擅长的。齐国是春秋战国时代的东方大国，晏子历事三君五十余年（主要是做齐景公的宰相，长达四十多年），做着齐国的相国，可他却能终其一生都葆有着真实淳朴的人味，实在罕见。

如他虽然身居要职，却不唱高调，不标榜“主义”，不自诩“公仆”。出使鲁国，鲁昭公问他：“像先生这样有名望有德行的人，为何去侍奉邪辟的国君呢？”晏子虽然挺为难，还是直言首先为了养家糊口，说自己本来就是个愚笨的人，家族的人又不如他，光是父亲、母亲、妻子三条线上等待他的“工资”帮助的就有五百多口，自己怎么敢选择侍奉的君主呢？

晏子虽然当着齐国最大的官，也领着齐国官员中最高的工资（年薪百万），可他照样简朴地生活。穿黑布衣，披粗糙的裘，住着靠近集市又狭窄潮湿的住宅，吃粗粮苔菜，坐竹木制成的车子，而且车还是用劣马驾着（连普通型桑塔纳也够不上）。齐景公毕竟还是个爱惜人才的国君，实在看不下去了，非要给晏子换车换房子不行。晏子就是不同意。景公给晏子商量，说为了早晚见面方便，想在宫内给他盖上一栋房子。晏子还是坚辞不受。下级怎能拗过上级？景公趁着晏子出使晋国的时候，将晏子旧宅院周围的百姓搬迁后，拆了晏子的旧宅重新给他建了一处又宽敞又漂亮的豪华住宅。

谁知晏子比国君还拗，回来拜谢后不仅把新宅拆了恢复了原貌，还用拆下的材料为周围百姓的住宅恢复了原貌，并将这些老邻居一一请了回来。不领国君的情，还振振有词地做国君的工作：“谚曰‘非宅是卜，维邻是卜，’二三子先卜邻矣，违卜不祥。”（不要选择住宅，唯有选择邻居，违背了这种选择就不吉祥）

换房不行，就换车吧，于是景公就将一辆豪华型的大车连同四匹骏马送到了晏子的家里（相当于现在的奔驰）。谁知送一回晏子就退一回，一连退了三回。这下景公可就恼了，说：“夫子不受，寡人亦不乘！”我想当时一定闹得不可开交，景公十分的没面子，晏子十分的为难。最后还是晏子急了，一句话又把国君堵了回去：你让我管理百官，我怎能不为全国的百官、百姓做个好样子？廉洁的晏子有句名言：“足欲，故亡。”是说当官的贪婪得让欲望没有止境，是一条令其灭亡的道路。

开始我对晏子是存着疑问的，觉得他是不是有点沽名钓誉？当看到他告老回乡时真诚地退还做官时的食邑时，我开始信他了。等到见到他一直资助着数百个穷读书人的史实时，对于他的好我就有点坚信不疑，而且更生出了许多的热爱来。

还有对于女性的态度。这最是衡量一个官员品格高下、有没有人味的试金石。把女人不当人，这是中国古已有之的传统，也是专制统治的标志之一，晏子所处的时代也不能例外。为了让鲁国国君沉湎逸乐，齐国国君可以像赠送牲口物品一样给鲁国国君赠送八十名歌女舞女；为了打通关节，越国文种则以二十对白璧、一千两金子和八个美女向吴国的权臣伯喜行贿；就连以爱才闻名列国、收养了数千名门客的贤人平原君，为了让门客们高兴，也可以随意地拔剑杀死所喜爱的女人……

晏子呢？他怎样对待女性？咱们看看这两则故事——一天，临淄东门外一个年轻的乡下女子私奔于晏子家，要自愿委身于晏子。晏子体会到了这个女子一定是遇到了困难，就让家人帮了她，打发她安然回家，却不见她。帮过了这个乡间女子，又自责着："我受托于国家管理百姓，却有女子要私奔于我，这一定是我表现出了好色没有廉耻的行为了。"另一则故事是说一次国君景公到晏子家做客，对晏子说："嗨！瞧你老婆又老又丑，把我心爱的女儿嫁给你吧，她可是年轻又漂亮。"按照一般的"常理"，当上皇亲，娶上娇妻，又是国君的"恩赐"，道义上也说得过去，好像不是件坏事。晏子却有自己的做法。这时晏子离开了坐席，"再拜而辞"："妻子将终身托付给我而我又接受了她的托付，君王纵然有赐命，我也不能背弃了自己的承诺。况且我的妻子也曾经有过年轻貌美的时候，人本来在年轻时就寄寓着衰老、美貌时就寄寓着丑陋的啊！"

不管当官当得多大多久，就是不学坏、不腐败，不专横跋扈，始终随和谦虚，礼待下人，保持着一个普通人的朴实洁净的本色，又富有幽默感，这就是晏子了。

据我所知，中国有史以来，第一个明确提出"以民为本"的，还是晏子（见《晏子春秋》卷四"叔向问处乱世其行正曲晏子对以民为本"）。出身平民的晏子对此还有着斩钉截铁的说明："意莫高于爱民，行莫厚于乐民"，"意莫下于刻民，行莫贱于害民也"。这个晏子真是非同小可，是他从此为今后的制度与官员，定下了一个难以回避的原则——品德最崇高的是爱护百姓，行为最伟大的是让百姓快乐；品德最低下的是刻薄百姓，行为最卑劣的是残害百姓。

有一回齐景公游麦丘遇到一位八十五岁的封人，封人祝他和他的子孙长寿，景公高兴，封人又祝他不要得罪百姓，景公立时就恼了，声色俱厉地质问："诚有鄙民得罪于君则可，安有君得罪于民者乎？"这个景公说的倒是实际情况，翻开中国的历史，全是只准统治者得罪百姓，绝对不允许百姓稍稍得罪于统治者。在场的晏子几乎是立即就表示了反对，说："君王说错了！国君就不会得罪百姓吗？得罪了百姓就没法子惩办他吗？夏桀商纣不就是因为得罪了百姓而让百姓诛灭的吗？"

纵观中国历史，凡是没有人味的官僚，都有一个通病，那就是只知道千方百计将上司侍候得舒舒服服而不管老百姓的死活冷暖，本应装着情意的心便让蛇蝎蛆虫盘踞了。而这样的制度，只能是疯长没有人味的官僚的温床。这样，两千多年间，中国的百姓怎能不灾难沉重、水深火热呢？谁没有亲历过好好的人性而让或大或小的官职（有时小如芝麻粒）、变异得丑陋不堪的现实呢？

当了一辈子大官的晏子，竟能反其道而行之，在心里张起根"以民为本"的弦，真可谓凤毛麟角。而二百年后孟子"民贵君轻"的民本思想，也就找着源头了。

现在再回过头来看看，这样的一个人反对孔子，我们是要好好考虑一下他的意见了，我们甚至也可以从他的反对意见中见到儒家学说的不足之处。他是这样劝阻齐景公不要重用孔子的："儒者这种人，能说会道，是不能用法来约束他们的；他们高傲任性自以为是，不能任为下臣使用；他们重视丧事，竭尽哀情，为了葬礼隆重而不惜倾家荡产，不能让这种做法形成风气；他们四处游说乞求官禄，不能用他们来治理国家。自从那些圣贤下世以后，周王室也随之衰微下去，礼崩乐坏已经有好长时间了。现在孔子讲究仪容服饰，详定烦琐的上朝下朝礼节，刻意于快步行走的规矩，这些繁文缛节，就是几代人也学习不完，毕生也搞不清楚。您如果想用这套东西来改变齐国的风俗，恐怕这不是引导老百姓的好办法。"（《史记·孔子世家》）晏子的意见，也许代表了春秋战国时期不少贵族的意见。从孔子在齐二年而终于不被所用这件事，也就可以见到他的未来所会遭到的处境了。

还有更为深层的原因，决定了孔子的在齐只能是无为而归。这便是在春秋时期，齐国与鲁国，分别代表了两种不同理想、不同追求因而也有着不同境况的诸侯国。鲁国是周公的封地，延续着周的礼乐制度与文献，其治国方略，也就让礼乐占了大的比重。而齐国则是姜尚的封地，从姜尚起便提倡发展工商经济，奖励军功，把富国强兵作为治国方略。“春秋无义战”，孟子真是一语中的。无义战的天下，当然崇尚尔虞我诈，要大鱼吃小鱼、小鱼吃虾米。如此，言必称周礼、处处教导诸侯国君实施仁政的孔子，在齐国的碰壁也就成为必然。

不过孔子毕竟有着另一样的境界。他说，人不理解我但我也不怨恨，这才是君子啊。就是对反对自己的晏子，他依然十分公正：“晏平仲（即晏子，名婴）善与人交，久而敬之”（《论语·公冶长》）。夸晏子善于和别人交朋友，相交越久，别人越发尊敬他。

已是三十七岁的孔子从齐国的离开是相当狼狈的。“孔子之去齐，接淅而行”（《孟子·万章下》）——孔子的离开齐国，是提起正淘着的米边滤干边急行。

第七章 大河之融：孔子见老子

孔子见老子，当是中国历史上最著名的会见之一。两颗星辰从来不会有见面的时候，一旦相见便会是碰撞后的毁灭。可是两位伟大的思想家的相见，虽然也会有碰撞，却如两道江河的汇聚，会给后世留下连专制制度也无法湮灭的可让精神自由生长的湖泊。

孔子是在适齐的前一年，即公元前五一八年（鲁昭公二十四年）去周天子的首都雒邑去拜见老子的（雒邑故址在现今河南省洛阳市王城公园一带），是年孔子三十三岁。孔子是以朝圣的心情西去雒邑的。那里不仅是他仰慕的周公曾经住过的地方，也是商周以来的礼仪、文物、典籍等汇集之地，当然，那里更住着他所景仰已久的老子。其时，老子正担任着周守藏室史官，也就是周朝的文物、博物、图书馆馆长。对于这位通晓上下古今之变的大思想家，还是青年的孔子就曾表示过："吾闻老聃（即老子，姓李，名耳，字伯阳，一名重耳，楚国人）博古知今，通礼乐之原，明道德之归，则吾师也。"他是把老子当作老师来看待的。学生，怎能不去看望、求教于老师呢？

从鲁国国都到达周天子所在地雒邑有千里之遥，这对于少有经济来源的孔子来说，几乎是一件难以完成的事情。但是孔子想去朝圣雒邑、拜见老子的愿望是那样的强烈，以至于他的学生（此时的孔子已经开始授徒设教，参见第八章）南宫敬叔实在不忍心看着他的老师日思夜想，便面求鲁昭公，建议他资助孔子的朝师之旅。鲁昭公接受了南宫敬叔的建议，送给孔子一辆马车、两匹马和一个跟随的童仆，并让南宫敬叔陪同前往。

在山东省嘉祥县武氏祠汉画像石里，最著名的一块就是孔子见老子。两人都戴着高高的帽子，穿着肥大的长袍。孔子双手捧着一只大雁，既是见面礼也是拜师礼，而拄着曲足拐杖的老子的身后，有一辆载着文物书籍的车，车后还有三个人，都捧着简册典籍。以孔子见老子为题材的汉画像石，在全国有十几种之多，其中有一块，在孔子与老子之间，还站着一个七八岁的小孩。

这个小孩子名叫项橐，在民间传说中他也与孔子发生了充满着智慧的故事。那是在孔子去见老子的路上，刚到了河南地界，前行的车子就被这个小孩挡住了。原来他正在路中央用石头垒东西。孔子的学生子路向前开道，他们有一段有趣的对话。“躲开，我们要过去！”“车上坐的谁？”“是孔子。”“孔子是什么人？”“孔子是圣人。”“圣人是不是什么都懂？”“那当然！”“好，那我就去问问他，回答对了问题就放你们过去。”孔子其实也在听着，他感到好笑又可爱，便说：“随便你问好了。”小项橐张口就问：“我问你是城躲车还车躲城？”孔子立即答道：“还用问，当然是车躲城了。”小项橐这下得意了，笑嘻嘻地说：“那你望望，我是垒的啥？”孔子仔细一看，小孩子不仅垒的有房子，房子周围还有城墙。说话算话，孔子便吩咐子路赶着车子从这“城”边上绕过去。

谁知这小项橐还不算完，紧走几步撵上孔子接着发问：“你既然是圣人，今天我就考考圣人。你说是早晨太阳离得近还是中午太阳离得近？”孔子没有迟疑，又是张口就答：“早晨太阳离得近。”没等小项橐“为什么”出口，孔子便接着解释说：“你不想想，早晨太阳多大，中午太阳多小。”这时候又轮到小项橐笑了，笑着就又出招了：“你说是离得近了暖还是离得远了暖？”孔子没想到这里面设着套，还是张口就答：“肯定是离得近了暖。”小项橐更得意了，问：“那为啥我觉得中午暖？”被问住的孔子一边走还一边感叹：“项橐也是我的老师啊！”

这只是一个民间传说。但是从民间对于孔子见老子之事广泛的兴趣看，这个事件确实发生过，并在上层与民间均产生了深远的影响。

据说，在雒邑，老子与孔子还一起为巷党的一户人家办理过一次丧事，那时叫相礼助丧。也许这是老子有意让孔子亲自体会一下正宗的丧葬时的整套周礼吧，或者孔子也想通过实际操作，验证一下自己所学的周礼。真是有缘，送葬途中发生了日食现象（我想应当是日全食）。正当孔子不知如何处置的时候，老子从容地下令放下灵柩，并令送葬的所有人员停止哭泣，并大声地告诉大家，根据礼俗规定，必须等待日食过后才能再往前走。

相礼助丧完毕，孔子求教于老子说，那样将灵柩停在半道上等待不太合适吧？谁知道日食会持续多久呢？倒不如继续进行为好。这时，老子才将这种做法的根据详细地对孔子进行了阐明。老子说，诸侯朝见天子、大夫出国访问，都是白天走路、夜间休息，送葬与这个是一样的道理。你不想想，谁会夜间赶路？只有逃犯和奔丧的人才会天黑了赶路呢！孔子豁然明白，后来，凡是遇到此类情况，总会说“吾闻诸老聃云”，便会将上面老子讲的道理再向弟子们重复一遍。

对于孔子见老子这个事件，历史上有着多种记载与描绘，有些甚至是正好相反的记载与描绘。比如，有的说孔子与老子有三次以上的会见，如庄子书中就记述老子与孔子在王城洛邑、楚国曲仁里、鲁国南之沛的聃国甫田等的八次对话，有的则判定只有公元前五一八年这一次会见；有的说老子知道了孔子要来拜见，套上车亲自出城相迎，有的则说老子并不欢迎孔子，连屋门也没有出；有的说他们的会见，发生了激烈的冲突与较量，有的则说是一次知己间的融洽而又深刻的会见。鲁迅先生在小说《故事新编·出关》之中，则干脆说老子出关的直接原因是孔子（函谷关，在今河南灵宝县东北，东自崤山，西至潼津，通名函谷，关城在谷中，战国时秦国所置）。在这篇小说中，当老子决定躲开孔子而“出关”时，老子与他的学生庚桑楚有着这样的对话——

“孔丘已经懂得了我的意思。他知道能够明白他的底细的，只有我，一定放心不下。我不走，是不大方便的……”

“那么，不正是同道吗？还走什么呢？”

“不，”老子摆一摆手，“我们还是道不同。譬如同是一双鞋子罢，我的是走流沙，他的是上朝廷的。”

老子的学生庚桑楚还准备与孔子干一下，但是被老子制止了，意思是他的学生那么多，是干不过他们的，并且举了牙齿与舌头谁更长久的例子，告诉自己的学生“硬的早掉，软的却在”。

虽然是小说，但说出的分歧却是实在的，一个出世，一个入世——我的是走流沙，他的是上朝廷的。一个因为对于社会的彻底失望而退，一个因为对于社会怀抱着希望而进。

基于此，关于他们的相见，肯定会有学术上的切磋甚至交锋。譬如对于孔子关于仁义的论述和关于“七十二君”无人能施仁政的失望，老子就给他讲了一个故事：泉涸，鱼相与处于陆，相呴以湿，相濡以沫，不若相忘于江湖。

这个故事，正好鲜明地突出了他们之间的分歧。

孔子追求“相呴以湿，相濡以沫”的仁。当水已干涸的池塘里，鱼们全都面临干死威胁的时候，它们却竭尽自己最后的所爱赠与对方，把生的希望留给别的鱼们，努力地哈出最后的气息去湿润对方，用口中仅有的唾沫滋润对方就要干燥的体表，使对方苟延残喘，尽可能地延长一些生命。这也许就是孔子“克己复礼，天下归仁”境界的极致了，池塘干涸了，却也毫无怨言，并在这种险恶的生存环境里牺牲自己，努力地施惠于对方，哪怕只能让“别的鱼们”多活一分钟。

老子则截然不同，他说与其这样，“不若相忘于江湖”。你孔子的“相呴以湿，相濡以沫”是再高尚、再仁义不过的了，可是结局却只有一个：死亡。老子要走另外一条路，“相忘于江湖”。要么不能让“泉涸”这种局面出现，即使出现了这种局面，也不能被动地等待死亡（哪怕可以落下一个大仁大义的好名声也不这样做），而是要冲出这干涸的池塘，往“江湖”的方向走，力争回到江湖之中。鱼们能够处于江湖之中，当然也就无须什么“相呴以湿，相濡以沫”的仁义了。

一个要“克己”，去实现自己的理想；一个宁可去“走流沙”，也要首先保存了自己，保存了自己也就保存下了实现理想的资本。最大的分歧，在哲学上，老子推出一个“道”，是在那时痛苦之中的一种宇宙观，将生命放在宇宙的“道”中，是哲学的思考；而孔子是倡导“礼”，是在那时的痛苦中的一种伦理观，将生命放在“吾从周”的复礼中。老子看到了暴君治下的暴民，孔子追求仁政之下的顺民。

分歧是明显的。但是透过分歧，却仿佛有一种让人感动的东西，给人以温暖和启迪——两位伟大思想家之间又有着巨大的一致和知音间的关怀与惺惺相惜。

鲁迅毕竟是独特的犀利的。他在看到孔子与老子之间分歧的时候，也看到了他们的深层次的一致。他说“孔子年三十余，尝问礼于老聃，然祖述尧舜，欲以治世弊，道不行，则定《诗》《书》，订《礼》《乐》，序《易》，作《春秋》。”（鲁迅《汉文学史纲要·老庄》）对于老子，同一文中的前面鲁迅这样说："老子之言亦不纯一，戒多言而时有愤辞，尚无为而仍欲治天下。其无为者，以欲'无不为'也。"

在他们的骨子深处，有着同样的对于礼崩乐坏、物欲横流、统治者的残忍无道的不满与愤慨，有着同样的平治天下的理想，都想着大有作为。当然，他们还有一个共同的地方，那就是要独立在这个世上，发出自己的声音来。不然，孔子就不会千里迢迢、捧着大雁（不知是烧烤还是清蒸？）远赴雒邑去拜师问礼问道。不然，思接八极的老子，也不会接待孔子并让他参阅了周朝所藏的丰富的典籍、文物，引领孔子参观了明堂、太庙和天子郊祭天、社祭地的场所，并于礼于道倾其所有传授于孔子。那时的他们及其学派，都还有着一个阔大的胸襟和高远的视野，不像后世"独尊儒术"的小气量狭胸怀。

我至今还能听到老子临分别时嘱咐给孔子的话："子所言者，其人与骨皆已朽矣，独其言在耳。且君子得其时则驾，不得其时则蓬蔂而行。吾闻之，良贾深藏若虚。君子盛德，容貌若愚。去子之骄气与多欲，态色与淫志，是皆无益于子之身。"——你所研究的学问，都是前人的创造，他们的人与他们的骨头早已腐朽了，只有他们的言论与思想还在。时运到了，君子应乘时而起；时运未到，任你本领再大，且千方百计，仍不为世所用。我听说，真正的富商大户，是要如穷人一样简朴；有大德之人，表面上反而大智若愚。所以，你应该少一些骄狂之气、祛除渴望建功立业的多欲之心，更要少一些试图改造这个世界的幻想。所有这一切的功名利禄之念，都是于身心无益的。

其对于孔子的关心，真是溢于言表。

孔子呢？他怎样看待这次与老子的会见？当他离开雒邑回到鲁国后，对弟子们这样说："鸟，吾知其能飞；鱼，吾知其能游；兽，吾知其能走。走者可以为网，游者可以为纶，飞者可以为矰。至于龙，吾不能知其乘风云而上天。吾今日见老子，其犹龙邪！"——我知道鸟能飞，但常被人射下来；我知道鱼能游，但常被人钓出来；我知道猛兽会奔走，但依然常落入罗网陷阱。只有龙不是我们所能知晓的了：它能云里来、风里去，变幻莫测，无人能识其全貌。这次见到老子，他远远超出我的想象。我想，老子大概就像龙一样吧！

第八章 “学而不厌”：雒邑深造

孔子于公元前五一八年（鲁昭公二十四年）去周天子的首都雒邑的朝圣之旅，可说是他一生中最为重要的学习之旅、深造之旅。在这将近一年的学习深造活动中，“学而不厌”的孔子可说是如饥似渴、如鱼得水。他于此间进行了大量的拜访、观摩、参观等活动，并在老子的帮助下，对周天子所藏的各种典籍，进行了细致的查阅与学习。

司马迁说，孔子从周回到鲁国之后，跟从他学习的弟子就渐渐多了起来，“孔子自周反于鲁，弟子稍益进焉”（《史记·孔子世家》）。这也有力地证明了孔子通过在周一年的学习深造，在学识与思想上，都取得了长足的进步。有这样丰富的文物典籍、文化宝藏，又有老子、苌弘等这样顶尖级的或曰大师级的人物为师为友切磋琢磨，孔子当是比读下来一个博士要学得更多的东西吧？

孔子曾经有些惋惜地说过：夏代的礼，我能说出来，但是它的后代杞国已经不足以证明了；殷商的礼，我也能说出来，但是它的后代宋国也不足以证明了。这是因为杞国、宋国都没有足够的历史文献和足够的贤者的缘故。如果有足够的文献与贤者，我就能够将夏、商两代的礼准确的整理出来，也能够完整地演示出来（《论语·八佾》）。如今，孔子终于可以不用惋惜了，他走进了一所几乎应有尽有的大学堂中。

“观乎明堂”是孔子在雒邑的重大学习活动之一。明堂是周天子祭祖、朝会、议事与宣政的地方，内有国家重器和种种宝贵文物。孔子进入明堂就如走进历史，特别是明堂内历代天子的画像，更让他陷入深思。从尧、舜到武王到周公，从夏桀到商纣，无不展现着各自的精神风貌。曾是自己祖先的商纣的狰狞暴戾，尤其让孔子触目惊心。才是几百年的时间，强盛而又谐和的西周早已不复存在，而眼前的这个东周，又已处于四分五裂、朝不保夕的境地。

他在周公的像前长时间地驻足。自己先辈商的灭亡与周的取得天下的教训与经验，就这样浓缩在这个明堂之中，让孔子一览无余。还有一种慈爱，一种能容天下的胸襟，让他如此的感动，血液好似在沸。周公，这个功高盖世的人，却能够这样恭恭敬敬地向年幼的成王秉报国事，并能够在国家处于危险的时候，挺身而出。谁也不能站于历史之上之外，善恶美丑，都会现出本来的面目。即使是统治者总想抹杀总想遮掩、总想粉饰总想歪曲，他们费尽心机到头来也是白搭。黑还是黑，白还是白。我们当然会看到本应昭彰的人物、事件或者思想，却人为地被掩盖被忽略，我们还会看到善与美的横遭不幸与罪与恶的得势与忘形，于是就认为历史是可以抹杀的、涂画的。其实不然，就基本规律讲，善恶美丑，终归要各归其位。试想想，历史上那些枉杀无辜的人，哪一个能够逃脱罪责与罪名？纸写的谎言是无论如何也无法掩盖斑斑的血迹。还有，那些因为对于专制的反抗反叛而被流放者，又怎会永远地被历史忘却？即便是普通的人，也许会以为在历史上不会留下痕迹，所以也就随意行事了。其实不然，每一个人只要在这个世上活过，就会有痕迹留下，是好是坏是善是恶，并不是一锅粥的。包括一些小计谋小花招小心眼以及包藏在伪善中的阴暗与堕落，都会让活着的眼睛与活着的历史看得一清二楚。“明镜所以察形，往古者所以知今”（《孔子家语·观周第十一》）。

“子曰：‘甚矣！吾衰也。久矣，吾不复梦见周公。”（《论语·述而》）我衰老得多么厉害啊，好长时间我都没有再梦见周公了！从这里，让人看到，孔子是在以继承周公为己任的。我们现在一说中国传统文化，就会想到孔子孟子。在孔子的时代，是一提到文化就会想周公的，因为是他筹划、整理、创建并实施了周朝的文化。如今，周公就在眼前。面对乱世，天下还有谁能够挑起周公曾经挑过的国家文化这副担子？孔子可曾向面前的周公许下过诺言？

周朝的太庙，也是孔子必须要去的。去太庙或者在“观乎明堂”之后。太庙也叫后稷之庙。周人视后稷为自己的始祖。他善于种植各种粮食作物，曾是尧、舜的农官，并教民众耕种从而有了农业。孔子的“入太庙，每事问”，那是在鲁国的周公庙（见第四章）。但是孔子依然感到着一种新鲜，即或在理论上、程式上已经懂得许多，但是毕竟没有现场见识过周天子的周公庙。但是现在，他更得一一都问得分明，也让曾经学到的东西得到验证。他当然不会在乎自己大学问家的名声，只要能够学到真正的知识，甘当小学生又有什么关系。

但是太庙对于孔子的记忆，恐怕还是庙堂右边石阶前的那尊铜做的金人。这尊铜铸的金人，嘴上被贴了三道封条，后背上还被刻着铭文，这就是我国著名的《金人铭》，它不仅是中国几千年专制社会的一个缩影，也是民族性格的一个真实写照，这就是没有也不许有言论自由，就是专制高压之下的“战战兢兢，如临深渊，如履薄冰”的慎言和“明哲保身”下的懦于言。这篇《金人铭》，当然也预示着中国知识分子的苦难命运：知识分子的天然的职责，就是要以独立的立场发声说话，对社会对谬误表示反对与质疑，可是专制的制度恰恰不允许这种言论的自由，于是便在这种漫长的扼杀言论自由的时间里，造就出也凸显出中国知识分子集体性格中的懦弱与自私。让我们记住这篇《金人铭》——

古之慎言人也。戒之哉，戒之哉。无多言，多言多败；无多事，多事多患。安乐必戒，无行所悔。勿谓何伤，其祸将长。勿谓何害，其祸必大。勿谓何残，其祸将然。勿谓莫闻，天妖伺人。荧荧不灭，炎炎奈何。涓涓不壅，将成江河。绵绵不绝，将成网罗。青青不伐，将寻斧柯。诚不能慎之，祸之根也。曰是何伤，福之门也。强梁者不得其死，好胜者必遇其敌。盗怨主人，民害其贵。君子知天下之不可盗也，故后之下之，使人慕之。执雌持下，莫能与之争者，人皆趋彼，这独守此。众人或惑，我独不徙。内藏我知，不与人论技。我虽尊高，人莫害我。夫江河长百谷者，以其卑下也。天道无亲，常与善人。戒之哉！戒之哉！”

孔子“欲讷于言而敏于行”的君子，当然不是这个嘴上被封了三道封条的金人。从君子一言兴邦、一言丧邦的思想中，我们似乎听到了一种对言说自由的呼求。那是鲁定公问他“有一言可以丧失国家的事情吗”的时候，孔子给予了肯定的回答，并且是说这个丧邦的原因就是国君做错了事说错了话，却没有人批评他没有人违抗他——“如不善而莫之违也，不几乎一言而丧邦乎？”（《论语·子路》）

在雒期间，孔子还参观了周天子祭天祭地的场所，也就是《孔子家语》中所记载的“历郊社之所”。周代于冬至那天祭天于南郊称为“郊”，夏至那天祭地于北郊称为“社”，合称为“郊社”，这是古代天子在郊外祭祀天地的一种隆重而又庄严的祭祀活动，是国家的大礼，用以祈祷风调雨顺，农业丰收。祭天的地方叫圆丘，即天坛。祭地的地方叫方丘，即地坛。虽然孔子对于天、神有着自己的看法，但是孔子实地的考察，对于充实丰富他礼制礼仪方面的知识，无疑起到了很大的作用，甚至会对他的思想有所影响。如孔子主张“祭如在，祭神如神在”，“吾不与祭，如不祭”（《论语·八佾》），祭祀祖先时就像祖先真在面前，祭祀天神就像天神真在面前，我不亲自去祭祀而让别人代替祭礼（比如季氏因为齐的美女，而派一个小官员去代替自己主持鲁国的祭祀活动），那就和不祭祀一样。

在老子的帮助下阅读了周天子的图书馆里的大量珍藏，更对孔子学识的长进，起到了重要的促进作用。据说孔子在雒邑期间，在这个图书馆里接触到了大量的典籍。《诗》、《书》是免不了的，除此，还看到了在外地无法看到的“三皇五帝之书”和“四方之志”，如《三坟》《五典》《八索》《九丘》，鲁之《春秋》、晋之《乘》、楚之《梼杌》等。成就大学问，没有见多识广是不行的。

而对于音乐及乐器有着浓厚兴趣并有着深厚造诣的孔子，在雒期间与大学问家、大音乐家苌弘大夫的相见与研讨，也一定有着非同寻常的意义。有的说他们的相见是在老子的家里或办公室里，有的说是孔子登门拜访。但是不管是在哪里相见，他们两个人对于周人大型古典乐舞《大武》的讨论，肯定是一次有着极高学术价值的讨论，或许是中国古代关于音乐的第一个高等级的学术活动。这次学术活动的结果，是他们得出了一个共同的结论，那就是这部气势恢宏的大型乐舞，反映了周人从以武力征服天下到以礼乐治理天下的史诗般的全部过程，堪称周人的国乐。至于《淮南子·缪称训》所说“孔子之通，智过于苌弘”，不过是后人对于圣人的偏爱罢了。他们的切磋，是平等的切磋，是相得益彰的切磋，而且孔子求学的意味更浓。

公元前五一八年这一年，也许是孔子一生中最为快乐的一年，几乎每一天都充满新的发现新的思考。这一年的学习、深造、观览、阅读、研讨等一系列的学术活动，对孔子的思想产生了诸多影响，也为他的学识与教学的走入至境化境，打下了坚实的基础，给予了有力的推动。“周朝的礼仪制度是以夏商两代为根据，然后制定的，多么丰富多彩呀！我赞成周礼也渴望着周礼能够重新成为天下行为的准则。（“周监于二代，郁郁乎文哉！吾从周。”《论语·八佾》）

第九章 “爱人”：孔子的仁学思想

常常会在深夜里，望着满天的星斗，或者看着寂静的月亮，就会与孔子有着没有阻碍的晤谈。这时的孔子，他的眸子里，总会充满着慈祥与仁爱。

此刻，这个教师的孔子，这个思想者的孔子，又会如一条河流一样，从远方走来，又从我的眼前，粼粼着，向远方流去。

望着远去的河流，我的眼睛里就会泛起着泪水，想到，就是这个人，在中国最早响亮地发现了“人”，又树立起“人”，并呼唤人类之爱。他不知道后来会有一个英国，英国会出一个与他一样闻名世界的莎士比亚，当然也不会知道有个叫丘吉尔的与人有过一次著名的问答。那是当有人问丘吉尔：“如果英国只能在印度与莎士比亚之间，选择其一的话，你会如何选择？”这时，丘吉尔毫不犹豫，立刻回答说：“莎士比亚！”孔子当然也不会知道，要教会中国的执政者知道“人”的重要，是多么困难。但是，孔子正是在发现人与重视人上，为中国开了一个好头。

而孔子而对于“人”的发现，最集中地体现在孔子思想的核心部分“仁”上。“仁”可以说是孔子的创造，是他把仁发展充实成为贯穿着他整个思想体系的总纲领，并在中国历史上第一次将仁完善成为一种人本哲学。《尚书》里只有一次提到“仁”，《诗经》提到两次，《国语》二十四次，《左传》三十三次，而一部《论语》，四百九十九段，竟然有五十八段讨论仁的问题，一百零九次提到仁，并从各种角度对仁进行阐释。孔子体现人本哲学的仁，对内就是修身以达到精神与道德的最高境界“君子”；体现在政治上就是博施济众的仁政，就是以周礼为其外在表现形式；体现在教育上，就是有教无类，就是一系列符合人性的教育思想与教育方法，就是促使人的全面发展；而作为实现仁的思想方法，则是以“歒”为标志的中庸，即矛盾对立统一相克相生下的执中、中正、中和，“执其两端，用其中于民”

（《礼记·中庸》），“允执其中”（《论语·尧曰》），提倡“和而不同”、即保持对立面的和谐和共存而不是硬性消除对立面之间的差异，反对“过犹不及”等。就是因为在孔子庞大思想体系之中有“仁”提纲挈领，而这个仁又是以人为本，所以他才“不语怪力乱神”，也让儒家学说处于主流文化的地位，从而使他的仁学精神，由原始的道德观念上升为具有实践意义和人文精神的哲学范畴。

首先，孔子肯定了人的追求与欲望的现实性与正当性。在《礼记》中，孔子直接提出了这样的观点，“饮食男女，人之大欲存焉”，也就是说，饮食男女，这本是人类最基本的欲望。这与《孟子》中告子的“食色，性也”的话，是一致的。孔子还说“吾未见好德如好色者也”（《论语·子罕》），虽然在这里孔子是在感叹，人们对于道德的爱好不如对于美色的爱好积极急切主动，并从而导致社会秩序日渐败乱。但是孔子的这种感叹的前提，是承认肯定着人的“好色”的合理与自然，这种异性相吸的冲动，这种对于美色（也是一种伟大的美）的向往，是一种天性使然，也是积极主动的。由此出发，孔子也就将人们对于功名利禄的追求，看作正当的欲望，并给予了适当的肯定。如他说“邦有道，谷”（《论语·宪政》），“邦有道，贫且贱，耻也”（《论语·泰伯》），“君子疾没世而名不称焉”（《论语·卫灵公》）等，都是对于人的正当欲望的承认与肯定。这与《孝经·圣治》中的“天地之性人为贵”，表达的是一种意思。

不仅肯定着人的正当欲望的合理性，孔子当然也看到了欲望对于人与人性的伤害。也许，在世界上第一个提出了人的“异化”观点的，当属孔子了。被认为出自孔子之手的《乐》已经失传，而《礼记》中的《乐记》则被认为是当年《乐》一书的残留部分。就是在《乐记》之中，有着这样的话：“夫物之感人无穷，而人之好恶无节，则是物至而人化物也。”因为人的欲望的没有节制，而使“人化物”，也就是人被物所异化或曰人丧失本性而被物化。人的异化，这既是人的悲剧，也是社会的悲剧，尤其是中国社会的悲剧。因为中国社会专制制度的漫长与残酷、冥顽不化又系统堂皇，更使得这种人性的丧失或曰人的异化，呈现出一种举世无双的状态。

由此出发，孔子更进而提出了“立人”的主张，“已欲立而立人，已欲达而达人”。关于“仁”的阐释，最著名的当是樊迟问仁。这位孔子的学生，他的知名，就是因为几次著名的提问。他曾经向老师问种庄稼与种蔬菜的道理，孔子都答以“我不如老农民”、“我不如老菜农”，并因此引起了老师的不满与批评。但是樊迟的问仁却得了老师名垂千古的回答。在《论语》一书中，樊迟曾经三次向老师问仁，最为经典的，当是这次问仁——樊迟问仁。子曰：“爱人。”问知。子曰：“知人。”（《论语·颜渊》）这里是先问“仁”，再问“知”。还有一次，樊迟是先问“知”又问“仁”——樊迟问知。子曰：务民之义，敬鬼神而远之，可谓知矣。问仁。曰：仁者先难而后获，可谓仁矣。（《论语·雍也》）在这里，孔子把“知”也纳入于“仁”的照耀之下，要对鬼神敬而远之，但是却要专心致治于民，也只有这样勤勤恳恳地“务民之义”，才能“先难而后获”，取得一定的收获。而到了孟子，又做了更加明确的论说：“仁者爱人，有礼者敬人。爱人者，人恒爱之；敬人者，人恒敬之。”（《孟子·离娄下》）也就是韩愈所说的“博爱之谓仁”。仁是要，爱是苗”，“仁者，爱之理；爱者，仁之事。仁者，爱之体；爱者，仁之用。”

而“爱人”却有一个出发点，这便是对于人与人格的起码的尊重，不能以贵凌贱，不能以上欺下。“一箪食，一豆羹，得之则生，弗得则死。呼尔而与之，行道之人弗受；蹴尔而与之，乞人不屑也”（《孟子·告子》）有一碗饭或粥，哪怕得到它就会生、得不到吃就会饿死，但是如果用对待牲口的态度吆喝着，就是旅途劳累之人也不会接受；如果你用脚踩踏之后再给人，就是乞丐也不屑于接受。他的“人能宏道，非道宏人”，就是以人为本的经典论断。

这种“爱人”，还在于对于生命的珍惜。我国的上古社会，是崇尚过惨无人道的殉葬制度的。那时，要用奴隶、妇女等活人（有时是大量的）陪葬贵族的死者。随着社会的进步，活人的殉葬逐渐变为由活的牲畜去殉葬。到了孔子所处的春秋时期，活人的殉葬已成零星的个例，并已实行以陶俑陪葬的办法。

就是用陶俑，也遭到了孔子坚决的反对和厌恶。他从这些陶俑，似乎感到着一种无视生命的血腥。他甚至对于这种殉葬制度，给予诅咒：“始作俑者，其无后乎！”（《孟子·梁惠王上》）——那个首先作人俑以殉葬的人，是缺德的，恐怕他不会有后代吧！孔子在气头上，是很会骂人的，骂得也毒。

在对于人与人格尊重和珍惜生命的基础上，孔子进而提出了“立人”的主张。这不只是孔子对于人的发现，更是孔子对于人的关怀、关注、与热爱。在樊迟问仁孔子答以爱人之后，樊迟还没有全部明白，这时孔子还有一段引申的论述，他说应当“举直错诸枉，能使枉者直”，这便是要把正直而又有才能的人提拔起来，放在那种邪恶的小人之上，这样不仅能令正直的人发挥作用，还能“逼得”邪恶的小人变得正直，并进而在社会上形成一种倡导正直的健康的风气，促进社会的进步与发展。

这就牵涉到另外一个关于“仁”的重大命题，那就是呼吁统治者实施“仁政”，而这个“仁政”的核心，则是对于“民”的承认、尊重与关爱。

关于这个问题，最为重要的，有这样几次阐述——

有一次仲弓问仁，孔子这样回答：“出门如见大宾，使民如承大祭。己所不欲，勿施于人。在邦无怨，在家无怨。”（《论语·颜渊》）孔子告诉仲弓，一定要平等待人，出了门，对任何人都要礼貌、尊重，不管是国君大夫还是平民百姓，都要如看待贵宾一样；而使劳百姓，要像承当重大祭祀典礼一样严肃认真，小心谨慎；自己不喜欢的事情，就不要强加于别人；最后达到不怨天尤人，也不致招到别人的怨尤。在这里，孔子不仅教导自己的学生要平等地对待一切人，他自己首先就做出了一个好的榜样。这个仲弓就是雍也，姓冉名雍字仲弓。虽然他出身贫寒，父亲是个“贱人”，但是孔子却从不因为他的“出身”而稍有怠慢，反而把他列为自己最得意的十个弟子之一，并说“雍也可使南面”，是说他有帝王之器，可以担当一国君侯之任。而且孔子还为自己的这位德才兼备的弟子得不到社会的重用，而鸣过不平：“犁牛之子骍（xing）且角，虽欲勿用，山川其舍诸？”（《论语·雍也》）耕牛的儿子长着赤色的毛和整齐的角，虽然世人因为它出身贫贱而想用其作祭祀的牺牲来用，但是山川之神难道会舍弃它吗？就是这个仲弓，与老师的心是息息相通的，对于仁，他在《雍也》中有过与老师相似的论断，“居敬而行简，以临其民，不亦可乎？居简而行简，无乃大简乎？”这不仅有使民如承大祭的严肃与认真，还有着简洁行政不劳民的爱心，所以孔子马上表示赞同说：“雍的这番话正确（雍之言然）。”

还有一次，是子贡与孔子关于仁的对话。子贡曰：“如有博施于民而能济众，何如？可谓仁乎？”子曰：“何事于仁！必也圣乎！尧舜其犹病诸！夫仁者，己欲立而立人，己欲达而达人。能近取譬，可谓仁之方也。”（《论语·雍也》）子贡这个人，真不愧是孔子的大弟子，他总能提出一些高层次的问题，并总会在老师思想的深处引起共鸣。他问老师说：“如果有这么一个人，广泛地给人民以好处，又能帮助大家生活得好，怎么样，可以算得上仁了吗？”子贡的问题，显然触动了老师，孔子马上有了一段精彩的言说：“能够博施济众，这哪里仅仅是仁道，那一定是圣德了！尧与舜或者都难以做到呢！仁是什么？那就是自己站得住能成功，也要使别人站得住能成功，自己的事情行得通，也要让别人的事行得通，自己能够像个人一样的自主独立，也要让别的人像个人一样的自主独立。能够就眼下的事实选择例子一步步地去做，可以说就是实践仁道的方法了。”

在这里，孔子实际上是提出了一个重大的命题：人便是人的标准。

“博施于民而能济众”，当然是孔子长存一生的志向。这一志向，在《公冶长》里颜渊、子路与老师的对话中，再次得到证实。有高足在侧，老师总会研之教之。这回老师是请他们俩说说各自的志向，“盍各言尔志”。子路是个直性子，总是抢着回答，他说我乐意将自己的车子马匹和衣服锦袍，与朋友一起用，就是用坏了，我也一点遗憾都没有。颜渊的志向则是，不夸耀自己的优点，不把劳苦的事情推给别人。子路因为心里对老师始终存着一种儿子对于父亲一般的挚爱，加上性情使然，也就没了师生尊卑的界线，就直接问老师：光让我们说志向，那老师你的志向呢？这时，孔子说出了让后人每每诵读都会心头发热的十二个字：老者安之，朋友信之，少者怀之。使老年人都得到安养，使朋友们都相互信赖，使青少年都得到教育与抚爱。

在《论语》中，学生们这样问仁于老师的例子很多，也足见仁在孔子思想中的核心地位。又如弟子子张一次问仁，孔子就答以“能行五者于天下为仁矣”：“恭，宽，信，敏，惠。恭则不侮，宽则得众，信则人任焉，敏则有功，惠则足以使人。”（《论语·阳货》）其中最关键的，又是对工作的诚实勤勉与对民的宽厚慈惠，用现在的流行口号来说，就是勤政爱民。这也就是《礼记·乐记》中所讲的，“仁以爱之，义以正之，如此，则民治行矣。”以仁心爱民，以正义治之，民治的理想即可实现了。

“仁政”一词，是孟子第一个使用，但是源头却是从孔子那里来的。“为政以德”，“用贤纳谏”，“博施于众”，“敬事而信，节用而爱人，使民以时”，“举直错诸枉”等，孔子几乎在反复申明着自己施行仁政、善待百姓的主张。子贡问政。子曰：“足食，足兵，民信之矣。”子贡曰：“必不得已而去，于斯三者何先？”曰：“去兵。”子贡曰：“必不得已而去，于斯二者何先？”曰：“去食。自古皆有死，民无信不立。”（《论语·颜渊》）孔子在这里将民众对于统治者的信任，看作一个政权最为重要的基础。我们都知道，在《论语》之中，孔子提得最多的，除了“仁”，就是“君子”这个词了。有一次子路问老师怎样才能成为君子。老师说，要提高自己的修养以达到恭敬待人。子路说，这样就可以了吗？老师进一步告诉子路，还要修养自己使别人安乐。子路听出老师好像还有对于君子的更深层的思考，于是再问，这样就可以了吗？这时，孔子就向子路说出作为君子的最高标准：修养自己以使百姓安乐，这恐怕是尧舜也难以全面做到的。“修己以安百姓，尧舜其犹病诸。”（《论语·宪问》）这也就是孔子在《为政》篇所说的，如果能以仁德去施行政治，就好像北斗星一样，虽然站在那里不动，而其他许多的星星，也会心悦诚服地尊拱着它（为政以德，譬如北辰，居其所，而众星拱之）。

在那样的时代，我的家乡有一个叫邾国的小国，当时邾国的国君邾文公，可以说正是孔子“修己以安百姓”的罕有的君主。在《左传·文公十三年》中，有着这样感动人心的记载：“邾文公卜迁于绎。史曰：‘利于民而不利于君。’邾子曰：‘苟利于民，孤之利也。天生民而树之君，以利之也。民既利矣，孤必与焉。’左右曰：‘命可长也，君何弗为？’邾子曰：‘命在养民。死之短长，时也。民苟利矣，迁也，吉莫如之！’遂迁于绎。五月，邾文公卒。君子曰：‘知命’”文中所说的“绎”，就在是现在山东邹城附近，这个邾文公在位五十二年，他为了迁都绎地而占卜吉凶。当史官对他说如果迁都绎对百姓有利而对国君不利的时候，这个小国之君却发出了足以震古烁今的铿锵之言：“如果对百姓有利，也就是我的利益。上天生育百姓并为他们设置了君主，就是用来为他们服务的并给他们带来利益的。百姓既然得到了利益，我的利益也就在百姓的利益之中了！”当臣下说不迁绎可以使他延长寿命的时候，这个小国之君，再一次发出了与当权者迥然不同的声音："活着就是为了抚养百姓。而死的早晚，在于时运天命。百姓如果有利，就迁都，没有比这更吉利的了。"而且这个小国之君，却是个行动的巨人，他说过以上的话之后，便迅速迁都于绎。虽是小国之君，却为我们留下了"苟利于民，孤之利也"、"天生民而树之君，以利之也"、"命在养民"等以民为本的堪称伟大的遗训。

而文中那个称赞他"知命"的君子，具说便是孔子。

由此看来，孔子的"知天命""畏天命"中的天命，当然也就有着"命在养民"的成分了。

可是孔子却不是个善于喊口号的人，他甚至觉得"巧言令色鲜矣仁"，讨厌那些只会说大话的人。达到仁的境界，还需要向内的一种内省与不知疲倦的实践，"五谷者，种之美者也。苟为不熟，不如荑稗。夫仁亦至乎熟之而已矣。"（《孟子·告子》）这便是通过内省修炼与不倦地实践而让仁达于成熟之美。《菜根谭》里有这样一段话，说"富贵名誉自道德来者，如山林中花，自是舒徐繁衍；自功业来者，如盆槛中花，便有迁徙度兴；若以权力得者，其根不植，其萎可立而待矣。"这是告诉我们，一个人的富贵名誉如果建立在道德基础上，就如山林之花，会自然盛开、繁衍不息，而建立在权力之上的，则会迅速枯萎。这与孔子的君子是"讷于言而敏于行"，是完全一致的。真正的君子不在于纲领多么花里胡哨，也不在于打出着什么"思想""理论""主义"，而在于行动。我们看看孔子的行动，是比他说的要漂亮得多的。

在《论语·卫灵公》中，有这样一个记载：师冕见，及阶，子曰："阶也。"及席，子曰："席也。"皆坐，子告之曰："某在斯，某在斯。"师冕出。子张问曰："与师言之道与？"子曰："然。固相师之道也"。

这是讲孔子接待一位瞎子乐师的故事。师也就是大乐师，在春秋时代是个相当重要的工作，因为那时特别重视礼乐文化。这个叫冕的乐师来看望孔子，我估计是有关音乐礼仪方面的研讨吧。孔子出来接着他，还扶着，又轻又慢地领他往里走。要上台阶时，就告诉他脚下是台阶。那时还不时兴板凳，到了席位前就告诉他席位到了，请坐下吧。坐了下来，孔子又详细地一一介绍在座的人，而且还要将每个人的方位，也就是在前还是在左在右，都向冕说得清清楚楚。师冕走了，学生子张就问老师："这就是同瞎子乐师讲话的方式吗？非要这样繁多的规矩、处处都要言语一声？”孔子肯定地说：“当然要这样做，不仅对待有职位的乐师这样，就是对待一般的盲者，也应当这样。”南怀瑾先生曾经讲过释迦牟尼的一个故事来与孔子相对照。释迦牟尼的一个学生，是个盲人，但是还是坚持自己缝衣服。有一天，他想缝衣服，可是就是找不到针鼻，无法将线穿起来。老穿不起来，着急了，就在那里大声地喊叫，想让同学们帮帮忙。可是同学们——也就是一群罗汉们——都在那里打坐入定，干着修炼的正事，没谁理他（可能有人想理，怕说易受干扰、不够坚定）。但是这时，释迦牟尼老师却从座位上走下来，帮助盲学生穿好针线，再轻轻地交到他的手上，并教给他怎样缝制衣服。盲学生一听是老师的声音，不安地说：“老师，你怎么亲自来了？”释迦牟尼说：“这是我应该做的。”说完，又对其他的学生讲，我们需要做的，就是这种事情，有残疾的人和穷苦的人，我们一定要帮助他们。在对人的态度上，孔子，释迦牟尼，耶稣，都在一个境界上。

在这样一个境界上的，中国还有一个鲁迅。当进步青年也是诗人的柔石，被国民党枪杀之后，鲁迅先生写下了这样的话：“天气愈冷了，我不知道柔石在那里（指监狱）有被褥不？我们是有的。洋铁碗可曾收到了没有？……但忽然得到一个可靠的消息，说是柔石和其他二十三人，已于二月七日夜或八日晨在龙华警备司令部被枪毙了，他的身上中了十弹。”《柔石小传》中，先生写着：“柔石有子二人，女一人，皆幼。”在先生一九三一年八月五日的日记里，这样记着：“夜交柔石遗孤教育费百。”一九二六年三月十八日，段祺瑞政府残忍地枪杀大批和平请愿的学生之后，连续几天，鲁迅不吃，无语，病倒也不找医生。但是病倒的鲁迅却连续写下了《死地》《可惨与可笑》《空谈》和《纪念刘和珍君》，向专制者射出憎恨的火焰，向饮弹的青年“奉献我的悲哀与尊敬”——“当三个女子从容地转辗于文明人所发明的枪弹的攒射中的时候，这是怎样的一个惊心动魄的伟大呵！中国军人的屠戮妇婴的伟绩，八国联军的惩创学生的武功，不幸全被这几缕血痕抹杀了。”他有一个叫韦素园的学生，在先生的支持关怀下办起了“未名社”，在无声的中国出版、翻译进步书籍。那样的社会，那样的时代，进步的青年怎能不命运乖蹇呢？穷困的素园默默地实干着，却得了肺结核病，累得大口大口地吐血，爱着的恋人也和别人结了婚。鲁迅关怀着这个无依的青年，就是南下厦门、广州和定居上海，也不忘这个病着的学生，深情地鼓励他：“好好地保养，早日痊愈，无论如何，将来总归是我们的。”一九二九年五月三十日，是韦素园的生日，这一天，到北京探亲的鲁迅一早就赶到西山福寿岭疗养院来看他。病中的素园，头一天就和人一起把病房打扫得十分的干净，还把为驱寂寞而喂着的小鸡，挑了几只个大的，专请大师傅做了来款待自己心爱的恩师。从早上直到下午，他们忘情地谈着，很晚了鲁迅才不舍地离去。素园知道老师嗜烟，几次催他吸烟，但鲁迅为了学生的身体一直忍着，逼急了才跑到外面老远的地方抽一支就回来。素园终竟死了，在一九三二年八月，刚刚三十岁。鲁迅久久地哀伤，像孔子为学生颜回、子路的死而哀伤一样。他亲笔为他心爱的学生写下墓志“宏才迹志，厄于短年。文苑失英，明者永悼”；并写下了《忆韦素园君》一文：“是的，素园却并非天才，也非豪杰，当然更不是高楼的顶尖，或名园的美花，然而他是楼下的一块石材，园中的一撮泥土，在中国第一要数他多。”这是对素园的忆悼，也是对那些脚踏实地为民族工作的青年的赞美，更是对我们这些后来者的殷殷期待。复信，荐文，校稿，抄写，寄书，谈话，买药，讲演，授课，营救，开药方，介绍工作以至为学生捆束出发的行囊……在他劳累的一生中，有一半的光阴是为青年们“打杂”费去的，另一半，则是为了青年与中国的未来在写作上耗去的。他可以为了给一个不知名的青年打抱不平，宁可得罪一家大出版社和多年的老朋友；他可以对对其有恩却恩将仇报的青年，不予回击，并在《新文学大系小说二集》中给以公正的肯定；他可以用自己的手稿包油条当手纸，却珍藏着青年们幼稚的木刻作品到死；他可以为青年看稿校对累得吐血全然不顾，却会因为一个青年的消瘦而难过。

不正是这些颗跨越巨大的时间空间的怜悯之心，撑起了东西方的文明吗？

孔子这样的“小事”多得很。

子见齊衰者、冕衣裳者与瞽者，见之，虽少，必作；过之，必趋。——《论语·子罕》

子食于有丧者之侧，未尝饱也。

子于是日哭，则不歌。——《论语·述而》

如果遇见穿丧服孝服的、戴礼帽穿制服的贵族和瞎了眼睛的人，哪怕他们是年轻人，孔子也会马上站起来，脸上涌起了严肃的神情。如果经过他们身边，一定会快走几步，不敢多看，也不忍多看；孔子在死了亲属的人旁边吃饭，从未曾吃饱过；孔子如果在这一天哭泣过，就不再唱歌。

乍一看，很简单，也很容易做到。但是仔细思量，却并不简单的。这五十三个字里，让一个怀揣着一颗最真实的同情心的孔子，历经两千多年无情时间的淘洗却仍能不朽。同情又尊重弱者，心如明镜台的孔子用他那颗明净的心照出普通百姓的疾苦，并真真切切地用心去体察。

他碰到人家家里死了人，就有一种同情油然而生，“老吾老，以及人之老”，不能不严肃起来。经过发丧的队伍，也不会看热闹一样停下观看，要紧走几步，不去打扰别人的忧伤与痛苦。面对眼睛瞎了的残疾人，也是这样。这是一种怜悯，只要将心比心，就会如此。说说容易，真要做到可就难了。淋过社会的风雨，再经过时代的变故，人心往往会变硬。更有官场的“优越”而让人心变硬变黑的，跷着二郎腿、拉长着脸，不仅会对别人的痛苦视而不见，不要说不再成人之美，有时还会幸灾乐祸。至于对于戴礼帽穿制服的贵族也这样对待，我想孔子这不是对他这个人，而是他的冕与服代表了国家制度，有某种国家的象征，所以才严肃起来。

孔子比人经受的风雨要多得多，可是他的心却越发的柔软起来。体会着孔子的用心，我总是在这样的细节处被感动，也告诫自己：孔子当然也是你的老师，好好学吧。

朋友死，无所归，曰：“于我殡。”（《论语·乡党》）

朋友死了，如果没有收殓的人，孔子就说：“丧葬由我来料理吧。”

厩焚。子退朝，曰：“伤人乎？”不问马。（同上）

这是在鲁国当大司寇的孔子，已经相当阔气了。只是阔气的孔子仁心不改，自己的马厩失火，他只关心人受伤了没有。他这种关心是一种本能，也是一种修养。并没有新闻监督，也没有上级的规定，更没有什么群众的眼睛，只有“人”在他的心里放着。就如东汉的刘宽（曾经做过太尉），在一次准备上朝的时候，他的夫人为了试探丈夫是否如外界传的那样仁厚，就让侍女在他换好朝服的时候，给他端上一碗热羹并让侍女故意翻倒在丈夫整齐的朝服上。谁知刘宽并没有生气，反而关切地问侍女：“羹这么烫，伤到手没有？”

有仁人在，仁爱之火是不会熄灭的。

不光对人，就是对鸟，孔子也一样施着仁爱之心。

《论语·述而》记着这样一个细节：子钓而不纲，弋不射宿。

孔子并不是一天到晚地学习、教学与思索，他有好多个人爱好，比如钓鱼、打猎。但是他的钓鱼与打猎有点与人不同，即钓鱼就是钓鱼，不用大网去网，“钓而不纲”。孔子倒是没说为什么，但是意思很明确：大网一网下去，不仅大鱼，连小鱼小虾也会一古脑儿网上来。他好像有些不忍心，太小的鱼还应当在水中生长，况且网多了、鱼少了，水就不热闹、要寂寞的。但是打猎的时候，箭术高明的孔子却从不射正在归巢的鸟和已经栖息的鸟，“弋不射宿”。归巢的鸟往往嘴里衔着活食，它的家里正有刚孵出的小鸟嗷嗷待哺呢。把大鸟打死了，巢里的小鸟也得饿死。再者，人家已经归巢，一家子正亲亲热热的，你打死其中哪一个都是悲剧。还是一个不忍心。后来有句民间的格言，大概就是从孔子这里来的，这两句格言说：“劝君莫打三春鸟，子在巢中盼母归。”

台湾画家江逸子，在他的《论语画解》中，也曾经讲到过一个自己的溯吾老师这样的仁爱的故事。有一天上完课，品茶闲谈之中，老师似无意间想起一件事，突然提出要学生帮老师个忙，说他的亲戚最近在美国开了一家礼品店，要请老师代买国画，并说买了画老师再在上面题上字，一定是完美的作品，好出售的，希望江逸子能够成全此事。老师的事，学生岂有不答应之理？但是学生毕竟对老师有着深厚的爱戴，提出先白送十幅作为开店的祝贺。但是老师坚决不肯，并要求每月一幅，四开大，题材不限，每幅十美元（相当于台币四百元）。江逸子是个穷学生，这样既练了画，又可以有了固定的收入，添置点颜料纸笔也就不用愁了，也就痛快地应允下来。在老师六十华诞的时候，江逸子扎了一盏三层九重六角的宫灯祝寿。顶层三缘画的是八仙献寿，六合同春的人物画，中层三缘画的是潇湘八景等山水，下层三缘画的是花鸟松梅等，全长一丈余，悬挂在老师二楼宽敞的楼梯间，加上灯泡，清新淡雅，一下成为了老师寿诞的焦点，抢尽了风头。之后每年除夕到元宵才舍得挂出，平时则收藏在日式壁橱内。有一年腊月重悬宫灯，竟无意间碰破了一角。江逸子听到后，赶快带上画具到老师的二楼修补。为了找寻同类的纸张，发现了壁橱内有一捆纸十分眼熟。谁知，打开一看，竟然全是江逸子按月呈给老师的画。江逸子当场愣住了，泪水就流了下来。他擦干了泪，再捆好画归到原位，补妥宫灯，即匆匆离去，而后便托故不再为老师的那个子虚乌有“礼品店”画画了。江逸子说：“为善不为人知，世间有之，济贫以诚，只有我师溯公了。”

提倡仁并实践仁的人，必然会对社会与当权者保持一种清醒的批判的立场，这不仅是一个知识分子的本色与基本立场，也是检验一个知识分子成色的试金石。在这个关键之处，孔子实在是给我们带了一个好头。长沙市一中一名叫林林的高三学生，就在《远行的孔子》一文中，敏锐地发现，“孔子的巨大的动力来自于对国家政局腐败的不满，并企图通过兴盛周礼来营造一个乌托邦”。

的确，孔子是一个清醒的知识分子，是他第一个提出了让统治者颤栗的“君舟民水说”。面对鲁哀公的提问，他说：“且丘闻之，君者，舟也；庶人者，水也。水则载舟，水则覆舟，君以此思危，则危将焉而不至矣。”（《荀子·哀问》）《史记》就记载这一个真实的见证着“舟水”说的事件：“昭王德衰，南征，济于汉，船人恶之，以胶船进王，王御船，至中流胶液船解，王及祭公俱没于水中而崩。”

在统治者面前，孔子没有奴颜、媚骨，总会平等地甚至居高临下般地斥责。“八佾舞于庭，是可忍也，孰不可忍也？”（《论语·八佾》）孔子直陈鲁国三家权臣在家庭之中用天子之舞，并警告大家注意季氏的野心，“像这样的事情，季家都忍心做出来，还有什么事情他们不敢做呢”？鲁国国政的实际掌握者季康子问政于孔子，孔子直言相告：“政字的意思就是端正。您自己带头端正，谁敢不端正呢？”（政者，正也。子帅以正，孰敢不正？）不用发多少文件，也不用下多少号召，甚至不用“三令五申”，在上者做出个好样子来，比什么都有说服力。在上者事事沾光彻底腐败、处处霸道压迫人欺侮人，社会还能有个好？梁山上的好汉，哪个不是被逼上去的？这个季康子又换了个法问政于孔子，他说：“假若杀掉坏人来亲近好人，怎么样？”孔子还是把开门的钥匙落在当权者的头上，他教导这个不可一世的掌权者说：“你治理国家，为什么非要杀戮？你要真想把国家治理好，老百姓会看到并跟着往好处走。领导者的作风好比是风，老百姓的做派好比是草。风向哪边吹，草向哪边倒。”（季康子问政于孔子曰：“如杀无道，以就有道，何如？”孔子对曰：“子为政，焉用杀？子欲善而民善矣。君子之德风，小人之德草。草上之风，必偃。”）在《尧曰》一章中，孔子还说“不教而杀谓之虐”，不加教育便行之杀戮这是统治者的残虐。一条鱼死了，可能是鱼的问题，如果一池塘的鱼都死了，那肯定是池塘的问题了。孔子的局限，也许是只看到了当权者的责任，而没有见出制度与体制的根本性问题？不过季康子也有着他的长处，虽然孔子一再地戗他，他还是挺信任孔子，又因为苦于鲁国盗贼太多的问题而去请教解决的办法。孔子并不因为当权者的一个好脸就心软，他还是直言相告：“假如你自己不贪求太多的钱财，带了个坏头，就是奖励偷窃，也没有人干。”（苟子之不欲，虽赏之不窃——以上见《论语·颜渊》）这也就是孔子所说的“其身正，不令而行；其身不正，虽令不从。”（《论语·子路》）能够这样面对面地对立批评，是相当不容易的。季康子是鲁国的上卿，实际掌握着整个鲁国的大权，而孔子又有意于从政以实现自己的政治与思想主张。

从这里，我们可以看到一个既要维护秩序，又坚决反对个人独裁的孔子。

这种批判的立场与批评的态度，在《论语》中出现许多次。如在《论语·子路》中，子贡与孔子有一次著名的对话，在这次对话中，孔子对于当政者有一个基本的评价——“斗筲之人”。

子贡问曰：“如何斯可谓之士矣？”子曰：“行己有耻，使于四方，不辱使命，可谓士矣。”曰：“敢问其次？”曰：“宗族称孝焉，乡党称弟焉。”曰：“敢问其次？”曰：“言必行，行必果，硁硁然小人哉！——抑可以为次矣。”曰：“今之从政者何如？”子曰：“噫！斗筲之人，何足算也？！”

真是一段发人深省、尤其是发当权者深省的妙论。孔子很显然是把知识分子的“士”，放在一个很高的位置与档次上。对于子贡“怎样才可以叫作士”的提问，孔子回答得十分干脆，那就是“自己一言一行都要保持羞耻心，做到俯仰无愧，如果出使国外，要不辱使命，很好地完成君主的交代的任务，就可以叫作士了。”这当然是一个很高的标准，做到是相当难的。于是子贡又问，还有没有次一等的？有啊，孔子说，那便是宗族的人称赞其孝顺父母，乡里的人称赞其恭敬长辈。子贡似乎觉得这个标准也很难做得完美，于是又就问老师有没有再次一等的。孔子说：“如果说到一定做到，而且行为坚决，不管是非黑白，都能言行一致，也可以勉强称之为士。”

师徒说到此处，本可以告一段落。也许子贡觉得做到言必信，行必果，也未必容易，加上对于大大小小的当政者，又有着自己的观察与认识。他便接着问道：“当今执政做官的诸公怎么样，可以称之为士吗？”孔子听了之后似乎还有些生气，觉得这样明摆着的问题还用问吗？“噫！斗筲之人，何足算也？！”“哎！这班子自私而又器识狭小的人算得了什么，他们离士远着呢！”是的，真的离士远着呢。起码，这些个大大小小的当官者，已经没有了羞耻心，说白了也就是“利令智昏”“权令智昏”，处于一种无耻的状态，无能却又霸道，只知成己之美、成人之恶，让手中的那点权力蒙着眼睛，便一路滑向无耻的深渊之中。

在孔子的心目中，知识分子的士，是比那些执政当官者要高好几个层次的。这里面，当然包含着那个时代的现实，也显示着孔子对于现实的强烈批判态度。这种态度，也便在我国历史上成为一种罕见珍稀的人文资源，并为中国的知识分子，树立起一种风范。

基于这种批判的态度与士的也就是知识分子的独立的立场，孔子也许是在中国第一个主张言论自由的知识分子。

不妨让我们温习一下孔子在《论语·阳货》的理论：“小子何莫学夫《诗》?《诗》可以兴，可以观，可以群，可以怨。迩之事父，远之事君。多识于鸟兽草木之名。”两千多年来，统治者是把《诗》作为必学的经典的，而孔子的话，更是要当作“教导”执行的。但是人们恰恰忽略了孔子这段话的真正含义。孔子将《诗》的作用概括为“兴、观、群、怨”，兴指诗歌可以提高想象力，陶冶情怀；观表示观察，观察社会风俗兴衰及政治的得失；群即通过诗歌可以增进人们的交流与沟通，改善人际关系；怨则是明确地提出了诗歌的批评与讽刺功能，意即对于执政者的过失与社会黑暗的指责、揭露与抨击。当然，这种怨，是多义的，也包括着“哀伤、挽歌、谴责、讽喻”（黄宗羲语），但是其对于执政者的批判与指责，毕竟是“怨”的最主要的职能。这一职能，也是被历史地权威地肯定了的，如《毛诗序》谓诗的作用在于“上以风化下，下以风刺上”，而孔安国则直接将“怨”解释为“怨刺上政”。

谁说西方文化是乌鸦文化，报忧不报喜，中国文化是喜鹊文化，报喜不报忧？我们的文化源头，就说过了可以“怨”、必须“怨”。“唯仁者能好人，能恶人”（《论语·里仁》），真正的仁者，不仅能够爱人，让心中充盈着爱的阳光与温柔，还要明辨是非，能憎能恨能恶，这个“恶”，也就是“怨”。而且这种可以“怨”的诗，发展到二十世纪之初的时候，也便演化为蔚为大观的以鲁迅为创始者的杂文。

还有，我们不妨再深想一步，提倡“名不正则言不顺”的孔子，为什么不再给诗列出一条“颂”的功能？有怨有颂，多“辩证”呀，而且还会使天下历代的统治者好说话好操作。但是孔子硬是觉得诗的作用不该有“颂”。也许那些对于孔子的这些想法有意见却又不好直说的人会说，《诗》中不是也有“颂”吗？但是仔细品品，诗经中的那些颂，按照毛翰先生的发现，都是史料性质的，聊备一格罢了。

孔子的意思很明白，当政者不贪污不违法不以权谋私不一言堂不横行霸道甚至廉洁奉公，是那个位置上的本分，理应做到的。如果还把这些正常的理应做好的东西拿来作为典型，隆重地、大张旗鼓地宣扬，铺天盖地地“颂”，恰恰说明有些是非已经颠倒，那些本该做的东西已经是多么稀罕，也就可想而知，社会已经到了怎样不可收拾的地步，执政者已经到了怎样腐败、政治已经到了怎样黑暗的地步。虽然这样，两千多年来，我们的文化充斥着的，几乎是清一色的“颂”，起码是占主流地位的，或者每一个朝代的当代，都是让“颂”统治着的。不仅统治着，还会达到由肉麻到麻木的登峰造极。“万岁”，“最”，“忠”，“圣明”，“英明”，“天才”，“隆恩”，“伟大”，“盛世”，“蒸蒸日上”，“一日千里”……

至于“怨”，往往是才萌芽便会被扼杀，被戴上各种罪名的“帽子”而后再被蛮横地扼杀。有些帽子虽有创意，但是仔细一想却又是可笑的，甚至是逆世界进步潮流而动的。孔子说过，“天下有道，则庶人不议”，无疑，这是在把政治清明与黑暗、执政者好与坏的评判权，交到了民众的手中。这不是硬性地交给谁，而是历史与现实的必然，因为“道得众，则得国；失众，则失国”（《大学》）。

有一次，鲁定公问到一言兴邦一言丧邦的问题时，孔子对于“一言丧邦”的问题作了如此的解答：“言不可以若是其几也。人之言曰‘予无乐乎为君，唯其言而莫予违也。’如其善而莫之违也，不亦善乎？如不善而莫之违也，不几乎一言而丧邦乎？’”（《论语·子路》）孔子的意思非常明了，那就是当执政者尤其是国君类的大执政者，说话做事都没人反对，非但没有人反对，还在利益的驱动下净听到盈耳的赞语颂词，这固然是你执政者的快乐。你做对了也说对了，人们的赞扬当然也没有什么不好。可是当执政者做了错误的事说了错误的话，下边也没有人敢干提出反对意见，指出其错误来，这不就是一言可以丧邦吗？

孔子是把敢于独立地说出不同意见与执政者虚心地听取不同意见，提高到了可以兴邦丧邦的高度。所以他曾向子路提出这样的要求：勿欺也，而犯之。对于执政者，不要欺骗他，但是必须当面触犯他，向他提出反对意见。

在《左传·襄公三十一年》中，记载着郑国大夫子产正确对待民意与社会舆论，不同意毁掉乡间民众发表意见的场所“乡校”的故事——

郑人游于乡校，以论执政。然明谓子产曰：“毁乡校何如？”子产曰：“何为？夫人朝夕退而游焉，以议执政之善否。其所善者，吾则行之；其所恶者，吾则改之。是吾师也，若之何毁之？我闻忠善以损怨，不闻作威以防怨。岂不遽止？然犹防川：大决所犯，伤人必多，吾不克救也；不如小决使道，不如吾闻而药之也。”然明曰：“蔑也今而后知吾子之信可事也，小人实不才。若果行此，其郑国实赖之，岂唯二三臣？”

仲尼闻是语也，曰：“以是观之，人谓子产不仁，吾不信也。”

这个故事，真是可以刻成碑立于人民大会堂之上。因为它也许是中国最早的关于民主建设的真知灼见。

其中有这样几个问题值得我们深思。一是必须要有一个让民众可以自由地对于现实生活或制度及政治，品头论足、充分发表意见的场所。二是执政者遇到这样的舆论，尤其是其舆论刺到了要命处的时候，执政者所要做的最为聪明的举措，不是实行那个叫然明的人的毁掉场所的建议，更不能用杀人灭口、杀人禁怨的恶劣做法，而是要像郑国的主要执政者子产所做的那样，民众议论所肯定的好事善事，要“发扬光大”，不能光做表面文章、政绩工程之类，尤其是民众所反对的厌恶的，那就要警惕起来，尽快地纠正。三是对于民众民间舆论的认识，要看到这是政治成功的一个必不可少的部分，而且要导之，不能毁之堵之。如果毁之堵之，则会酿成大祸，甚至走向政权的垮台。

对于民意，孔子相来重视。他说“众恶之，必察焉；众好之，必察焉”（《论语·卫灵公》）对于大家都喜好或者都厌恶的人，要注意考察，而这种考察，并不是带着领导意图或“戴帽下达”的走过场考察。当然这种民意是要经过分析的民意，并不只是一味地从众媚俗。如子贡问他，乡人都说好就认为他好，乡人都说他坏就认为他坏，可以吗？孔子回答得智慧而科学，他说这样认为不对，“不如乡人之善者好之，其不善者恶之”（见《子路》），也就是说，只有好人喜欢、坏人厌恶的人才是好人。

这样的有关言论自由和民主意识的萌芽，都会被千载传记。如果反其道而行之，将中国笼于黑暗之中，受害的，不仅是被毁的“乡校”与民众，还有施暴者。因为，他们也将处于黑暗之中，而且一旦光明到来，他们又会成为黑暗的标本，被置于历史与民众的眼前从而遭到唾骂。

而我们的孔子，真是聪明。他一下子就看到了事情的本质，认为一些人认为子产的不仁是不对的，“吾不信也”。孔子的意思表达得特别清楚：只有放开言道，允许有民众“品头论足”的场所，执政者并能够真切地听取民众的意见与批评，才是真正的仁德仁政。孔子肯定子产，实际上是在坚持一种独立自主的发言权。他在《荀子·子道》中，对于这种发言的重要与作用，有着具体的论述：“万乘之国，有争（即诤）臣四人，则封疆不削；千乘之国，有争臣三人，则社稷不危；百乘之家，有争臣二人，则宗庙不毁；父有争子，不行无礼；士有争友，不为不义。”孔子是在把这种“发言权”，与国家存亡、社稷、宗庙、家庭的安危联系在了一起。

孔子是精明的，他的眼睛与他的遭遇，都让他清醒地认识到发言发声发音的艰难与危险。对于执政者，他要求他们要施行放开言路的仁道；对于他的学生，对于士（知识分子），他则有着另外一种要求，那便是争取发出独立的批判的声音。如果危险的环境不允许发出独立的声音，或者各人有各人的不同性格与情况，他又给予理解与体谅。但是他有一个底线：即使不能发声，可以保持沉默，但是不能助纣为虐。“国有道，其言足以兴；国无道，其默足以容。”（《中庸》）

孔子告诉人们：“民之于仁也，甚于水火。水火，吾见蹈而死者矣，未见蹈仁而死者也。”（《论语·卫灵公》）是的，他说的多好多对啊。百姓的需要仁，是比需要水火还要急迫着。水火当然是我们生活中不可或缺的东西，但是如果不小心，有时还会因为水火而受到伤害。但是，仁，却是对百姓有百利而无一害的至好至贵的东西。这样好的东西，我们不是应当全力地守护、培育、建设，使其大成气候的吗？执政者，也不要觉得民需要，自己就不需要。其实，执政者民众都需要得紧呢，孟子不是说过嘛：“天子不仁，不保四海；诸侯不仁，不保社稷；卿大夫不仁，不保宗庙；士庶人不仁，不保四体。”（《孟子·离娄上》）

出身贫贱，又在逆境中度过了一生的孔子，对于百姓有着我们现代人无法理解的情感。我们动不动就从“政治”的高度，以“阶级”的观点和“哲学”的视角去看待他，让他穿着这样那样的服装。其实，我们本来应当首先以一个人的孔子去看待他、想像他、理解他。两千五百多年，当然是相当漫长的。可是看看我们人类的心灵，一二千年不就如今天昨天一样的近在咫尺吗？听听他对于处于“人下”的百姓的看法，那就是一个出身于此又通过教导三千学生置身于此的人，对于自己人的一种温情与热爱。还是那个子贡，总是与老师探讨一些重大又有趣的问题。他有一次对老师说，我很苦恼，不知道该怎样谦虚地对待普通人，“赐为人下而未知也”。孔子的教导平易而又生动。他对子贡说，这些普通人就好像是土地，深深地挖掘，就会有甘泉出现；这广大的土地，还可以播种与收获五谷，种植与生长树木，并能养育家禽与牲畜；人生的时候站立在他的上面，人死的时候又埋入在他的里面；有着这样多的贡献，却又不索要什么。这些普通的人不就是这广大的土地吗？对于这样犹如土地一样仁厚的普通人，不是应当给以尊敬与热爱吗？“为人下者乎？其犹土也。深扣（hu）之而得甘泉焉，树之五谷蕃焉，草木殖焉，禽兽育焉；生则立焉，死则入焉；多功而不德。为人下者其犹土也？”（《荀子·尧问》）那个耶稣被钉在十字架上的很久以前，我们的孔子就已经在流亡的途中了。地球的那边是“兽有穴，鸟有巢，人之子耶稣却没有枕头的地方”，地球这边的孔子，是有时连弯着胳膊肘当枕头也不能（曲肱而枕之），甚至要绝粮七天、累累若丧家之犬了。他们都在心里存着巨大的悲悯，因为他们身边的百姓也在经受着同样的苦难；

他们又都在心里充满着欢乐，因为他们都以天下苍生为念，并看到了黑暗掩着的光明。

在孔子流亡列国的时候，卫国西北边境的仪城守城的长官，在与孔子晤谈过之后，对孔子的学生们说过这样一句话："天下无道也久矣，天将以夫子为木铎。"（《论语·八佾》）木铎为一种手摇的铜铃，用木锤为舌，古代施行政教传布命令的人手摇木铎聚众宣讲，摇击出的声音温和而洪亮。但是，我倒觉得，这个木铎，更是代表了一种知识分子的批判与发言的立场。"天将以夫子为木铎"，夫子的声音也就在两千五百多年的历史长河中，成为一种独立的力量，也标识出一种独特的立场，影响着社会，也影响着人心。

"与人善言，暖于布帛"（《荀子·荣辱》，孔子关于仁的思想与一系列的言论，不就是如荀子所说的善言，正如布帛一样，一代又一代地，温暖着人类的心灵吗？仁，仁中的人，仁中的爱，仁中的人道情怀，仁中的人文精神，必然殊途同归，将东方西方的人的河流，汇聚成无边无际的闪着人性光芒的海洋。

第十章　中国第一座杏坛

授徒设教，创办私学，在中国创立起第一座杏坛，当是孔子一生最为重大、最为主要的事情，也是中国文明史上一个划时代的伟大创举，当然也是孔子仁学思想的最大的体现。

中国商朝及西周时期，教育为贵族垄断与霸占，图书典籍收藏在宫廷之中，学校亦设在宫廷和官府之中，以吏为师，学宦不分，只有贵族与他们的子弟才能够享受教育与文化的权利，被统治者的平民和他们的子弟，没有任何享受教育与文化的权利与机会，长期形成“学在官府”的局面。

到了春秋时期、尤其是春秋末年，出现了“礼崩乐坏”的局面，官学日趋没落，“天子失官，学在四夷”，典籍扩散，文体下移，为民间产生私学创造了条件。随着社会生产力的发展与统治者的分化与变迁，部分没落贵族、特别是贵族中最低一层的士，开始利用自己的文化知识收徒设教，称为村塾。也就是在自己门旁的小房子里，一早一晚教授几个乡里有些地位的子弟，其规模与学生的成分，都还没有对“学在官府”的体制产生重大的根本的影响。

到了孔子的时代，私家办学已经成为一种风气，以孔子、墨子两大派所办的私学规模为最大，成效也最为显著。这种私学，虽然不能确定为孔子所独创，但是，就办学的规模、具有明确的教育目的与系统的教学内容以及对于后世的影响等方面来讲，孔子无疑是中国私学第一人。

是孔子在中国历史上第一个提出“有教无类”的办学方针（见《论语·卫灵公》）——不分贵贱贫富，不管年龄大小，也没有地域之分（包括不分国籍），想来学习的学生，都可以进校学习。

我们应当永远记得孔子的这句话“自行束脩以上者，吾未尝无诲焉”（《论语·述而》）。对于“束脩”二字，历来有着两种解释，一为男童十五岁以上，一为一束干肉。

即便是“只要主动给我一束干肉以上作为见面礼，我就不会不教他”，那么这个“束脩”，恐怕也是中国数千年间学生拜师之礼中最微薄的吧？是从小贫寒、“多能鄙事”的孔子，第一次向所有的人打开了受教育之门，并把这个可以决定人一生影响人一生的教育大门的门槛，放得空前之低。孔子并不是在做虚假的广告，他是这样说的，更是这样做的。

十五岁以上的男童，自不必说，那是不分贵贱贫富的。我认为，孔子所说的“自行束脩以上者”的“束脩”，应当是指“年龄达到十五岁以上的男童”。一是孔子从小贫寒，他不会也不可能将不能提供“一束干肉”的求学者拒之门外。二是“束脩”是古代十五岁男子进入大学时所拿的薄礼，后来就成了专以表达十五岁年龄的专有名词，犹如“弱冠”是指男子二十岁，“及笄”是指女子十六岁，以及孔子之后人们将“而立”“不惑”“知天命”“耳顺”“从心所欲不逾矩”等分别表达人的三十岁、四十岁、五十岁、六十岁、七十岁等一样。三是孔子本人也说过自己“十有五而志于学”的话，也是在十五岁的年龄上进入学习阶段。

在他所收的学生中，有“难与言”的童子，也有只比他小六岁的颜季路（颜回的父亲）；有鲁国人，也有来自齐、燕、宋、蔡、卫、郑、卞、陈、秦、吴、楚等国的人。他的学生中，当然有贵族大夫的子弟，但是更多的，则是出身贫贱人家的子弟。他们有“一小竹筒饭，一瓢水，住在陋巷里，受着别人受不了的穷苦”的颜回；有其父为贱人，家无立锥之地的仲弓；有常常吃着粗劣的野菜、被称为“卞之野人”的子路；有住着茅草小屋，蓬蒿编门、破瓮当窗、屋顶漏雨、地下潮湿却端坐而弦歌的鲁国人原宪；有大雪天连件御寒的衣服也没有，以芦苇花絮当棉花的闵子骞；有满手老茧、絮衣破烂、面色浮肿的卫国穷人曾参……贵族、商人、平民、野人、贱人、鄙家、大盗、大驵等，真是“有教无类”。

他不会忘记为着自己操劳了一生的母亲和母亲的期待，他更清楚列国之中该有多少个父母也在这样期待着自己的儿子。他不会忘记季孙氏家臣阳虎的侮慢与蔑视，他更清楚列国之中，正遍布着像当年自己一样有志却不得申的青年。

孔子从鲁国向列国瞭望，在战乱的纷争中不仅有大批的贵族在没落，大批的新的权贵在崛起，更有日益壮大的“士”的阶层（后备官吏），和向士的阶层挤攀而来的平民的子弟。在这一切都处于重新组合的春秋时代，正迫切需要着一个训练此类人才的地方，而训练的基本内容，则是可以进身谋生的礼、乐、射、御、书、数的“六艺”。而从小以学无定师、艰苦自学而成就为一个博学之士的孔子，不仅在高的境界上掌握了“六艺”的各种技能，更对被称为高等“六艺”的《诗》《书》《礼》《乐》《易》《春秋》的内容与精神，有了系统的学习与掌握，并达到了融会贯通的程度。

社会出现了这样一个广泛而又迫切的需求，而孔子正好具备了满足这一需求的充分的条件和意识。对于从小吃苦受穷的孔子来说，这无疑是一条可以改变自己生存状态的难得的机遇，他也要养家糊口，他也想有一个较为富裕的家境。他相信用自己缜密博学的大脑与热情仁义的心，定能开辟出一条前人从未走过的路来。

尤其是充分具备了这一条件的孔子，更有着远大的抱负，他以恢复周礼从而达到“君臣父子”全社会有序稳定为己任，更要以仁政救天下，而恢复周礼、实施仁政，就需要造就一大批有知识、有理想的仁人志士，上可尊王下可牧民——于是，孔子“学移民间”的私学，应运而生，并有着与“学在官府”分庭抗礼的强大生命力。

它的影响是深远的巨大的。从以下两件事就可看出，就是在当时，孔子与他的私学，就已经在鲁国和东周列国的统治阶层与民间，都产生了重大而广泛的影响。

那个当年把孔子拒之门外的阳虎，而今却要千方百计与孔子联络。阳虎虽然只为季氏家臣，而权位之尊却等同于大夫。他很想见孔子，也想借助于孔子的影响力扩大自己的势力，只是苦于没有机会，更怕吃闭门羹。于是，他就想出了一个计策。按照那时礼的规定，大夫赠送礼物给士，如果受礼的士当时不在家，士则要亲临送礼者家中拜谢的。阳虎打听准确了孔子不在家时，送去了一头蒸乳猪，然后就期待着孔子的登门拜谢。令阳虎想不到的是，孔子此时不愿见他也因为教务繁忙没有时间见他。接受了蒸乳猪的孔子自有办法，他也打听准了阳虎不在家时去登门答谢。“阳货（也叫阳虎）瞰孔子之亡也而馈孔子蒸豚，孔子亦瞰其亡也而往拜之”（《孟子》）

第二件事即上一章提到的那个南宫敬叔。他之所以能够向鲁昭公建议资助孔子西去雒邑，就是因为他是鲁国大夫孟僖子的儿子。孟僖子曾在陪同鲁昭公出访楚国时，因为不懂礼而受窘出丑，痛切地感受到古代礼仪与历史文化知识的重要。公元前五一八年（鲁昭公二十四年），孟僖子临终的时候只交待了自己的儿子孟懿子、南宫敬叔一件事，那就是在他死后，一定要拜孔子为师学礼学做人，“礼，人之干也。无礼无以立。吾闻将有达者曰孔丘，圣人之后也。我若获没，必属说于何忌（孟懿子）于夫子，使事之而学礼焉，以定其位”（《左传》）。孟懿子就是在父亲去世之后，遵父嘱领着弟弟南宫敬叔共同拜孔子为师的。

孔子创办平民教育，大概开始于他的“三十而立”之年。其后，这种投入了自己全副心血的教学活动，几乎贯穿了他的一生。梳理孔子三十岁至七十三岁终老的四十三年的人生，他的教育活动大致可以分为两个大的阶段。三十岁开办私学至五十岁仕鲁之前，为他的平民教育的第一阶段，即平民教育的前期，大概二十年时间。第二阶段是在他仕鲁四年、流亡列国十四年之后，即他生命的最后五年，是他平民教育的后期。其实，就是在他在鲁国为官和流亡列国的十八年间，他的教育活动也一直没停止。可以说，孔子几乎是毕其一生的精力，投入在这项为中国教育开山的事业之中。

在孔庙大成殿的前边，有一个独特的建筑，一方高台之上建有一座朴拙而又华丽的亭子，两重飞檐，金黄的琉璃瓦，朱红的廊柱，亭上高悬的竖匾上有金代文人党怀英手书的两个大字：杏坛。这是金代的建筑，坛址则是宋天禧二年（公元一零一八年）重修孔庙时所筑。因为孔子，“杏坛”已经成为教育的代名词。其名起始于《庄子·渔父篇》中的一段文字：“孔子游乎缁帷之林，休坐乎杏坛之上。弟子读书，孔子弦歌鼓琴。”具体这片树林在曲阜的什么地方，现在已经无法可考。但是有一点是可以肯定的，即孔子当年教学，可能没有一个固定的地方。他会根据学生的多少、气候的冷暖等因素，常常变动地点。不过据说当年孔子设教授徒常在的地方，开始在曲阜阙里自己的庭院内，后来移到了庭院西侧不远的一片树荫下。因为那里种有几棵杏树，渐渐的就被人们称为“杏坛”了。

在他漫长的教育生涯中，孔子前后培养收授的学生达到三千余人，身通“六艺”的超拔之士，就有七十七人。在司马迁的《史记·仲尼弟子列传》的开头，有这样的记载："孔子说'跟着我学习而精通六艺的弟子有七十七人'，他们都是具有奇异才能的人。德行方面突出的有颜回、闵子骞、冉伯牛、仲弓，擅长处理政事的有冉有、季路，语言方面的有宰我、子贡，文章博学方面的有子游、子夏。"除了鲁国的孟懿子、南宫敬叔和宋国的司马牛等几个贵族子弟之外，大多出身贫贱。

这些大多出身贫贱的弟子，经过孔子的教育，大都立人成才，有的从政（仕），有的从教（师），有的从文成为文献专家，有的则继承老师的思想、成为新儒派的代表人物。他的弟子及再传弟子，已经成为春秋乃至战国时期一支重要的政治力量与思想重镇。

起于平民，经过孔子的教导历练，而进入政治领域、思想领域和经济领域，有的还能进入贵族行列，参与国家的管理。这不仅真正打破了贵族对于文化教育的垄断，从而也打破了西周以来实行的世卿制度和贵族世袭政治官职的局面，可说是一次带有根本意义的革命性的变革。

孔子是出过仕的，如做过乘田委吏。他也是想出仕的，用出仕来直接实现自己的人生理想。他的学生们，一批批地见用于社会，而他所教的，不少内容正是关于出仕用世的学问与技能。作为老师，当然有着更大的出仕用世的机会和本钱。尤其在孔子的私学日益壮大并在列国产生了广泛影响的时候，以孔子日隆的声望，以他接交的更为广泛的关系，都为他的出仕用世提供了直接的机遇。但是孔子并没有汲汲于此，反倒更加地沉潜于自己的教育事业之中。为什么？在孔子的心灵深处，一定还有更为人性的、也是更为深层次的原因，促使他全身心地投入到平民教育里。不然，他不会在长达二十年的时间里，坚守在"学移民间"的忙碌之中。这种深层的原因，就是从事平民教育给他带来的巨大而深长的快乐和日新月异的成就感，就是能够自由地展现自己的人性与意志、独立地伸展自己的思想与精神。

《礼记·射义》曾经为我们透露了这样一个细节："孔子射于矍相之圃，盖观者如堵墙。"我曾经为这样的一个细节而久久地遥想当年。矍相之圃当是在曲阜城西的郊区，孔子正在教他的学生们练习射箭的技艺。老师技艺的高超与学生们练习的认真，以及老师箭箭中的时人们的喝彩声，都似乎透过两千多年的时空，直传在我们的耳边。一个一米九一高的孔子，威风凛凛而又文质彬彬，那种拉弓射箭的情景，怎能不让人血脉贲张起来？不用说更多的语言，只“观者如堵墙”五个字——几乎就是轰动鲁国国都的真实写照，围观的人是那样的多，里三层外三层，简直就围成了人的高墙（看来儒宗孔子还是个运动健将）。

孔子的儿子孔鲤也是孔子的学生。但是作为学生的孔鲤，并没有得到父亲额外的照顾。并不像我们现在的人，可以利用手中的权力为自己的子女在选择学校、加分项目、以及录取等方面，给以诸多额外的照顾与优惠。孔子当时就有一个陈国来的叫陈亢、字子禽的学生，觉得孔鲤肯定会得到父亲更多的照顾，便专门找到孔鲤，问他是不是从老师那里学到了与众不同的东西？老实的孔鲤回答说：“未也，尝独立，鲤趋而过庭。曰：‘学诗乎？’对曰：‘未也。’‘不学诗，无以言。’鲤退而学诗。他日，又独立，鲤趋而过庭。曰：‘学礼乎？’对曰：‘未也。’‘不学礼，无以立。’鲤退而学礼。闻斯二者。”（《论语·季氏》）这个叫陈亢的学生听后特别高兴，觉得自己问一而得三，既知道了学诗学礼的好处，又知道了孔子并没有偏爱自己的儿子孔鲤。

在这里，孔子是以自己的师德或曰人格的光明与坦诚，在对学生们进行着另外一种耳濡目染的人格教育。他对学生们说：“你们以为我有所隐藏吗？我对你们是没有任何隐藏的。我没有一件行为不是对你们公开的；这是我的本心啊。”（二三子以我为隐乎？吾无隐乎尔！吾无行不与二三子者，是丘也。《述而》）

还有，孔子在教学中，始终坚持着一条高效的教学理念：个性化教育。百人百态，智力不一，背景不同，性格各异，孔子总会根据各人的不同，分别施教。这样的例子在《论语》中比比皆是。如孟懿子、孟武伯、子游、子夏等人同是问孝，孔子却分别给以不同的回答。这不仅是孝可以有多种角度的阐述，更在于他所教育的对象有着差别。再如，颜渊、仲弓、司马牛、樊迟等问仁，孔子更是分别给予着各异的回答。

有着这样的个性化教学，也就屡屡出现经典的教学相长的场面。

如《论语·先进篇》中的一个教学相长的情景，就是堪称经典、能够传之于万世仍然新鲜如初的。一种师生间的坦白与友爱，一种教、学时的融洽与欢情，跃然纸上。有一天，子路、曾皙（名点，曾参的父亲）、冉有、公西华四个高材生陪着老师随意地坐着。这时老师孔子先发话说："你们不要以为我比你们大几岁，就认为我了不起。你们平日里好抱怨说'人家不了解我呀！'假如有人了解你们，并打算请你们去做官，那你们怎么办呢？"

性鲁直的子路不等别人答话，便抢先回答："假使有一个有一千辆兵车的国家——春秋时期，这当是一个诸侯中的大型国家了，处于几个大国之间，在强敌环伺之下，又经过连年战争，财政危急，国内又加以灾荒，像这样一个国家如果交到我子路手上，我只要花三年的时间去治理，就可以使这个国家的全体人民，人人都有勇气，每个老百姓都知道如何走好自己的路。"

冉求是一个谦谦君子的形象，他的回答与子路截然不同："只要方圆六七十里或者再小一点的小国家交给我让我来治理，花上三年的时间，我可以使这个国家社会繁荣，人人富足，至于修明礼乐的文化建设，则只好等待高明的人才来着手了。"仪表端庄的公西赤回答得又有不同："不是说我已经很有本领了，但是我愿意好好学习。在祭祀的工作中，或者同外国的盟会中，我愿意穿着礼服，戴着礼帽，做一个小小的司仪。"

到了曾参的父亲曾点，才真正到了高潮。

孔子听完以上三人的回答，转过头来问正在鼓瑟的曾点："曾点，你怎么样呢，说说看。"正在悠闲地鼓瑟的曾点听到老师在问他，便稀了瑟音，让手指在弦上轻轻一拢，瑟弦发出铿然的响声，然后离开弹瑟的地方，站起来对老师和他的同学说出了自己不同的想法。孔子的时代，音乐不仅与诗是一体的，诗可以唱可以咏，乐也有着诗的内容；音乐与礼与学也有着融为一体的关系。教学之中，可以有与教与学相融的音乐参与其间。曾点虽然鼓着瑟，但思绪在音乐中也在老师所提的问题之中，音乐也是一种倾听与表达。所以，鼓瑟的曾点，会在轮到自己发言的时候，从容对之："我只是想，暮春三月，厚重的冬衣也换上轻便的春服，和五六个成年人与六七个十几岁的孩子，一起到沂水岸边晒晒太阳，再上高高的舞雩台上吹吹和煦的暖风，高兴地跳舞欢叫，尽兴了就快快活活唱着歌回家去"——"暮春者，春服既成，冠者五六人，童子六七人，浴乎沂，风乎舞雩，咏而归。"（《论语·先进篇》）人与人和谐为一体，人与自然和谐为一体，而人的内心也便化成为一种和谐圆融的世界了。每每读至此处，心荡神怡之时，也会有一种疑问冒出：北方的三月，还是相当寒冷的，沂河里是无法游泳的，这个“浴乎沂”该作何解释？只要将身心沉潜在曾点所描绘的那个境界里，就会自然地想到，那是到野外的沂河边，沐浴太阳呀。要知道，冬天的寒冷已经让长久不能出户的心憋闷锈涩了，听着沂水的流水声，让阳光照透身心，那是一种多么巨大的诱惑呀！

孔子听罢四个学子的回答，唯独对曾点的回答迅速给以回应：“夫子喟然曰：吾与点也！”孔子大声地感叹说，我就希望和你一样！子路比孔子小九岁，曾点或许只比子路小一点，冉有比孔子小二十九岁，而公西华最年轻，比孔子小三十二岁。子路长于率军，冉有擅长理财，公西华喜好外交礼节，三人都各有专长，可以做出一番事业来。对于他们的向上与进取，当老师的当然是十分的快慰。但是老师更于世事有着常人难及的洞察，知道有才有德并不能就为世用，被埋没甚至被委屈也是世道的一种常态。所以他才对于曾点的淡泊与超然，就多了一份理解与赞同。朱熹对于“侍坐”这一著名篇章是这样解说的：“即其所居之位，乐其日用之常，初无舍己为人之意。”这一理解，也是从平常、平淡之中，见出非同寻常的人生况味、人格追求与没有被物异化的人性之美。

这一场景，当是发生在孔子流亡归来后的晚年。因为侍坐中的公西华比孔子小四十二岁，孔子开始流亡时他只有十二岁。

也许会有人说，多没出息呀，不就是玩吗？入世的孔子不会如此吧？其实，仔细想想，孔子之所以对于曾点的回答给以这样的赞同，就是因为曾点的追求里包含了孔子与他的学生们最高的追求。人味的孔子怎能不让美好的人性充分的展示与流露？一种生命的欢乐与宁静，就在这春风春水之中化作美丽的彩虹。其中不仅展现着人性的最高境界，也隐含着他们师生最高的思想与政治追求。只有到了社会安定、国家自主、经济繁荣、天下太平的时代，只有到了连知识分子与平民百姓也能够享有民主与自由的社会，才能享受到这种“暮春者，春服既成，冠者五六人，童子六七人，浴乎沂，风乎舞雩，咏而归”的真、善、美的人生的幸福。

这是一种大同世界的至境啊！

两千五百年前的瑟音，依旧余音袅绕。

这种自由式、平等化、各抒己见的讨论、研究模式，是这座杏坛的一个突出的特色，仅是《论语》一书，就有很多这样的记载。可以在师生之间，也可以在学生之间；有时是论人，有时是议事；或哲学，或政治，或生活，或经济，可以是天下大事，也可以是鸡毛蒜皮；会娓娓道来，层层递进，如剥笋之妙；能剑拔弩张，飞流直下，具破竹之势。见仁见智，畅所欲言，于自由之中增长智慧，于平等之处丰富思想，更于这种教学相长之中建立师生间的友爱、培养教与学的兴趣，也收获教与学的欢乐。

不妨让我们一一领略他们的友爱、兴趣与欢乐。

子贡曰："贫而无谄，富而无骄，何如？"子曰："可也，未若贫而乐，富而好礼也。"

子贡曰："《诗》云：'如切如磋，如琢如磨'，其斯之谓与？"子曰："赐也，始可与言《诗》矣，告诸往而知来者。"（《论语·学而》）

这是孔子与学生之间的研讨。本来子贡开言就有了高的境界——贫穷却不巴结奉承，有很多钱却不骄傲凌人，怎么样？一个"何如"，可以想见子贡心里是有着得意之色的。他是看多了争权夺利、贫而谄、富而骄的世态，才说这个话的，而且他也有资格说这个话。他是既获得了钱财又获得了社会重用的大才，却能够做到不失人的本性，不谄不骄。他觉得能够做到这样，肯定会得到老师的赞同吧。但是老师却仅仅以"可也"回答，并说"还不如贫穷却乐于道，有钱却谦虚好礼"。子贡听了，当然是眼睛为之一亮。但是子贡并不只是佩服与接受，他是在老师的基础上，又有着深的思索："《诗经》上说'要像对待骨、角、象牙、玉石一样，先选料，再糙锉，然后再细刻磨光'，就是说的这个意思吧？"孔子在教学中是表扬与批评并用的，当然他也知道是以肯定与表扬为主。这时，老师高兴地表扬说："赐呀，现在可以与你讨论《诗经》了，告诉你一件事情，你就能有所发挥，举一反三了。"

颜渊季路侍。子曰："盍各言尔志？"

子路曰（又是子路抢先发言，无须举手然后再让老师决定，当然也就没有谁的家长请过老师吃饭，老师就多叫谁发言）："愿车马衣轻裘，与朋友共，敝之而无憾。"

颜渊曰："愿无伐善，无施劳。"

子路曰："愿闻子之志。"

子曰："老者安之，朋友信之，少者怀之。"（《论语·公冶长》）

这是多名学生与老师在一起的研讨。真见各人风采，又见学习气氛，风采是尽显人性自由之美，气氛是突出平等研究之乐。颜渊真是文质彬彬的贤君子，张口就让人感动，他的志向是：自己有了优点长处，并不在心里满足，对别人做了善事，也不在心里感到对人有了恩惠。子路真是仗义，自己的好东西全与朋友一起使用、用坏了也没有一点遗憾；子路更是率真，你老师不能光考我们，我们也考考你老师，"愿闻子之志"，请老师也说说你的志向。老师毕竟是老师，对于子路的"唐突"一点也不介意，非但不介意，还将心剖露：使老年人都得到安养，使朋友们都相互信任，使青少年都得到照顾。真是天下为怀啊！

子游曰："子夏之门人小子，当洒扫应对进退，则可矣，抑末也。本之则无，如之何？"

子夏闻之，曰："噫！言游过矣！君子之道，孰先传焉？孰后倦焉？譬诸草木，区以别矣。君子之道，焉可诬也？有始有卒者，其惟圣人乎？"（《论语·子张》）

这是学生与学生之间的研讨，已经有了点针锋相对、剑拔弩张的味道了。

子游说，子夏的学生，叫他们做做打扫卫生、接待客人、应对进退的工作，那是可以的；不过这些只是末节罢了。做人的根本道理却没有学会，这怎么可以呢？子夏当然会有子夏的道理，上来就是带着些气的语气词："噫！"，而且第一句便对子游（姓言名偃）的否定进行否定："唉！你言游说错了！"并接着说了一通道理：君子所应学习的道理，哪一样要先传授，哪一样要最后传授呢？如果以认识草木作为比喻，就是要先区分为各种各类。对于君子所应学习的道理，怎么可以任意妄加批评呢？在教导中能够有始有终全面兼顾的，大概就是圣人啊！

有时，孔子又会以同一个问题，分别让自己的学生单个作答。这既是考察锻炼他们的自主回答问题思索问题的能力，又是对于已经达到高层次学生的一种教学方法。如对于"知者若何？仁者若何？"同一个问题，子路、子贡、颜渊分别进入老师的房子，做了不同的回答——知者使人知己，仁者使人爱己（子路）；知者知人，仁者爱人”（子贡）；“知者自知，仁者自爱”（颜渊）。老师也分别给以不同的点评——说子路“可谓士矣”，说子贡“可谓君子矣”，说颜渊“可谓明君子矣”。（见《荀子·子道》）其实，这也是三种做人的境界，既相互融合，又有着层次的区别。子路的让人知己、爱己，显然要比子贡与颜回的境界低了一些。乍一看颜回的回答，也是从自己出发，但是这个“自己”，已经包含着子贡的知人、爱人，而且更加地强调了内省的功夫。

我们已经无法知道他那三千弟子的音容笑貌，也无法具体再现中国第一座杏坛的教学场景。但是，有孔子在教育领域，为我们留下了众多堪称经典式的遗产让我们后人享用，这也就是我们的幸运了。

“有教无类”，当然是孔子教育思想与教育实践活动的纲领性的东西，至今仍然有着积极的现实意义。尽管时间已经跨过了二十五个多世纪，我们仍然面临着失学儿童的问题，我们仍然面临着因为贫富差距与权力的大小有无所带来的受教育的不平等现象，仍然面临着教育畸形发展与教育腐败的严重问题。

当年有个叫南郭惠子的，曾经对孔子的“有教无类”提出过这样的质疑：“夫子之门何其杂也？”对此，孔子的学生子贡理直气壮地回答说：君子端正品行以等待四方之士，而且一定要做到来者不拒，正如良医之门多病人一样，所以夫子的学生是各式各样的人都有。面对孔子的“有教无类”，我们不妨发问：我们做到了吗？我们还有哪些差距？为什么？我们应当怎么办？

孔子的“性相近也，习相远也”（《论语·阳货》），当然是我国教育理论与教育实践中的一个重大突破。在世袭贵族制的春秋时代，孔子第一个提出不管高低贵贱，人的本性都是差不多的，“性相近”；人的素质的根本差别往往就在于后天的学习与教育上，教育可以使人得到根本的提高，这便是“习相远”。在鲁国国都不远的互乡这个地方的人因为道德水准低而很难与其交往，可是孔子却接见了那里的一帮子青年人。对于弟子们的困惑不解，孔子语重心长地说：“别人改了过，把自己打扫得干干净净到你这里来，你就应当肯定他的洁净，不要老是抓住他们以往的过失不放。”（《论语·述而》）由此，他提出了用人的一个新的标准：“学而优则仕”（《论语·子张》），并由此培养与造就出齐家治国平天下的优秀人才来。

而“诲人不倦”，则是孔子一生坚持的施教态度，也为后世百代千代的教育工作者提出了一个施教的准则。他在总结自己的教育生涯时说：“说我圣，说我仁，我都不敢当。我只是永不自满地学习，不知疲倦地教诲子弟而已。”（《论语·为政》）

虽然孔子有着与学生们平等研究的学习气氛，作为老师，孔子又是严格的、一丝不苟的。尤其是关系着仁德、礼乐等大问题的时候，孔子绝不迁就。

如当有人说微生高这个人是个直爽的人时，孔子就予以否定。在《庄子》《战国策》等书里，微生高这个人是个很有特点、重情感、懂得爱的人。他曾经与一个相爱的女子相约在一座桥下见面。他等待了好长时间，却不见相约的女子。但是他特别有耐心，觉得女子不能按时到来，一定有她的原因。谁知，这个时候，河中的水涨了，或者是山洪突然来临？他本可以走掉，但是他仍然在桥下等。水越来越大了，以至于站都站不住了。他还是不走，为了能让万一到来的女子在桥下看到自己，他就抱住桥墩，直至被大水淹死。

从这个故事推断，微生高是个诚实的人。孔子之所以否定他的直爽，是从下面的一件小事引发的。有人向微生高借一点醋，正好赶上微生高自己的醋用光了。于是，微生高就去邻居家借了醋给登门讨醋者。对此，孔子说：“谁说微生高这个人直爽？有人向他讨点醋，他不直说自己没有，却到邻人那里转讨了一点给人。”子曰：“孰谓微生高直？或乞醯焉，乞诸其邻而与之。”（《论语·公冶长》）孔子当然知道，自己即使没有，也要从邻人处借来给人，是一种慷慨大方的行为。但是孔子也许看得更为入微，或者他看到了微生高还有着另外的想法？比如，醋本来是常备的食料，一般不可能没有，如果直说没有，或怕别人说自己小气，宁可从邻居处借来给人？

教学方法灵活多样，并有诸多的创新，也为后世以至当代的教育，提供了有益的借鉴。如学、思结合，“学而不思则罔，思而不学则殆”（论语·为政）；提倡“因材施教”，“循循善诱”（《论语·子罕》）；“举一反三”的启发式教学，“不愤不启，不悱不发”（《论语·述而》）；教学相长的相互切磋，“如切如磋，如琢如磨”（《论语·学而》），整部《论语》到处可见师生间的这种教学相长的生动例子；用联系实际的时政评论与人物评论，来提高学生认知事物、分析事物的能力，让学生建立起纯正的是非善恶观，等等。如鲁国的大夫臧文忠明知柳下惠是德才兼备的人才，却不肯任用，孔子就抨击他白占官位，不干实事。再如有一次他路过泰山，发现一位妇女在墓边痛哭，就让子路去探明情况。当她知道这位妇女的舅舅、丈夫与儿子都是被虎吃掉、而仍然不愿离开这个吃人的地方，其原因就是因为深山里没有“苛政”时，孔子便发出了“苛政猛于虎”的著名时评（《礼记·檀弓》）。

在学习的态度上，孔子更是提出了一系列的著名论点，并正在惠及于后世学子。如以学为乐，主张“知之者不如好之者，好之者不如乐之者”（《论语·雍也》）；如学习中的实事求是，主张“知之为知之，不知为不知，是知也”（《论语·为政》）；如虚心好学，主张“敏而好学，不耻下问”（《论语·公冶长》）、“三人行，必有我师焉。择其善者而从之，其不善者而改之”（论语·述而））；如学以致用，指出有些人熟读了诗经全部作品却办不通政务，叫他出使外国又不能独立地谈判酬酢，批评他们书读得再多又有什么用呢?“诵诗三百，授之以政，不达；使于四方，不能专对；虽多，亦奚以为？”（《论语·子路》）。如赞赏怀疑精神、鼓励多提问，说“不说为什么、为什么的人，我也真是不知道怎样去教他了”。“不曰如之何、如之何者，吾未如之何也已矣”（《论语·卫灵公》），再如，孔子反对学习上的懒惰习气，主张勤奋精进，“饱食终日，无所用心，难矣哉！不有博弈者乎？为之，犹贤乎已”（《论语·阳货》）等。

孔子还提出了诸多学习方法，至今还在被我们运用。如“学而时习之”“温故而知新”（《论语·学而》），鼓励学以致用和重复记忆；如“多闻阙疑，慎言其余，则寡忧”，提倡学习上的一种怀疑精神；如“欲速则不达”，倡导学习上的循序渐进等。

在我们津津乐道孔子的“诲人不倦”精神的时候，往往会忽略了这句话前面的一句：学而不厌。而在“学而不厌”前面，也还有一句：默而识之，也就是把自己的所见所离，默默地记在心里。他之所以能够一生教授三千学生，之所以能够在几十年里对众多学生有着巨大的吸引力，很重要的一个原因，就是孔子始终跋涉在一个没有止境的学习途中。而且这个学习，不仅是知识的增加，更有着思想的不断开掘、德性的不断修炼和行知相促、教学相长。仔细想来，他的三千学生，不也都是他的老师吗？“择其善者而从之，择其不善者而改之”，不正是夫子一生的态度与做派吗？他教导子路要“知之为知之，不知为不知”。在这里，他实际上是强调的当一个人不知道、不懂的时候，一定要有老实的态度，不知道就是不知道，不懂就是不懂。但是，承认不知不懂仅仅是一个好的态度，这还远远不够，要由不知变为知、由不懂变为懂，而促进这一转变的，就是不断学习、善于学习，“默而识之”“学而不厌”。

有一次他的一个叫子张的学生向老师“学干禄”，也就是学习怎样去谋生、获得一个好的饭碗。子张姓颛孙，名师，小孔子四十八岁，出身低贱，曾经做过马市的经济人，是通过艰辛学习才成为孔子之后的儒家八派之一。他屡屡向老师请教，如“问行”“问善人之道”“问明”“问崇德辨惑”“问令尹子文”“问达”“问入官”“问政”，包括这次的“问干禄”。子张对人有颗难得的宽容之心。如有一次子夏的学生向他请教有关交友的问题，子张先问：你的老师子夏是怎么认为的？子夏的学生说：“我们的老师认为，值得结交的就结交，不值得的就拒绝他。”子张不以为然，说：“君子既尊敬贤人，也接纳普通人；称赞好人，也同情无能的人。如果我自己是个大贤人，那么，什么样的人我不能包容呢？如果我不是贤人，别人也许就会拒绝我，那还用我去拒绝别人吗？”在山东嘉祥武氏祠的汉画像石刻中的孔子见老子里，只点明了三个弟子，其中就有子张，另外两个是子贡与子路。这次他向孔子问“干禄”，孔子对他说了两条：“多闻阙疑”和“多见阙殆”。孔子真行，找饭碗，就不讲空道理，只讲实用的：要多听，有怀疑的地方，加以保留，自信的地方才谨慎地说出；多看，有怀疑的地方，加以保留，自信的地方就谨慎地实行起来。能够做到这样，则“言寡尤，行寡悔，禄在其中矣。”就是要自己的学生多听多看多见多经历，实际就是在说怎样学习。

中国的第一座杏坛上所铭刻的“学习”二字，不仅是学生的学习，还有老师的学习，两种学习加在一起，才使这座杏坛，有了江河行地一样的魅力与生命力。于是，他的关于学习的思想，也就历久弥新着——

从“学而时习之，不亦说乎”（《学而》）开始，又有“十室之邑，必有忠信如丘者焉，不如丘之好学也”（就是只有十户人家的小地方，一定有像我这样做事尽责又讲求信用的人，却很难找到像我这样爱好学习的人。《公冶长》）；“日知其所亡，月无忘其所以能，可谓好学也已矣”（每天都知道自己所未知的，每月都不要忘记自己所已知的，这才是真正的爱好学习的。《子张》）；“吾尝终日不食，终夜不寝，以思，无益，不如学也”（只有触类旁通地学习，才能够不走进死胡同。《卫灵公》）；“学则不固”（多方学习就不会流于固陋。《学而》）；“不耻下问”（《公冶长》）；“子入太庙，每事问”（《八佾》《乡党》）；“多闻，择其善者而从之，多见而识之，知之次也”（多听多看并将好的记在心里变成自己的品德与知识《述而》）；“学而不思则罔，思而不学则殆”（学、思结合《为政》，）；“吾非生而知之者，好古，敏以求之者也”（我不是生来就有知识的人，只是爱好古代文化，勤奋敏捷地去学习得来罢了。《述而》，以上为《论语》）台湾的李敖有个好的提法，说“万世师表”的孔子，也是“万世生表”。

杏坛授业已经过去两千多年，然而其人性化、启迪式的教学方式却足以让现代人的填鸭式、应试制教育蒙羞。作为平民教育家的孔子，作为中国第一位人民教师的孔子，几乎是一座永远也挖掘不尽的矿山，甚至是一座越挖矿藏越丰富的独特的矿山。

第十一章　孔子仕鲁：杀少正卯

从内心的情感倾向来说，真希望孔子当年没有杀少正卯。要是没有杀少正卯，一个“温、良、恭、俭、让”的孔子，是多么的完美。而且我也曾在中国社会出版社出版的少年版《孔子传》中，主张过孔子没有杀少正卯。

虽然这样主张，但是还是常常会闲坐遐思，遥想孔子当年，一遍遍地问：杀了吗？会杀吗？为什么？

但是，一个无法回避的答案，还是最终将这遐思击得粉碎：孔子确实杀了少正卯。

孔子真正在鲁国出仕为官，只有四年的时间，是在他五十一岁至五十五岁上，即公元前五零一年（鲁定公九年）——公元前四九七年（鲁定公十三年）。按地区面积，鲁国在诸侯国中算不上大国，但是按照政治影响与国力衡量，鲁国则可相当于一个中型国家了。这四年间，孔子前后共担任过三种职务，一是中都宰，也就是中都县长，地点在现在的山东省汶上县；二是鲁国的小司空，大致相当于现在的建设部部长助理；三是担任鲁国大司寇，当与现在的公安与司法部长相仿佛。

为了出仕，孔子做了长期的准备，包括知识储备、技能训练、思想的成熟与精神的磨砺，以及社会声望、社会影响的日益扩大等。

勿庸讳言，孔子有着强烈的出仕情结，说白了，就是孔子特别想当官。至于他为中国的知识分子是带了个好头还是带了个坏头，我们不必纠缠于此，只应将一个真实的孔子凸显在历史的舞台上。

青年时代连管理仓库、牧管牛羊的委吏、乘田一类不能入于“仕”之行列的小官，他都积极地承担并尽心尽力地做好，这既有他敢于面对艰难困苦、性格坚毅的一面，也有他想方设法摆脱穷苦处境和改变卑贱身份的现实想法。他不是不食人间烟火的神，甚至也不是一切都超拔超脱的圣，他就是一个活生生的人，一个仅仅比常人多了一点治世理想、治世理念，多了一些知识与胆识的普通知识分子罢了。“性相近，习相远”，人味的孔子只是在不断的“学而不厌，诲人不倦”的不停顿的积累之中，完成了多次人生飞跃从而靠后天努力，走到了一种堪为后世楷模的崇高境界。

关于公元前五一七年孔子的适齐，司马迁在《史记·孔子世家》中还有这样的记载：“为高阳子家臣，欲以通乎景公。”高阳子是一个名声不好的齐国贵族，但是为了能够得到齐景公的重用以达“出仕”治世的目标，孔子可以做一个名声不好的贵族的家臣。后世儒者多认为这不可能，“至圣先师”怎么会做这种事情呢，并把这种记载视为对于孔子的诬蔑。

千百年来我们对孔子的认识往往走入两个死胡同，一个是对孔子完全的崇仰赞颂，不许任何人表示哪怕一点不满与怀疑；另一个则是对于孔子完全的贬损，认为他是保守倒退的鼻祖，一无是处。两个死胡同，尤以第一个死胡同的人最多，是社会关于孔子认识的主流。幸好还有忠实的孔门弟子整理出记录老师言与行的《论语》，让我们得以从零碎的记录中窥见孔子的原貌。其实抛开了这两条死胡同的拘缚，静下心来想想，就会看到一个真实的孔子，一个“食色性也”的孔子，一个性情的孔子，一个讲究实际的孔子，一个灵活幽默的孔子。有时历史并没有那么复杂，只是被后世之人想复杂搞复杂了。司马迁毕竟了不得，他对孔子那样的“高山仰止”，却并不被高山仰止蒙住了双眼，依然如实地记载孔子为高阳子家臣之事，并不像后世的儒者们只知闭上眼睛去崇拜。还有那个对孔子佩服得五体投地的台湾学者钱穆，也有着清醒的头脑。我同意他这样的观点：“孔子弟子为家臣者多矣，孔子不之禁，则孔子不耻为家臣也。且委吏乘田，独非家臣乎？”（《先秦诸子系年考辨》）是的，委吏、乘田，不是更小的家臣吗？

我们当然记得前面提到的那个阳虎，那次他是见到了孔子的。他多次求见都被婉拒，这次他用了个计策，想不到孔子也还了个其人之道。但是冤家总是路窄，想不到在孔子趁他不在家去致谢后回家的路上，偏偏正好碰上了从外面回来的阳虎。看到孔子待答不理的样子，阳虎也就顾不上客套了，就直奔主题、急切地劝说孔子赶快出仕。《论语·阳货》里有一段相当精彩的场景与对话的描写：“遇诸涂。谓孔子曰：‘来！予与尔言。’曰：‘怀其宝而迷其邦，可谓仁乎？’曰：‘不可。好从事而亟失时，可谓知乎？’曰：‘不可。日月逝矣，岁不我与。’孔子曰：‘诺！吾将仕矣。”真是如见其人如闻其声。阳货喜不自禁地说：“来吧老兄，别躲我了，我有话对你说呢。”孔子不答，只是礼节性地走过去。见孔子不答腔，阳货又接着说：“自己有德有才，而听任国事一塌糊涂，这样的人能算是仁人吗？”其实阳货话中还藏着话，意思是你孔子不是整天地讲仁爱吗？国家都这样了你怎么还装作没事人似的视而不见？孔子还是不答腔，其实沉默里也有潜台词：国家的这种局面还不是你这样的家臣与你家的主子季氏闹腾的，还有脸与我谈仁爱！见孔子还是闷葫芦，阳货索性一口气把心里的意思讲完了：“这样的人怕不能算仁人吧！自己很想出仕做事，而又屡失时机，这样的人能算聪明人吗？怕不能算是聪明人吧！时光一天天过去，岁月是不会等待你的啊！”

别说，阳货真还有点把准了孔子的脉搏。此时，不卑不亢的孔子，只不冷不热地回答了一句话：“是的，我是打算出来做官的。”这里，孔子还是有着潜台词的，那就是：我是打算出来做官，却不见得非是你阳货当权时的官。

这个阳货就是《左传》《史记》中的阳虎，虎是他的名字。他与孔子的这次邂逅，当在公元前五零五年（鲁定公五年），孔子四十七岁时。

当时鲁国国内政局确实是一塌糊涂，鲁定公几乎只是一个摆设，季孙氏、叔孙氏、孟孙氏三家贵族已成“三桓”专权之势。而尤以季氏为三家之首，权力最大，几乎就是他在代理鲁定公执掌鲁国的大权。而阳虎是季氏家臣，却又利用控制了季氏从而控制了鲁国的大权。也在这一年，阳虎曾经囚禁了他的主子季桓子。季桓子有个宠臣叫仲梁怀，与阳虎结下了怨仇。在季氏家说了算的阳虎想驱逐仲梁怀，也是季氏家臣的公山不狃阻止了他（有的书上也作公山不扰）。但是这年秋天，仲梁怀更加骄横了，阳虎就把他捉了起来。季桓子当然对此很恼怒，可是阳虎竟然连季桓子也囚禁了起来，直到季桓子认了输并与阳虎订立了盟约才把他放了出来。阳虎从此就更不把季氏看在眼里了。

他当然期待着以孔子这样列国皆闻的名人为他撑撑门面。而且他也清楚孔子对于鲁国三家专权、尤其是季氏独揽鲁政的不满。他认为这将是一拍即合的事，孔子想当官、讨厌季氏，而他阳虎能够让他当官、也与季氏有着矛盾。

孔子的政治态度，也许是他仕鲁的关键所在，从这里，我们也能够更深刻更真实地了解孔子的全貌。孔子曾经对于周以来至于列国争雄的政局发表过如下的看法——天下太平，制礼作乐以及出兵打仗都决定于天子；天下昏乱，制礼作乐以及出兵作战便决定于诸侯。决定于诸侯，其政权大概能传到十代，很少还能继续的；决定于大夫的政权，只能传达到五代，很少还能继续的；若是大夫的家臣把持国家的政权，传到三代就很少有能够再继续的。天下太平，国家的最高政治权力就不会掌握在大夫手中，天下的老百姓就不会议论纷纷。接着，孔子就对鲁国的政局进行了明确的判断："禄之去公室五世矣，政逮于大夫四世矣，故夫三桓之子孙微矣。"（《论语·季氏》）——鲁国的政权到了鲁君（从鲁君来说），已经五代了，政权到了大夫之手（从季氏来说），已经四代了，所以桓公的三房子孙也到了衰微的时候了。

这是一个站在高处的犀利的目光，正将二百四十多年的春秋时代，看得一清二楚。你甚至不能感到其中的好恶，只是让人怵然心惊地感到一种历史的规律，铁一般摆在那里。但是，回味这些话，却又能让人触摸到一副热的心肠。特别是对于自己桑梓之地的鲁国，那种潜于言辞背后的痛惜与爱惜，那种行道救世却无门的一种无奈，都昭昭在目。除此，我们于表面的冷静之下，还感受到了一种对于造成鲁国这种混乱局面的季氏的谴责。

其实，孔子一直在等待能够出仕的机会。他向阳虎说的"我是打算出来做官"的这句话，是真心话。与阳虎"邂逅"之后，孔子与他的大弟子子贡有一次很有意思的对话。子贡问自己的老师："这里有一块美玉，是把它放在柜子里藏起来呢，还是找一个识货的商人卖掉呢？"老师毫不迟疑，立刻回答："沽之哉！沽之哉！我待贾者也。"卖掉它！卖掉它！我正在等待那个识货的买主呢——其出仕之情，溢于言表。

有两次出仕的机会，孔子都曾跃跃欲试，虽然都被他好提意见的学生子路所阻止，却也反映了孔子急于出仕的心情，尤其是当他年届五十、有了雄厚的出仕资本而又时不我待的时候。

一次是鲁国季氏家臣公山弗扰（即前面提到的公山不狃）盘据费邑背

叛季氏，请孔子去参加，孔子准备去。这时直率的子路很不高兴，带点质问地说：“老师你没地方去就算了，为什么一定去公山氏那里呢？”孔子肯定有难言之处无法向自己的学生全讲出来，但是这毕竟是一个原则问题，不回答是不行的。他向子路解释说：“那个叫我去的人，难道是白白召我去吗？假如有人真能用我，我就会将周文王、周武王和周公的事业在东方复兴起来。”——“如有用我者，吾其为东周乎？”（《论语·阳货》）这一次大约是在公元前五零二年（鲁定公八年），其时孔子五十岁。

在孔子流亡列国的途中，还发生过类似的事情。那是晋国的佛肸在中牟（在今河北邢台与邯郸之间）抗拒赵简子，请孔子去参加，孔子仍然准备去，还是子路表示反对，并阻止了他。别看子路鲁直，却总能一语中的。他单刀直入地问老师：“从前我听老师说过，‘君子决不到做坏事的人那里去’。如今佛肸盘据中牟谋反，您却要去，这怎么能说得过去呢？”孔子是从心里喜欢好提意见的子路的，他不仅没有恼怒的意思，还认真地向子路说：“对，我是说过这样的话。但是，你不知道吗？最坚固的东西是磨不薄的，最洁白的东西是染不黑的。我难道是匏瓜吗？哪里能够只是被悬挂着而不给人吃呢？”这些都反映了孔子对于出仕的渴望。

终于，机会来了。由阳虎反叛季氏而引发的鲁国内乱被平息，鲁国期待着一个能够将这种稳定局面保持并发展的人。鲁定公与季桓子，同时想到了已经有着很高威望的孔子。公元前 501 年（鲁定公九年），五十一岁的孔子被任命为中都宰。

有人说孔子的被任用，主要得力于其学生、也是鲁国三家之一的孟孙氏（孟懿子）的推荐。其实，孔子的出仕，与鲁定公，孟懿子都没有决定性的关系。真正想到任用孔子的，还是实际执掌鲁国大权的季桓子。季氏家臣阳虎的作乱一直延续了多年。直至公元前五零二年（鲁定公八年），他又想杀死季氏篡夺全部权力，被打败而逃奔齐国，后又被齐国所弃而奔晋。表面上看阳虎之乱已平，但是鲁国的政局并没有真正安定下来，费邑的公山不狃，郈邑的公若藐等家臣仍有很大的实力，对于鲁国公、卿都存在大的威胁。在周边关系上，又与大国齐不断发生着摩擦关系日趋紧张。此时，继任国卿不久的季桓子，面对这样的局面不免有力不从心之感。先不要说孔子少见的博学多识与巨大的社会声望，单是他坚定地维护公室权威、渴望安定和平的政治态度，就引起了季氏的重视。尤其是孔子反对“陪臣执国政”的立场，以及孔子对于阳虎与公山不狃的拒绝，才是季氏最终选中孔子的根本原因。

孔子任小司空的时间很短，即就任大司寇。说到大司寇任上孔子的作为，这里需要首先弄清楚一件历来纠缠不清的公案，即孔子是否诛杀大夫少正卯一事。

记载孔子诛杀少正卯一案，其源头是《荀子·宥坐篇》，后来在《吕氏春秋》《说苑》《孔子家语》《史记·孔子世家》等书中均有记载，说孔子为政七天就杀了“鲁之闻人”少正卯。为了将孔子诛杀少正卯事做实，更找出了孔子诛杀少正卯的深层理由，即少正卯与孔子素来有隙，在孔子讲学的时候，少正卯也授徒讲学，而且学生很多，曾使孔子的讲课处“三盈三虚”，以至于孔子的学生除了颜回尽皆跑到少正卯处听课。现代学者蔡尚思认为：荀况是离孔子最近且最崇拜孔子的思想，他的记载应当是忠实的；汉以后许多学者都作了同样的论述；清末尊孔子的梁启超也不得不认为诛少正卯是孔子的一个污行；孔子与少正卯不仅是学敌教敌，还是政敌，而且主张“道不同不相为谋”、“攻乎异端斯害也已”，并举《左传》中子产的儿子先宽后严将盗“尽杀之”而被孔子赞美为“善哉”的例子，说明孔子杀少正卯确有其事。(《不宜抬高孔子——评匡亚明的〈孔子评传〉》)特别是我国二十世纪六七十年代，更是把孔子诛杀“法家少正卯”作为孔子的一条罪状。

但是从朱熹以来、特别是自清人阎若璩、崔述、梁玉绳、江永等人以来，以至当代杨景凡、俞荣根、匡亚明、钱穆等专家学者，均对孔子诛少正卯一案，持否认态度。他们的观点也相当有力，即孔子诛少正卯事仅见以上所列书籍，而不见《论语》《左传》《春秋》等经传，以为像孔子诛少正卯如此大事，竟不留一点记载痕迹是说不过去的。还有，孔子秉政七日，就以一大夫（孔子）而杀另一大夫（少正卯），这样的事情发生在春秋时代的孔子身上，是不可设想的。因为孔子的核心思想就是“仁”，并且他坚决反对轻易杀人。如季康子提出“杀无道以就有道”的问题时，就遭到了孔子的反对，说“子为政，焉用杀”。孔子的后裔孔令朋，直到二十世纪九十年代末还认为：“孔子在鲁任官时，军政大权操于季氏三卿之手。孔子虽任大司寇，仍须听命于季桓子，不能想像越过季桓子任意杀人。”因此，他们得出了一致的结论：“七日而诛少正卯”，“非孔子所能为，非孔子时所需为”。更有尊孔者，甚至认为连少正卯这个人也是虚构的。还有的以为“诛”字在古代可以训“责”字，孔子诛少正卯，实则是责少正卯。

对于这一问题做了开拓性、实质性贡献的，是学者赵纪彬。虽然他的《关于孔子诛少正卯问题》一书，写作出版于中国二十世纪六七十年代的非常时期，有着明显的那个时代的所谓“批儒崇法”的痕迹，但是一个学者的基本的以事实为依据的科学精神，还是使该书有着相当的学术价值。

赵纪彬认为，《荀子》毕竟为先秦著作，其所载人物、事件，其细小情节虽不可尽信，而重要的记载却必须实有其人实有其事。而且《荀子》性质与《庄子》有着本质的不同，不能同科。《庄子》是寓言，而《荀子》则是严肃的学术争鸣论著，“绝非子虚乌有的寓言”。因此，从战国末至南宋初的一千四百余年间，历经东汉《王制》作者、韩婴、刘安、司马迁、刘向、王尊、王充、班固、李膺、应劭、王肃、《尹文子》作者、刘昼、孔颖达、苏轼、郑樵、胡宏等从各方面反复称述，虽因立场不同、学派不同，说法也各有出入，但却共信实有其人、实有其事。尤其是其中的司马迁，其家累世为太史公，“天下遗文古事，靡不毕集”；而其中的刘向，则是以皇帝宗室而“领校书中《五经》秘书”，都是见闻宏博，所记必有依据，是渊源所渐、传习有素，绝非盲目抄袭《荀子》。因此，赵纪彬在反复考证之后认为：“凡此史实，已足证明伪造说不能成立。因而我的看法亦与伪造说相反，确信少正卯实有其人，孔子诛之亦实有其事。”

对于孔子诛杀少正卯之事第一个发出怀疑并予以否定的是宋之朱熹。他在《舜典象刑说》中云：“若少正卯事，则予尝疑之。盖《论语》所不载，子思、孟子所不言……乃独荀况言之。是必齐、鲁陋儒，愤圣人之失职，故为此说，以夸其权耳；吾又安敢信其言，而遽稽以为决乎？聊并记之，以俟来者。”朱熹真是说到了天下儒生的难言之隐痛处：正在大家都为孔子杀人而心存大大不安的时候，出来一个权威否定这个事，而且还明明期待着“以俟来者”，于是也必然就会有了那么多的“后来者”随声附和。

岂不知，就连朱熹自己都觉得的心虚，就是在揣度之前加上“是必”，也毕竟只是一厢情愿的揣度。以至在朱熹晚年著述《四书集注》的时候，却在这部书的《序说》中，不得不肯定孔子诛少正卯为确有其事。

至于“否定说”和“伪造说”者所申述的孔子之“仁”，以及“焉用杀”的主张，顾准有着另一样的认识。顾准分析说：“不过他（孔子）若真的当起权来，他的做法其实和管仲、商鞅是一样的。杀少正卯，堕三都，已见端倪。他自己心里明白，仁、恕是讲给别人听的，是教化芸芸众生的，至于当权的人要成霸业，不心狠手辣、芟除异己是不行的。他对管仲的称道，已经为我们当代人的‘大节小节论’做了榜样了……后代历家，说中国几千年来的政治一直是内法（或荀）而外孔，以孔做羊肉，挂招牌，以荀或法做实际。这一套其实是开始于孔子本人。”（顾准《论孔子》）

我们还是需要将最早记载这一事件的文字录出。——

孔子为鲁摄相，朝七日而诛少正卯。门人进问曰：“夫少正卯鲁之闻人也，夫子为政而始诛之，得无失乎？”孔子曰：“居！吾语女其故。人有恶者五，而盗窃不与焉：一曰心达而险，二曰行辟而坚，三曰言伪而辩，四曰记丑而博，五曰顺非而泽。此五者，有一于人，则不得免于君子之诛，而少正卯兼有之。故居处足以聚徒成群，言谈足于饰邪营众，强足以反是独立，此小之桀雄也，不可不诛也。是以汤诛尹谐，文王诛潘止，周公诛管叔，太公诛华仕，管仲诛付里乙，子产诛邓析、史付，此七子者，皆异世同心，不可不诛也。《诗》曰：‘忧心悄悄，愠于群小。’小人成群，斯足忧矣。”（《荀子·宥坐》）

对于孔子所列少正卯的五项罪状，孔颖达在《礼记·王制·疏》中，有过这样的解释：“行伪而坚者，行此诈伪，而守之坚固，不肯改变；言伪而辩者，谓言谈伪事，辞理明辩，不可屈止；学非而博者，谓习学非违之书，而又广博；顺非而泽者，谓顺从非违之事，而能光泽文饰以疑于众；如此者，杀。按《史记》：孔子为鲁司寇，七日而诛少正卯之类是也。”

写过《论衡》的王充，还记有孔子与少正卯交恶的具体根源：“少正卯在鲁与孔子并（并字训对峙，对立，即唱对台戏）。孔子之门，三盈三虚，唯颜渊不去，颜渊独知孔子圣也……夫门人去孔子，归少正卯，不徒不能知孔子之圣，又不能知少正卯（之佞），门人皆惑。”是说少正卯的名气与孔子的差不多，也开门办学，可能效果也好，好到使孔子的学生除了颜渊都曾跑到少正卯那里去听课，“三盈三虚”。

对于孔子诛杀少正卯的场面，《孔子家语》中说“戮于两观之下，尸于朝三日”。够可怖的，杀罢，还要陈尸于朝廷之上三天，以扩大教育的效果。

至于孔子诛少正卯的意义，更是论者众多。如西汉刘安就说：“故圣人因民之所喜而劝善，因民之所恶而禁奸。故赏一人而天下誉之，罚一人而天下畏之。故至赏不费，至刑不滥。孔子诛少正卯，而鲁国之邪塞；子产诛邓析，而郑国之奸禁。以近喻远，以小知大也。”（《淮南子·氾论训》）意思很明白也很正大，为了天下安宁，必须杀鸡震猴。

这一事件，教益良多，我们不得不仔细剖析。

教益之一，杀不同政见者或者杀利益相争者，是古已有之，而且杀人者有时还会大声地提倡知无不言，后世当提高警惕。少正卯也是个“闻人”，只是他的“闻”与孔子的不同，他好像有点邪门歪道，起码杀他的人是说他邪门歪道、异端邪说。

教益之二，百姓聚众不行，聚众闹事更是不行，也是古已有之。“小人成群，斯足忧矣”，一让执政者忧，那就有了大开“杀戒”、从而酿成祸患的危险。谈情说爱的《诗经》也就成了杀人的号角，“忧心悄悄，愠于群小”。孔子所列少正卯罪状，归纳起来无非是：其居处足以撮徒成党，其谈说足以饰邪荧众，其强御足以反是独立。从秦始皇的“焚书坑儒”，到段祺瑞执政府的北京“三·一八”惨案，再到国民党一党专制政府的“四·一二”大屠杀……都是执政者最本质的暴露，也是历史的真正的面目。

我们当然还会记得孔子与老子的分歧。固然，以老子的年龄、学问、资历，孔子对老子是尊敬有加的。但是他们两人在心里十分清楚分歧所在。老子是走的流沙避世之途，却也说过“民之饥以其上食税之多”、“圣人不仁”、“民不畏死，奈何以死畏之”之类“大逆不道”的话的。而孔子基本是走的上层路线，要入世的，“君君臣臣、父父子子”。

教益之三，提倡过仁者爱人，以人为本的人如孔子，一旦掌权执政，也会很快走向反面，马上禁止生动活泼，甚至可以因言杀人。杀了人，还要给被杀者戴上许多难听难看的帽子，以儆众心，也安己心。

在孔子诛少正卯之前，另一位思想家邓析，已经被郑国的子产诛杀。郑国的权相子产，本来是个有着民主意识的执政者，他曾经坚决反对毁掉大家活泼言论的场所“乡校”。但是，一旦有向他的“执政”提出挑战，他也就不客气了，杀之而后快、杀之而后安。听听邓析的这些话，就可以想见邓析的为人与他的必然人生结局了："天于人无厚也，君于民无厚也……何以言之？天不能屏悖厉之气，全夭折之人，使为善之民必寿，此于民无厚也。凡民有穿窬为盗者，有诈伪相继者，此皆生于不足，起于贫穷。而君必欲执法诛之，此于民无厚也"（《邓析子》）这是在公开地骂天骂君，说他们不公平不厚道，不神圣。

《汉书·东方朔传》中，记载了这位滑稽人物和汉武帝的一段谈话，说的是圣君用人一定能够把各方面的人才都安排到最恰当的位置上。这位滑稽者是这样建议的：请周公为丞相，姜太公为将军，孔子为御史大夫，子路为执金吾……看来，孔子也只能在体制内当一名谏者言者。

教益之四，孔子的杀人，开了一个不好的先河。到了汉朝，皇帝觉得孔子杀少正卯杀得真是好，"正合朕意"，于是就让博士们将这一条写进了《王制》之中，成了问罪治罪的法律条文："行伪而坚、言伪而辩、学非而博、顺非而泽以疑众，杀。"真是一个"杀"字，源远流长。"伪"与"非"的解释权，当然在执政者手里，就算是你不"伪"不"非"，他定你个或"伪"或"非"，或者又"伪"又"非"，也一样地说杀就杀。杀了，虽纯属"莫须有"，也还有根有据，不仅这是《王制》的规定，而且还有圣人处理这一问题的案例可循，"孔子为鲁司寇，七日诛少正卯之类是也"。

"少正卯"，也就成了打人的样板，从汉至于清末，络绎不绝。

王尊以五官掾张辅为少正卯，将其系狱致死（《汉书·赵尹韩张两王传》）；李膺以野王令张朔为少正卯，杀之于洛阳狱中（《后汉书·李膺传》）；明思宗朱由检以少詹事兼翰林院侍讲学士黄道周为少正卯，将其削籍下刑部狱，责以党邪乱政，杖八十，并最终被永戍烟瘴边疆；清末洋务派文人陈玉澍，以变法维新派首领康有为为少正卯，并以孔子的两观之诛为样板，请求慈禧速诛之；清末京师大学堂监督刘廷琛以杨度为少正卯，奏请诛杀……到了二十世纪的六七十年代，这个被诛杀了两千多年的少正卯，算是被翻了一次案，成了蒙受了冤屈的法家，而孔子则又成了阻碍进步的代名词而被利用来打人。虽属闹剧，却也映出了历史一贯的真相真情真意。林贤治先生认为："知识分子的实质地位如何？无权者而已。从大清帝国到国民党的'党国'，从随随便便杀人到书报审查制度，知识分子的生存空间极其有限，惟靠个人的自由的抗争……一般而言，个人自由与社会责任是冲突的，鲁迅却很特别，社会责任直接体现在自由的选择上面。在黑暗王国里，反抗即责任，何况为社会而反抗。”（《一个人的爱与死》）孔子也作过这样的反抗，只是他当了大司寇，迅即以杀扑灭着别人的反抗。只有到了他沦为在野，在列国流亡的时候，才会再度想起与执政者不合作的反抗来。

第十二章　孔子仕鲁：夹谷会盟

钱穆在说到孔子仕鲁的时候，有这样一句准确的概括：在鲁君臣既有起用孔子之意，孔子亦翩然而出。虽然开始只是一个中都宰，一个不大的县长，但是孔子的喜悦心情是真实的，“翩然而出”，正是五十一岁的孔子出仕时心情的写照。但是一个中都宰就让五十一岁的孔子如此“翩然”，也从另一个侧面透出了孔子悒郁不得志的悲凉。从三十而立到五十而知天命，二十年的时间里，孔子没有遇到一次真正能够出仕的机会。他的设教授徒，既是一种积极的进取，也有一种面对乱世的无奈。

终于有一个地方可以去具体实施自己的理想了，他怎能不“翩然而出”呢？

在中都宰的位上，到底做了什么事情，很少有历史记载，司马迁也只是说：“孔子为中都宰，一年，四方皆则之。”才不过一年的工夫，中都县周围的地方都在效法中都的做法。《孔子家语》倒是说了几条孔子定的规矩，如“长幼异食，强弱异任，男女别涂，路无拾遗，器不雕伪。为四寸之棺，五寸之椁。因丘陵为坟，不封不树。”虽然其中不乏进步之处，如按照年龄大小来分配食物，按照体力强弱分配劳动任务等，但是如果仅只限于此，恐怕还不到“四方皆则之”的地步。孔子与他的弟子们，在中都肯定还会做了更多的事情，这从鲁定公的一次接见里就可以体会出来。鲁定公问他：“学子此法，以治鲁国，何如？”就是用治理中都的办法治理鲁国可以吗？孔子回答得相当有信心：“虽天下可以乎！何但鲁国而已哉？”用我的方法治理天下都可以，何况只是一个鲁国呢？

于是，一年之后，他便被另任为司空，再任为大司寇。

鲁国国卿为上大夫，季氏为司徒，叔孙氏为司马，孟孙氏为司空。既然孟孙氏为司空，孔子的司空只能是小司空，即孟孙氏的助手，属于下大夫之职。好在在此职位时间很短，便被任命为司寇。司马迁之所以在“司寇”之前加一个大字，是区别前面所担任的小司空之职。这个大司寇，则已经是与三卿并列的上大夫了。能以一贫贱出身而跻身于上大夫之列，在统治者是相当郑重其事的，我们不妨读一下孔子的任命书：“宋公之子，弗甫何孙，鲁孔丘，命尔为司寇。”（《韩诗外传》）

孔子真正以自己的理想与政治抱负来实施的，是在大司寇的职位上。

他任司寇时，倒是强调教化作用，反对滥施刑罚。比如，有一次在处理父子诉讼案时，面对父亲告儿子不孝、儿子告父亲打人的控告，问清情况的孔子并没有立即判谁的罪，而是把他们监管起来让他们各自反省。等到都想通了并且各自找到了自己的不对之处，孔子竟然把他们全部释放，结果是自此父慈子孝、连个口角也不再发生。但是当政者季桓子对此提出批评，认为孔子是背离以孝治民的道路。但是孔子仍然坚持自己的做法，认为“上失之，下杀之，其可乎？不教其民，而听其颂，杀不辜也。”其中心意思就是强调为政者要做表率，反对不教而诛，主张不杀无辜、不滥施刑罚。还是在孔子的司寇任上，有一次从衙署下班回家，路上听到了自家马厩失火的消息。他首先关心和问及的，是人有没有受伤，而没有问及马匹及财产的损失情况。虽然只是一件不大被人注意的小事，却也反映着孔子内心深处对于人的重视，而且越是这种应急的时候，越是能够看出人的根底的善恶。

我们从《论语·颜渊》中，还可以听到孔子与弟子子贡讨论为政道理的记载。孔子说，如果有充足的粮食，又有充足的军队和武器，政府就可以得到百姓的信任。子贡问得很特别，他说：“如果迫不得已必须要从粮食、军队与武器、百姓的信任三项中去掉一项，那么去掉哪项合适呢？”孔子说去掉军队与武器。子贡说如果还是迫不得已，必须从这剩下的两项中再去掉一项，那该怎样取舍？这时孔子回答得很坚决，也很经典，以至于成为了各色政府共同标榜的原则：“去食。自古皆有死，民无信不立。”那就去掉粮食。没有粮食不过饿死，自古以来谁都免不了死亡。但是如果人民对政府失去了信心，国家是立不起来的，也就会完了。二十世纪五十年代末六十年代初，我们不是就曾经饿死过数千万人吗？当然是缺粮了，好在人民对于政府的信任还在。但是，如果再出现这样的情况，也许结局就会大不同了。

在为官上，孔子为中国的知识分子带了一个好头，那就是有原则有思想，真做官做好官，而且是认真做官。

作为全权负责公检法的官员，处理案件，审判官司，当然是他的首要任务。在完成这一任务的时候，他一改以往由贵族官吏根据惯例专断判决的习惯，而是从仁的精神出发，将民主的东西引进诉讼。将凡与案件有关人员找来谈话，一一问询他们的意见，然后他再根据大家的意见做出分析，做出正确的判断。“孔子为鲁司寇，断狱讼，皆进众议者而问之曰：‘子以为奚若？某以为何若？’皆曰云云。如是，然后夫子曰：‘当从某子几是’。”（《孔子家语·好生》）

在孔子司寇任上，办得最为漂亮的一件事，要算夹谷会盟的胜利。

夹谷，现在的山东泰安经青石关至淄川、博山一带，道路险隘处即古之夹谷。夹谷会盟发生在公元前五百年的夏天（鲁定公十年），是鲁国国君鲁定公与齐国国君齐景公在夹谷的会盟，相当于现在两国签订和平友好条约。此时，身为司寇的孔子出任鲁君相礼，也就是相当于现在的司仪，辅助鲁定公做好盟会期间的一切礼仪之事。那时两国或多国国君相会的相礼，一般都要选上卿担任，如当年鲁昭公至楚国，就是当时鲁国的上卿孟僖子担任相礼。显然，此时孔子所担任司寇一职已是上卿之尊。后来有不少人将孔子这次的担任相礼，误以为是“摄相事”，即以为孔子曾经担任过代理宰相一类的职务，其实不是。

自从鲁定公七年之后，齐景公就与晋争夺霸权。鲁与齐国界相接，更是齐争霸时争夺的对象。但因为两国关系长时间处于紧张状态，是孔子看到晋国已经衰弱，与强大的齐国结怨于鲁国的安定没有任何好处，这才建议鲁国与齐国签订友好盟约。

夹谷在现在山东省莱芜境内。会盟之前，孔子就建议鲁定公做好一切准备，包括带着相当数量的军队。尤其是在齐强鲁弱的形势下，没有军事作坚强的后盾，也许什么事情都会发生，“有文事者必有武备，有武事者必有文备”（见《左传》），鲁定公欣然采纳了孔子文事武备的理论与建议。

虽然在与子贡讨论为政的时候，孔子曾经说过，在兵、粮、信三者之中，信最为重要，如果只去掉一项的话，那就去掉兵。在这里，孔子是在讲总的大的为政方略。具体到像这次夹谷会盟这样的具体行动，则要具体情况具体对待，要有权变，要因时因地因事制宜。在《子路》篇中，我们不是知道孔子还有过教育百姓和训练军队的意见吗——“善人教民七年，亦可以即戎矣”，善为政的人要教导百姓七年之久，就可以叫他们作战了；“以不教民战，是谓弃之”，用未经受过训练的百姓去作战，这等于糟蹋生命。

果然，盟会上险情迭出。

齐国前来会盟的意思当然十分清楚，那就是显示力量，压服鲁国（当然也包括拉拢），使鲁国无条件成为自己的附庸国。来会盟之前，齐国的大夫犁弥知道了孔子为鲁定公相礼之后，就向齐景公建议说：孔丘知礼而无勇，如果让莱芜的兵士武装劫持鲁定公，就能轻易达到我们的目的。

先是齐国以奏四方之乐为名，让莱芜当地的兵士全副武装突然登场，刀枪剑戟、鼓噪而至，想在大家惊慌之中劫持鲁国国君。形势骤然紧张，鲁定公更是不知所措。

就在大家慌乱之中，想不到被犁弥称作“知礼而无勇”的孔子突然站起，从容不迫地沿着新筑的盟坛台阶昂然而上。登于坛上，长袖向着打扮狰狞、正在乱舞的莱兵一甩，两眼直视着齐景公，声若洪钟，怒斥道：“这些人是干什么的？我们两国国君在此作友好会盟，却让这些你们当年征服此地时的夷狄之俘来捣乱，你齐君怎么还能号令诸侯？！裔不谋夏，夷不乱华，俘不干盟，兵不逼好，这是大家应当遵守的礼数，不然就是对神的亵渎，就是对德行的罪过，就是对人的失礼。我想你齐景公肯定不会这样做的吧？”大义凛然，又有理有据，尴尬的齐景公已被孔子说得面红耳赤，心知失礼，便挥手把乱舞的兵士斥退，并当场认错：“这是寡人之过啊。”据说这次盟会之后，齐景公想想那个身高威武的孔子，还恼怒地训斥随从人员说：“孔子引导他的国君遵循古人礼仪，你们却引导我学夷狄的陋俗，真是丢人！”

难题并没有结束。就在盟会最后就要缔结盟约的时候，齐国人突然宣布要在盟约中增加一条，意思就是将来齐国出兵作战的时候，鲁国必须出动三百乘兵车助战，否则就是破坏此盟。很明显，这就是要鲁国无条件承认自己是齐国的附庸国。

面对新的僵局，勇而智慧的孔子紧张地进行着权衡。他知道，鲁国与齐国力量对比是那样的悬殊，来订盟约，就是来向齐国求得和平与安全的。但是，如果屈服，不仅会使鲁国失去实际利益，更会使鲁国的声誉受到大的伤害。孔子当机立断，立即提出新的条款，即如果齐国不把前一年阳虎奔齐时侵占的鲁国汶阳地区的郓、讙、龟阴三地归还鲁国，而要让鲁国出兵车，也是破坏此盟。

此时的孔子，温文尔雅，就事论事，不见了刚才坛上的愤怒激昂，却又在软中透着刚硬。这既牵涉着称霸大事，而且作为因对方叛臣所侵占的地盘，也没有理由不予归还。于是盟约中便增加了这两条新的款项，齐国也于盟会之后归还了所侵占的汶阳之田。

《左传》定公十年，有关夹谷会盟的记述相当精彩，也通俗，不妨录记于下——

夏，公会齐侯于祝其，实夹谷，孔丘相。犁弥言于齐侯曰："孔丘知礼而无勇，若使莱人以兵劫鲁侯，必得志焉。"齐侯从之。孔丘以公退，曰："士兵之！两君合好，而裔夷之俘以兵乱之，非齐侯所以命诸侯也。裔不谋夏，夷不乱华，俘不干盟，兵不逼好。于神为不祥，于德为愆义，于人为失礼。君必不然。"齐侯闻之，遽辟之。将盟，齐人加于载书，曰："齐师出竟，而不以甲车三百乘从我者，有如此盟。"孔子使兹无还揖对，曰："而不返我汶阳之田，吾以共命者，亦如之。"齐人来归郓讙龟阴之田。

以弱胜强，以礼胜兵，原则性与灵活性高度结合，伟大的教育家孔子于此又充分显示出了一个了不起的政治家的风貌。

第十三章　孔子仕鲁：堕三都

孔子仕鲁期间，要说他最为重大、也最能体现他的政治理想与人生追求的行动，当属随三都。

三都即实际控制着鲁国政权的“三桓”各自割据领地的城堡。前面已经提到，“三桓”是当年鲁桓公三个儿子的后裔，其中孟孙氏为司空，叔孙氏为司马，季孙氏为司徒，是为鲁国三卿，分享着鲁国政权。其中又以季孙氏势力最大，掌握着鲁国国政。这“三都”有季孙氏费邑领地城堡，叔孙氏郈邑领地城堡，孟孙氏成邑领地城堡，其中又以季孙氏费邑领地城堡最大最坚固。

这三大领地城堡，都曾经是鲁国“三桓”向鲁国国君闹独立、争权力、搞割据的据点和资本，当然也是他们明目张胆搞分裂的证据，也反映着春秋末期列国的基本状况。

到了孔子仕鲁的时候，“三都”发生了复杂的变化。曾经是“三桓”向鲁君索要或夺取权力与土地的三大城堡，又成为“三桓”的家臣向三桓闹独立的据点与资本，并一度给“三桓”造成了极大的威胁。当时的“三桓”全都住在鲁国国都曲阜，这三大城堡实际上全被他们的家臣所盘据，有地有兵有粮。家臣利用所控制的这三大城堡，不仅一次次地侵犯欺凌自己的主人“三桓”，甚而至于越过“三桓”而直接干预甚至操纵鲁国国政，也就是为孔子痛心疾首的“陪臣执国命”的状态。如鲁昭公十四年，季孙氏的家臣以费邑领地城堡反叛季孙氏；鲁定公五年，阳虎利用领地城堡囚禁季桓子，定公八年又挟汶阳之田叛鲁奔齐；定公十年，侯犯又以郈邑领地城堡反叛等。可说是家臣们以领地城堡屡屡闹独立、搞反叛的行动，已经严重地威胁着“三桓”、尤其是季孙氏、叔孙氏的集团利益，甚至已经成为他们寝食难安的一块心病。

面对当时鲁国定公虚位无权、“三桓”擅权（特别是季氏）、“三桓”之家又是家臣垄断的混乱局面，孔子审时度势，认为正是他实现政治理想与人生追求的难逢的好时机。用雄心勃勃来形容当时孔子的心情一点也不为过。我们不妨来体会一下孔子心中的治国平天下的蓝图——

加强鲁国公室、在当时当然就是加强鲁定公的实际统治权力，削弱、抑制“三桓”、特别是季氏的领地与权力的扩张，贬斥、剥夺“三桓”家臣膨胀的私欲，从而使鲁国君臣父子按周礼及贵族等级制，各复其位、各守其职，用仁政德治将鲁国治理得国富民安。至此，也仅是孔子蓝图的一半、甚至还不是最为重要的一半。他更要以鲁国为基础、为蓝本，扩大影响，最终达到尊天子、服诸侯、以仁政德治统一天下的大同世界。

孔子这次“堕三都”的主张与计划，核心的东西是剥夺季孙氏以及孟孙氏、叔孙氏所获得的非法政权，并以此重归于鲁国国君。

这无异于与虎谋皮。

虽然有着极大的风险甚至危险，但是孔子经过仔细地分析“三桓”的具体情况，他也从中看到了成功的可能。首先要考虑实际掌管着鲁国国政的季孙氏的态度与支持的可能性。经过了昭公时家臣南蒯的反叛、定公时家臣阳虎的屡屡作恶，全都是以费邑领地城堡为据点为后盾为资本。虽然阳虎之乱已经平息，他也出奔已经三年，但是与阳虎曾经有过勾结的公山不狃（就是那个曾经召请孔子前去帮忙的人），现今仍然占着费宰的位置，并凭借着费邑领地城堡使季孙氏有些无可奈何。而叔孙氏的郈邑领地城堡，在前一年就曾因为侯犯的叛乱而归齐，现在虽然齐国已经归还郈邑，却还空着邑宰的职位。孔子甚至分析得更为细致，他还看到了叔孙氏不仅有家臣叛于外，还有同父异母的儿子叛于内。这个同父异母的庶子叫叔孙辄，因与叔孙氏有矛盾，曾经借助阳虎的力量想夺取叔孙氏的权力。

唯一不能确定的，是孟孙氏孟懿子的态度。他没有季孙氏与叔孙氏这样的外叛内乱、惶惶不可终日的忧患，他的家臣、也是守着成邑领地城堡的邑宰是公敛处父，对主人十分忠诚。但是孔子也认真分析了孟孙氏赞成“堕三都”的可能性，如孟懿子毕竟是自己的学生，应当更能从高层次领会老师的理想与追求。况且阳虎之乱的时候，阳虎曾经有过杀孟懿子而自代之的企图，不是也会给孟懿子敲响警钟了吗？

同时，大哉的孔子想，我的那个最终以鲁国大治国富民安为基础、从而达到尊天子服诸侯统一天下的蓝图，不也是在为着你“三桓”子孙们最终的利益着想的吗？如果任其这种无礼无序的争斗战乱愈演愈烈，你“三桓”不是时刻都有被倾覆的危险吗？

当然，智慧的孔子也知道他正处于一个最为有利的时刻，那就是夹谷会盟的胜利，已经大大提高了自己的威望。而夹谷会盟之后，齐国所归还的汶阳之田，正是季孙氏的领地。这也就更加加重了鲁定公、尤其是季孙氏对于自己的信任与倚重。

终于，经过缜密思考与计划的孔子，于公元前四九八年（鲁定公十二年），大胆地向鲁定公与季孙氏提出了“堕三都”的行动计划：“家不藏甲，邑无百雉之城，今三家（三桓）过制，请皆损之。”（《孔子家语·相鲁》）

果然如孔子所料，这一计划迅速得到了鲁定公与“三桓”的赞成与响应。

第一步就顺利地拆除了叔孙氏的郈邑领地城堡（今山东省东平县）。如前所述，从齐国归还不久的郈邑，还没有任命邑宰，只要得到叔孙氏的赞同，拆除起来当然也就十分顺当。

第二步拆除季孙氏费邑领地城堡时（今山东省费县），却遇到了激烈的反抗。费邑宰公山不狃，当然知道“堕都”的厉害，而且是双重的厉害。一重是季孙氏肯定知道了自己的叛乱之意，一旦费邑领地城堡被堕被拆，自己也就失去了所有的自卫自保的屏障。另一重厉害当然来自孔子。他知道孔子“忠君尊王”的坚决，那年孔子的拒绝就曾让他领教过孔子的态度。如果不能抵抗住这双重的厉害，结果也许只有死路一条。于是公山不狃不遗余力地进行猛烈的反击，并趁鲁国国都曲阜空虚之时，率费人突袭曲阜。情急之下，鲁定公与季孙氏、叔孙氏、孟孙氏匆匆躲入季孙氏住宅。此时的孔子没有慌乱，人们似乎又见到了那个郰邑大夫叔梁纥的英勇的身姿。他迅即命令大夫申句须、乐颀率兵反击，并于姑蔑（今山东泗水县东）打败公山不狃。没有退路的公山不狃只好逃向齐国。随之，最大也最坚固的季孙氏费邑领地城堡，也被拆除。

一切似乎都在向着成功的方向发展。

但是，孔子在拆除孟孙氏成邑领地城堡的时候（今山东省宁阳县东北），却遇到了无法逾越的障碍。这个障碍，看似来自“三桓”之一的孟孙氏孟懿子，实则来自整个“三桓”。

起因于孟孙氏家臣、成邑邑宰公敛处父对于孟懿子的忠诚和远见（孟孙氏一家利益的远见）。公敛处父将堕毁成邑领地城堡对于孟孙氏的不利看得清清亮亮。他紧急地对孟懿子说：“堕成，齐人必至于北门。且成，孟氏之保障也。无成，无孟氏也。子伪不知，我将不堕。”（《左传·定公十二年》）公敛处父是个智慧的人，他看到了孔子“堕三都”的实质，并为孟孙氏孟懿子想好了计策：你不是孔子的学生吗？你又同意过“堕三都”的计划，总不能轮到自己就出尔反尔吧？那好，不要紧，你就装作不知道，我来抵抗好了。孟懿子不仅对于公敛处父的忠诚坚信不移，而且他还对于公敛处父的救命之恩永铭在心。那是在阳虎准备杀孟懿子以取代其位置的时候，是警觉的公敛处父发现了他的阴谋，并及时采取措施，才使孟懿子幸免于难。

果然，孟懿子照计行事，表面没有任何反对堕城的表示，暗中却全力支持公敛处父的反抗。从夏天一直拖到冬天，成邑领地城堡安然无恙、毫发未损。眼看着“堕三都”的计划就要毁于一旦，着急并感到危险的鲁定公于这年的十二月，亲自出马带领军队围困成邑城堡。让孔子想不到的是，就连季孙氏、叔孙氏也采取了消极观望的态度。鲁定公的出马，终因“三桓”的消极而告失败。

堕成失败，意味着孔子“堕三都”计划的失败。这对孔子仕鲁，几乎是一个致命的打击。孔子更从“三桓”的态度由积极转为消极，清楚地感到了自己的对立面正是强大的、在鲁国当道也决定着自己政治前途的“三桓”，尤其是当政的季孙氏。

不仅是公敛处父的想法与孟懿子的态度的改变，让季孙氏警醒过来。我想，“三桓”甚至会有过一起的沟通与商议。他们彻底明白过来，孔子的“堕三都”看似帮助他们削弱甚至是剪除家臣的力量与威胁，而实质却是最终削弱“三桓”强大鲁国公室。他们清楚地看到，这个在夹谷会盟中大智大勇的孔子，在“堕三都”的时候，已经成为他们的对立面、甚至将来还有可能成为水火不容的敌人。季孙氏当然还记得孔子的一系列对于自己不满的言论，最为大家传播的，当然是那句“孔子谓季氏：‘八佾舞于庭，是可忍也，孰不可忍也’”（《论语·八佾》）！八佾其实是一种舞蹈，是当时的中央政府的周天子举行国家大典时，用作典礼开始时的礼乐，八佾便是八个人一排，共有八排，诸侯之邦只能用六佾，也就是六个人一排的舞蹈，大夫只能用四佾，即四人一排的舞蹈。对于“是可忍也，孰不可忍也”，我们一般的解释都是：假如这件事情我们都能忍耐下去，那么还有什么事不能忍耐他季氏去做呢？！而学者南怀谨先生则认为应当作如是解释：像这样的事情季家都忍心做了，还有什么事情他不忍心去做呢？言外之意是要告诉大家季家的野心大着呢，叛变、造反，取代鲁君甚至周天子，他是都敢于干的。

仕鲁的孔子面临着不可回避的抉择：要么放弃自己的主张（也即放弃自己的理想与追求），屈从苟安；要么坚守自己的主张，辞职离鲁。

孔子并不是一个固执己见的人。仕鲁不过四年的孔子，当然还记得自己与鲁国的主政者季孙氏的“蜜月期”，虽然短暂，却还是让人难忘的。“孔子行乎季孙，三月不违”（《公羊传・定公十二年》），不正是说的他们俩相互尊重对方的意见、有着很好的配合吗？

心里装着天下的孔子，当然也有委曲求全的时候。身为大司寇，是与鲁国的世袭三卿同列为上卿的。但他心里明白，要想办成事情，必须要与掌握着鲁国实际大权的季孙氏搞好关系，他表面上是要向鲁定公负责，而实际上必须要向季孙氏负责。以“克己复礼”为己任，讲究“君君臣臣父父子子”的孔子，却要向一个乱礼的权势者让步，这对孔子是十分痛苦的。但是孔子曾经掩起心上的痛苦，作出过让步。有一次，孔子去见季孙氏季桓子，或许是意见相左，或许是正好碰到季桓子不悦的时候，孔子想办的事情就没能办成。但是孔子没有赌气，紧接着又去登门求见。连自己的弟子都看不下去了，对老师表示不满。如弟子宰予不高兴地提意见说：“从前我曾听老师说过：‘王公不邀请我，我不去见他。’现在老师做了大司寇，日子不长，而委屈自己去求见季桓子的事已经发生多次了。难道不可以不去吗？”这个时候，内心痛苦的老师，不能不向自己的弟子剖白深藏于心的想法了。他说：“不错，我是讲过这样的话。但是鲁国‘以众相陵，以兵相暴’的不安定局面，由来已久，而负责当局不去治理，必将大乱。危乱的时局需要我负责办事，这岂不比任何邀请都更郑重和紧迫吗？”

一个为了国家的利益、为了天下人而将自己的利益甚至屈辱置之度外的孔子，就这样站在了我们的面前。

如今，他又面临着一个更大的考验与一个更难的抉择。孔子会怎样办呢？

如果按照我们当下的习惯，对于上级的指示或者意图，要么“理解的执行，不理解的也要执行”，要么不惜任何代价也要主动迎合上级的意图——不管如何，反正要将领导侍候得舒舒服服、高高兴兴，这样自己的仕途当然也就会一帆风顺，也就会各自获得相应的利益。

本来孔子也有第二条道路可走，那就是放弃自己的理想与追求，向鲁国当政者季孙氏妥协，或者干脆迎合季孙氏的意思。这样，孔子肯定会做稳了自己的高官，甚至说不定还真的能够“摄相事”，代理宰相的职务，“风光”无限。况且孔子曾经说过这样的话“富而可求也，虽执鞭之士，吾亦为之”（《论语·述而》），为了求得财富，就是做市场上的守门卒都愿意——真是率真、性情、本色——何况是上卿之位？

但是孔子就是孔子。枝节问题上可以妥协的孔子，在关系着自己理想与追求的大是大非问题上，他毫不退让，挺直了一米九一的身子，宁可不干这个官也不能在原则问题上向季孙氏为首的三桓妥协。

季孙氏当然等待着孔子的妥协。他也需要孔子这块金字招牌为自己装扮门面，况且孔子处理国务的能力也是鲁国所需要的。只要孔子不再坚持削弱“三桓”而强公室的主意，其他都好商量。他等待着曾经屡次主动上门的孔子再次找上门来，那时，他会和颜悦色地与其话旧碰盏。

但是孔子没有再去登门。

我终于明白了孔子另外的话。“道不行，乘桴浮于海”（《论语·公冶长》），我的主张不能实行，那我就乘个筏子漂于海上好了，但是想让我同流合污绝对不行。还有，“饭疏食饮水，曲肱枕之，乐亦在其中矣。不义而富且贵，于我如浮云”（《论语·述而》）（正直、道义、原则），吃粗粮喝冷水，弯着胳膊当枕头，都没什么，我照样乐在其中。但是违背原则与道义换取来的富裕与尊贵，我却看得与浮云一样轻。再有，“宪问耻。子曰：‘邦有道，谷；邦无道，谷，耻也”（《论语·宪问》），国家政治清明，做官领俸禄；国家政治黑暗，还去当官领俸禄，这就是耻辱。

这就是孔子，两千五百多年前的孔子。他真是为中国的官员做出了一个好的榜样，一个让人向而往之的榜样。我们应当常常想起他来，即使做不到他那样好，起码可以少一点钩心斗角，少一点卖官鬻爵，少一点厚颜无耻，少一点腐化堕落，少一点鱼肉百姓，少一点羊头狗肉，少一点自吹自擂，少一点对上的奴颜媚态和对下的专横跋扈。

恰在这时，鲁国又发生了一件让孔子气愤不已的事。齐景公依大夫犁鉏的计策，挑选了八十个盛装美女，外加一百二十匹披挂彩衣的文马，送给鲁国国君。齐国的美女与文马到了鲁国国都曲阜城南门外，不敢贸然进城，而是先派人谒见季孙氏季桓子。季桓子心有所动，穿上老百姓的服装前去观看，看后又去汇报给鲁定公，鲁定公又以察看民情为借口前去观看，然后就全部收下。收下之后不要紧，鲁定公是“往观终日，怠于政事”，疏远孔子。季桓子也是“三日不听政”，连祭天这样的国事都不去参加。

急性的子路忍不住了，对老师说：“我们还是离开鲁国吧。”早生退意的孔子似乎还对治理鲁国抱有着难以割舍的留恋，并对季孙氏存有着一丝幻想，希望他的悔悟，甚至重新出现“三月不违”的和谐局面。他在做着最后的等待，对子路说：再等等吧，鲁国就要举行郊祭了，如果季孙氏仍按礼将祭祀的烤肉（燔）送我一份，我们还是可以留下来的。

但是，一心要让孔子离开的季孙氏，没有把他应得的一份烤肉送来。

仕鲁已经四年的孔子终于弃官离鲁。

这是在公元前四九七年（鲁定公十三年），孔子五十五岁。

第十四章 “郁郁乎文哉”：孔子的礼乐思想

子曰：“兴于诗，立于礼，成于乐。”（《论语·泰伯》）

礼乐思想，在孔子丰富而又博大的思想体系中，是仅次于仁的重要组成部分，在《论语》中，仅“礼”就出现了七十三次，“乐”字出现了三十四次。它既是典章、制度、仪节、习俗（主要是周代所形成并在天下推广形成制式的东西）、以及人们以这种礼乐制度为准绳的行为规范，是修身齐家治国平天下的准则，又是对于仁的体现与实施。正如匡亚明先生说：“从孔子的伦理学角度去看，礼是人们的行为准则，体现了社会对人的外在约束；仁则是人的本质，是修己、爱人的内在自觉性……因此外与内，礼与仁必须统一起来。以礼的准则行仁（修己爱人），以仁的自觉复礼（贵贱有序，亲疏有等）。”（《孔子评传》）

古今学者，在谈到孔子的思想体系时，总是将“礼”单独列出。我则认为，在孔子那里，礼乐实则一体，礼为主，乐为辅。这不仅是春秋时期社会制度现状的真实反映，也是孔子思想体系中的客观存在。正如我们在国庆庆典上演奏国歌一样，这既是一种礼，而这个“礼”又离不开“乐”，与乐融为一体。以周礼为代表的礼，当然是一种制度、典章、贵贱上下亲疏等的具体规范，也是一种文化。在那个时代，乐与礼在更大的领域与更高的层面上，有着更加广泛的交叉与融合。不仅作为礼的主要内容之一的天子、诸侯、大夫及家族的大量的祭祀活动中，要有礼的规定，还要有乐的配合，正如李泽厚先生所说：“‘礼’是颇为繁多的，其起源和其核心则是尊敬和祭祀祖先。”；就是在人们的日常与事业的交往、特别是当时占着极其重要位置的频繁的外交活动里，都会有这种礼乐的运用与融合。五经之一的《诗》，更是诗乐合一、篇篇有谱，可咏可奏可唱。

孔子经常是礼乐合用，如他说“天下有道，则礼乐征伐自天子出”（《论语·季氏》）。在孔子与子路的那次关于“正名”的谈话里，孔子更是将礼乐并提，“名不正，则言不顺；言不顺，则事不成；事不成，则礼乐不兴；礼乐不兴，则刑罚不中”（《子路》）。在这里，孔子不仅将礼乐并用，而且是将其作为一种礼乐制度来用的。在《汉书·艺文志》中，也记载着孔子有关礼乐的论述：“孔子曰：‘安上治民，莫善于礼；移风易俗，莫善于乐。’二者相与并行。”曾经让孔子三个月不辨肉味的尽善尽美的《韶》乐与虽未尽善却也尽美的《武》乐，都是直接反映演奏着政治，并且已经成为礼制的一个组成部分。子曰：“先进于礼乐，野人也；后进于礼乐，君子也。如从之，则吾从先进。”（《论语·先进》）孔子说，先学习礼乐再得到官位的，是淳朴的没有家庭背景的一般人；先得到官位再学习礼乐的，是卿大夫的世袭子弟。如果要我选用人才，我主张选用先学习礼乐再做官的普通人。孔子不仅在这里“礼乐”并用，还将他的反对世袭、主张平等的意见表露无遗。孔子当然也清楚地看到，太平盛世的音乐安详而愉快，反映了政治的清平；而乱世的音乐则怨恨而忿怒，即因其政治的错乱。所以“知乐，则几于知礼矣”，也就是说，如果懂得了乐的功能，大概也懂得礼的意义了；所以，“是故先王之制礼乐也，非以极口腹耳目之欲也，将以教民平好恶，而反人道之正也”（以上《礼记》），先王的制定礼乐，不只在于满足人口腹耳目之欲，根本的宗旨，是要用礼乐教育人民，使人分辨清楚爱与憎以恢复到人的天性的真纯。

有一次颜渊向孔子请教治理国家的道理，孔子将夏、商、周三个朝代的礼乐典章中的精彩处逐一列出，说治理国家的理想境界，是行夏朝的历法，坐商朝的车子，戴周朝的帽子，演奏舜时的《韶乐》和周武王时的《舞乐》。当然还要舍弃郑国的乐曲，斥退小人，因为郑国的乐曲靡曼淫秽，小人会带来破坏与危险。（行夏之时，乘殷之辂，服周之冕，乐则韶、舞。放郑声，远佞人。郑声淫，佞人殆——《卫灵公》）而在《论语·阳货》篇中，这种礼乐不分或礼乐并举，更是明显：“礼云礼云，玉帛云乎哉？乐云乐云，钟鼓云乎哉？”礼呀礼呀，仅是指玉帛等礼物而说的吗？乐呀乐呀，仅是说的钟鼓等乐器吗？

在孔子的心目中，有着两种社会状态，一种是理想的大同世界，一种是现实小康社会。大同世界，是天下为公；小康社会，则是天下为家，即天下为私。天下为家就会有祸乱产生，这就需要一种“礼乐”来规范大家的行为，使其合理有序，以保持小康社会的健康稳定的发展。

孔子发出这样的议论，是在一次孔子参加年终蜡（zha）祭并充任饮酒的宾客的时候。祭礼完毕，出来到门阙的楼观上游览。游览间，沉思的孔子发出了深长的叹息。也许他这时想起了自己的祖国鲁国的不如意处吧？听了孔子的叹息，站在孔子身旁的言偃禁不住问他：“你好说‘君子坦荡荡，小人长戚戚’，君子又为什么这样的叹气呢？”听了言偃的问题，缅怀着的孔子，仍然若有所思地说开了。

他先向言偃描绘了那理想社会的大同世界：“大道通行于天下的时代，和夏商周三代的英杰人物，我都没能赶上，所能知道的，只是一些记载罢了。大道能行于天下的时代，那是天下为公、天下为大家所共有的时代（大道之行也，天下为公），选举贤德的人做领袖，讲究诚实重视和睦。所以人们不只是爱自己的亲人，不只是抚养自己的孩子，而是使老人能安享天年，壮年之人能贡献自己的才力，年幼的人可以得到抚育而健康成长，就连鳏寡孤独和残疾、有病的人，都能得到供养（选贤与能，讲信修睦。故人不独亲其亲，不独子其子。使老有所终，壮有所用，幼有所长，矜寡孤独废疾者，皆有所养）。男人都能尽力于自己的职分，女人都能适时地婚嫁。人们厌恶把货物抛弃在地上糟蹋，但也不能藏起来据为已有；厌恶有力而不肯出力的人，但也不能让别人为自己出力。所以各种不良的图谋都被杜绝了，也没有谁去做盗窃和乱臣贼子。因此，外出可以不关门，这就叫作大同世界（是故谋闭而不兴，盗窃乱贼而不作，故外户而不闭，是谓大同）。

但是毕竟大同世界都没能亲眼看到，我们必须要面对现实，当务之急，当然是根据现实而去追求一种小康社会。孔子对于小康社会是这样概括的：“如今大道既然隐没不行，天下成为一家一姓的天下，各人只爱自己的亲人，各自只管抚养自己的孩子（今大道既隐，天下为家，各亲其亲，各子其子），财物或出力都是为了自己，君主是把世袭当作礼，把城郭沟池搞得更坚固，把礼义当作纲纪，用来端正君臣名分、加深父子关系、亲睦兄弟、和合夫妻、建立制度、划分田里、尊重勇力才智，并用来为已建立功绩。因此，图谋从此产生，战争也从此兴起，夏禹、商汤、文王、武王、成王、周公，就是用这种礼义治理天的英才人物。这六位君子没有一个人不谨慎地实行礼制的，都用它来彰明道义，考验诚信，明察过错，效法仁爱谦让，昭示民众，治国有常法。如果不按照礼义去做的，执政的人就要被斥逐，民众也会将他视为祸殃。这就叫小康社会（是谓小康）。

此时，孔子还将礼视为天下兴亡的关键所在："礼，是先代君王秉承天道用来治理人的行为，所以失去礼的就将死，遵循礼的就可以生存。"（失之者死，得之者生——以上见《礼记·礼运》）他还在《礼记·哀公问》中，具体表达了礼的功能，"丘闻之，民之所由生，礼为大。非礼，无以节事天地之神；非礼，无以辨君臣上下长幼之位也；非礼，无以别男女父子兄弟之亲，婚姻疏数之交也"。这无疑是在说礼是社会政治生活中最为重要的东西，有它才可以敬祭天神地祇，有它就能把人分为君臣上下有序的等级，还能明确地分别家族和亲戚的远近亲疏。

当然，孔子并不是将周礼作为不可稍有变化的教条来崇拜、遵守。他当然也很想具体地知道周代以前的礼乐制度，这样就会有更积极主动的取舍，也就会让自己所发扬与推行的礼乐文化有着更为完善的内容与形式。他曾经不无遗憾地说，夏代的礼乐制度，我能说出来，但是它的后代杞国却不足以作证；殷商的礼乐制度，我也可以说出一些，但是它的后代宋国也是不足于作证了。这都是他们的历史文献记载不足、没有贤者相传的缘故。如果有，我就可以引以为证并可以为现在服务了（足，则吾能徵之矣《八佾》）。

不过，现实而又有着历史眼光的孔子，当然敏锐地看到了，殷商的礼乐制度，是在对于前朝夏的礼乐制度有所损益的基础上，建立完善起来的。而周朝的礼乐制度，又是在对于殷商的礼乐制度有所借鉴有所损益的基础上，建立与完善起来的。所以他说："周监于二代，郁郁乎文哉！吾从周。"（《论语·八佾》）对于周朝礼乐制度的欣赏与留恋，溢于言表。而这种发自于内心的喜爱，当然因为它是在对于夏商二代的礼乐制度有了借鉴损益之后，建立的丰富多彩的崭新的、有着强大生命力的礼乐制度，而且是可以从文献记载与实际实行上都可以具体感知、亲眼看到的。

这里面，我们要跨出一个误区，那就是以为孔子的"吾从周"，是守旧与倒退的思想。事实正好相反，孔子的"吾从周"，恰恰是一种前进与维新。《大学》说：“汤之《盘铭》曰：‘苟日新，日日新，又日新。’《康诰》曰：‘作新民’《诗曰：‘周虽旧邦，其命维新’是故君子无所不用其极。”（毛泽东的“天天向上”就是来自于此吧？）且不说商汤的天天使自己维新新鲜，已经有着鼎故革新的味道。而《康诰》的“作新民”，就是说的使周人变成新的民族；至于“周虽旧邦，其命维新”，则正是对于周朝礼乐制度的一个真实的诠注，那就是周朝是对于已经处于殷商末期的腐败与倒退现状的一种革命或曰变革，而它的礼乐制度，作为一种文化与上层建筑，正是这种革命或曰变革的反映。

即使如此，孔子也不是亦步亦趋地“吾从周”，既然周朝的礼乐制度是对于夏商二代的借鉴与革新，那么已经处于“礼崩乐坏”的春秋时期，就是推行周朝的礼乐制度，也必然会结合春秋的现实有所损益与革新。

孔子也确实是这样做的。而他所进行的所有损益与革新，总是在“仁”的统领之下。子夏问曰：“‘巧笑倩兮，美目盼兮，素以为绚兮’何谓也？”子曰：“绘事后素。”曰：“礼后乎？”子曰：“起予者商也！始可与言《诗》矣。”（《论语·八佾》）子夏是孔子学生中，对于文学最有造诣的。他本来纯粹问的绘画问题，而且是借助《诗》中的诗句发问：有酒窝的脸笑得美呀，黑白分明的眼睛流转得媚呀，洁白的底子上画着花卉呀，《诗经》中的这几句诗是什么意思呢？老师虽然只是就事论事地回答“先有白色的底子，然后再画花卉”，子夏却马上联系到了“礼”，进一步问老师：“那么，是不是礼乐制度的产生在仁以后呢？”也就是说，如果礼乐是那个花卉，那么仁就是绘花卉的那个白色的底子了。

这才是孔子最为欣赏的“举一隅以三隅反”。所以孔子有点兴奋地夸奖自己的高足说：“卜商呀（子夏，姓卜名商字子夏），你真是个能够启发我的人。现在可以同你讨论《诗经》了。”孔子之所以兴奋地赞扬子夏，因为子夏正好说到了与孔子灵犀相通处，那便是礼乐的文章是要在仁的基础上做出来的。

有一次，鲁国一个名叫汪踦的少年，在抗击齐国的侵略时牺牲了。如果按照礼乐制度的规定，是不能按照成年人举行丧礼的。但是当鲁国人想以成年人的丧礼来安葬这位为国捐躯的少年并征求孔子的意见时，孔子不囿于成礼，坚决支持这种做法：“能执干戈以卫社稷，虽欲勿殇也，不亦可乎？”（《礼记·檀弓下》）在这里，礼要服从并体现一种为国的大义。

“人而不仁，如礼何？人而不仁，如乐何？”（《论语·八佾》），孔子的这句话说的相当“白话”，就是说，作为一个人如果不仁，怎么可能理解并遵循礼乐并将礼乐做好呢？还有那个“礼云礼云，玉帛云乎哉？乐云乐云，钟鼓云乎哉”，也是在说，如果没有仁的思想内涵，光有玉帛与钟鼓等礼的形式，那是不能称之为礼的。“克己复礼为仁。一日克己复礼，天下归仁焉”（《论语·颜渊》），这里的“克己复礼”，是在人与人的相处以及扩而大之到整个社会，所要进行的利益调整，只有“克己”才能“为己”。正如荀子所说：“礼起于何也？曰：人生而有欲，欲则不得，则不能无求；求而无度量分界，则不能不争；争则乱，乱则穷。先王恶其乱也，故制礼义以分之”（《荀子·富国》）在这里，仁又体现为克制自己使自己服从于礼乐。但是，这个“克己”，当然不是消极的被动的，这个“克”，也不是克服什么不合礼的邪恶；克已应当如傅佩荣先生所说，能够自己做主去实践礼乐的要求，并积极主动地“视听言动”，实践礼乐的要求。在孔子思想的核心处，“人”是占着中心的、主动的位置的。在孔子说过“一日克己复礼，天下归仁焉”之后紧接着，不是还有着这样的话吗——“为仁由己，而由人乎哉？”“克己”，“由己”，都是自己在发挥着主观的能动性。

我们不妨从孔子对待“酒”的态度上，去体察这个“为仁由己”。在《论语·乡党》篇中，有几处提到了酒。比如，“唯酒无量，不及乱”。这是说孔子有着大的酒量，不是一般酒量，也不是量小得只能沾沾，更不是一点不能喝，而是“无量”。看来，在那样天寒取暖设备差的北方，又是时世艰险处处碰壁的时代，孔子是有些好酒的。借酒浇浇心中的块垒、抒抒胸中的意气，或者佐餐待客行礼等，孔子一生恐怕没少喝了酒。但是他却从来都合于礼，“不及乱”，不醉酒，不酗酒。在《子罕》篇中，孔子自述道：“出则事公卿，入则事父兄，丧事不敢不勉，不为酒困，何有于我哉？”这里孔子说了自己的四种情况，但是这四种情况又是相互关联着。我们知道，孔子是做过大官的，上朝事公卿，这并不是在吹牛，而是表示自己虽然干过这种为官的事，其实也没有什么了不起，兢兢业业罢了。接着是第二件，“入则事父兄”，这个很重要。别看我事过公卿，照样回到家来帮助妻子干点家务，孝顺父母，尊敬兄姊，爱护弟妹，甚至还要抱抱里孙外孙什么的。

并不会因为干着什么公干，当着什么官职，就趾高气扬得连家人也都成了为自己的服务的“秘书”了。当然也不会借故“忠孝不能两全”，连父母病重也不露面。第三件事是关于朋友间的事，有了喜事丧事，尤其是丧事，一定要帮忙，而且要勉力去帮助，“丧事不敢不勉”。需要钱财上的周济不要吝啬，这个时候要出手慷慨；钱财上不能帮也不要紧，那就帮助忙活照料，再小心地给以慰问，让朋友觉得不孤单有依靠不绝望。这些事当然都也正常，但是紧接着却突然出来一个“不为酒困”，好像有点突兀。其实不然，因为在外干事，在家家居与交朋友，总之是人在这个社会上，免不了要有一些饭局酒场，避不开酒的。这就要有酒德了，要“不为酒困”，不能沉湎其中，把自己的身体搭进去不说，还要把老婆喝跑，孩子喝得没人照管，再把朋友的酒店也喝得无耐关门。

不仅如此，孔子还“为仁由己”，将酒喝出了孝与礼。子夏问孝。子曰：“色难。有事，弟子服其劳；有酒食，先生馔，曾是以为孝乎？”（《论语·为政》）有事情，作为晚辈，应当主动承担；但是有了好酒好饭，却要“先生馔”，古代一般尊称长辈为先生，要让长辈先喝先吃。但是，这样就是孝了吗？还不是，如果不是“为仁由己”，心悦诚服地去做，而是拉长着脸，甚至耍着态度，虽然将好酒好饭给了长辈，长辈心间也不会舒服。所以孔子说“色难”，那就是在做这些事情的时候，要有愉快的心情与和颜悦色。这是孝。“乡人饮酒，杖者出，斯出矣”（《论语·乡党》）这是说的与家乡的人一块喝酒。喝完酒后，要等到老年人都出去了，自己这才出去。不光是等，还要主动的搀扶相送。古时有“三序”，在朝廷上以爵位为序，在文化事务及有关的典礼上，要以德行为序，而在家中或乡里，则要按年龄辈分为序。不能只要当过点官，就处处老大，处处占先，这是连孔子时代都鄙视的“官本位”思想。所以，虽然是做过大司寇、鲁国上卿的孔子，仍然要“乡人饮酒，杖者出，斯出矣”，这是礼。

当然要“君君、臣臣、父父、子子”，当然要“正名”，当然要“非礼勿视，非礼勿听，非礼勿言，非礼勿动”，当然要“君使臣以礼，臣事君以忠”，被仁统领的礼，最大的特点当然是秩序、等级与差别，这种“仁者爱人”之爱，也是以亲亲、尊尊为核心的有差等的爱。但是，毕竟，有了仁爱的光芒，孔子所提倡的“礼乐制度”，也便被笼上人道主义的照人的色彩，也因此也就有了“苟日新，又日新，日日新”的新鲜的面貌。仁是统领礼乐的灵魂，礼乐则是仁的外在表现形式。

仁与礼乐，孰轻孰重、孰先孰后，在孔子对待管仲的态度上，得到了清楚的表达。管仲，名夷吾，是春秋时期齐国齐桓公的宰相，并以其才能让齐国称霸。孔子在《论语·八佾》中曾经严厉地批评管仲是个不知礼的人：“国君宫殿的门前立有一个塞门，他管氏也立了一个塞门；国君招待宴请外国的君主，堂上有放置酒杯的设备‘反坫’（音店，用土筑成，形似土堆），他管氏也设有这样的设备。假如说他管仲懂得礼节的话，那谁还不懂得礼节呢？”树塞门，立反坫，僭越违礼，证据确凿。

可是同是《论语》，孔子却又在《宪问》篇中，对管仲赞扬有加，而且是一种综合式的定评。其时，子路与子贡，分别向老师提出同一个问题：根据管仲在桓公杀公子纠问题上的表现，他不能算一个懂礼的仁人。

当时的事情有些复杂。齐桓公与公子纠都是齐襄公的弟弟，因为齐襄公无道，两个人都怕被哥哥嫉害，全逃出了齐国。桓公由鲍叔牙侍奉逃往莒国，公子纠则由管仲和召忽两位师傅侍奉逃到鲁国。襄公被杀之后，桓公抢先入齐，立为君主，接着便兴兵伐鲁，并逼迫鲁国杀死了可能会对自己的君主之位产生威胁的公子纠。公子纠被杀之后，师傅之一的召忽自杀以殉公子纠，而另外一个师傅管仲，非但没有像召忽一样殉难，却在鲍叔牙的极力推荐下做了桓公的宰相。

这可以说是“大是大非”的“立场”“原则”问题了，孔子的两位大弟子又以否定的口吻发问，或许他们还聆听了老师关于管仲不知礼的批评。但是，孔子的回答出乎两位学生的意料，而且老师连连地说“这就是管仲的仁德了，这就是管仲的仁德了”（如其仁，如其仁）。孔子所说的管仲之仁是指的什么呢？虽然回答子路与子贡有些差异，但是基本内容是一致的。孔子这样回答子路：“桓公九合诸侯，不以兵车，管仲之力也。如其仁，如其仁。”这是强调了因为有了管仲的作用，才使得齐桓公能够多次主持诸侯间的盟会，也因而停止了战争。这是和平之功，而和平当然关系着天下苍生的生命与生计。对于子贡，孔子这样回答：“管仲相桓公，霸诸侯，一匡天下，民到于今受其赐。微管仲，吾其被发左衽矣。岂若匹夫匹妇之为谅也，自经于沟渎而莫之知也？”——管仲辅相桓公，称霸诸侯，使天下一切得到匡正，人民直到今天还在受到他的好处。假若没有管仲，我们都会披散着头发，衣襟向左边开，沦为落后的民族了。他难道要像普通老百姓一样守着小节小信，在山沟中自杀而不被人知道吗？

显然，孔子没有拘泥于礼乐的具体规定，而是把和平与进步这样牵连着天下民众大利益的事情，放在前面，并认为即使有树塞门、立反坫这样僭越违礼的行为，管仲也是一个仁人。要知道，孔子是很少以“仁”字许人的，况且是对于这样一个曾经“僭越违礼”的人。

在这里，仁在礼乐之上，仁大于礼乐。

再说被孔子向往与推崇的周朝的礼乐制度。周朝到周文王的时候，已经从一个不起眼的“小周”，而达到“三分天下有其二”。这个三分之二的天下，当然是靠征伐得来。到了武王，更是靠着战争与武力，将本来自己“服侍”着的殷商灭亡。

在这里，孔子尊崇周朝礼乐的结论，并不是用“和平”与“战争”的衡量得来，而是用进步与落后、政治的有道与无道去称量的结果。《史记·周本纪》中，对于武王伐纣的历史，有着形象的记载：“闻纣昏乱暴虐滋甚，杀王子比干，囚箕子。太师疵、少师彊抱其乐器而奔周。于是武王遍告诸侯曰：‘殷有重罪，不可以不毕伐。’乃遵文王，遂率戎车三百乘，虎贲三千人，甲士四万五千人，以东伐纣。十一年十二月戊午，师毕渡盟津，诸侯咸会。曰：‘孳孳无怠！’武王乃作《太誓》，告于众庶：‘今殷王纣乃用其妇人之言，自绝于天，毁坏其三正，离逷其王父母弟，乃断弃其先祖之乐，乃为淫声，用变乱正声，怡悦妇人。故今予发维共行天罚。勉哉夫子，不可再，不可三！”其“昏乱暴虐”重罪之中，断弃先祖之乐，变正声为淫声，就是其中之一。武王的伐纣之师，当然也就是正义之师（虽然也有着历代统治者拿妇女说事，以“用妇人之言”作为商纣的罪状的违背事实处），尤其是西周夺取政权之后，武王、成王又在周公的辅佐之下，制礼作乐，政治清明，经济繁荣，实现了社会的快速进步。孔子的尊崇周礼，在这里也就达到了仁与礼的合一。

有了以人为本的仁的统摄，经过孔子提倡推介——那当然更包括着孔子对于传统礼乐的创新与改造——以周朝礼乐为主题的礼乐，便有了人性的魅力，并因为这人性的魅力而具着流传与感染的力量，从而“在‘礼崩乐坏'的文化焦土上，保护和培育了许多优良的文化胚芽，并成长为我们民族文化的遗传基因”（王恩来《人性的寻找》）。

这种散发着人性光辉的论点，在孔子的礼乐思想中，随处可见。

鲁国人林放曾经问他“礼的本质”，孔子说：“大哉问！礼，与其奢也，宁俭；丧，与其易也，宁戚。”（《论语·八佾》）在这里，孔子首先肯定林放所问的问题，是关于礼乐的一个重大问题。孔子的答案，虽然平易，却接近礼乐的本质，那就是就一般的礼仪说，与其铺张浪费，宁可朴素简约；与其哀不足而礼节有余，不如礼节不足而哀戚有余。

在孔子的学生中，子路属于家庭贫穷之列。但是子路又是个孝子，也许是看到受穷作难的父母没能过上一天好日子吧，子路想起这些就会特别地悲伤。有一天，直爽的子路只好向老师倾诉胸中的感伤，他说亲人在世时没有钱让父母过上好日子，亲人死了，又没有钱为他们热热闹闹地举行隆重的丧礼，实在让人难过。见到学生的悲伤，孔子怎会无动于衷呢？虽然不能从钱财上帮助他，却可以将道理讲出来，安慰学生，又能让学生懂得礼乐的精神。孔子温和地向着子路说，亲人在世时，就算是吃稀粥喝清水，只要能使亲人欢乐愉快，这就是孝了。至于亲人死时及死后，能用衣被遮住头脚身体，装殓后就埋葬不用棺材，与自己家的财力相称，这也就是知礼（啜菽，饮水，尽其欢，斯之谓孝。敛手、足、形，还葬而无椁，称其财，斯之谓礼。《礼记·檀弓下》）

在孔子礼乐思想里，重人事重现实而远鬼神的部分，同样闪耀着人性的光彩。

春秋时代，尤其是孔子崇尚的西周时代，科学还处于萌芽状态，鬼神天地，在相当大的程度上左右着人们的精神与行为。尤其作为礼乐主体部分之一的祭祀，是政治乃至于治理国家的最为重大的事情，有时甚至比战争还要看得重大，“国之大事，在祀与戎”。在这样大的背景之下，孔子却敢于在离鬼神最近的礼乐之中，酿进以人为本、以现世为重的因素，不仅是他整个哲学思想中以“仁”为核心的“一以贯之”，也有着他独到的智慧与胆识。

樊迟问知。子曰：“务民之义，敬鬼神而远之，可谓知矣。”（《论语·雍也》）

重在“务民”。虽然要怀着一种敬意祀奉鬼神，因为那是祖先的亡灵，不仅可以让活着的后代在心里升起一种虔敬之情，还可以起到调节后人关系的作用，当然不能轻率，一定要“敬”。但是毕竟那是已经过去久远的事情了，而且又生死相隔，看不见摸不着，所以，最为重要的，还是要专心致志地为百姓办好一件件具体的事情。孔子说，如果做到这些，那就是有智慧的聪明人了。只要把着力点放在当下现世，“人”的作用也就会实际地突出出来。个人遇到任何挫折坎坷，也就不会怨天尤人，而是会奋然而起，劈开荆棘，如鲁迅先生所说，在没路的地方踏出一条生路来。至于国家的事情，特别在一些重大的考验面前，领导与人民，尤其是领导，更应负起应有的责任，不文过不饰非，不愚民不专制，扑下身子，勤勤恳恳。

季路问事鬼神。子曰：“未能事人，焉能事鬼？”曰：“敢问死。”曰：“未知生，焉知死？”（《论语·先进》）

这是对于子路的回答。今天我们读之再读，就会感叹孔子的先见之明，并为孔子爱护弟子的殷殷之情所感动。子路重于行动且又敢于行动的性格，在那样“礼崩乐坏”争斗不已的时代，老师对于他的生命是存着担忧的，所以才会提醒他，让他警惕，以保平安。对于子路“怎样服事鬼神”的提问，老师说，“鬼神”与“死”都是虚幻无法预知的事情，对现实人生的为人做事的问题尚且难得圆满，何必为虚幻的鬼神与死去徒耗心神呢？还是先注重当下的事情吧，没有服侍好活人，怎么可以有办法去服侍鬼神呢？至于死，唉，还是先把生的道理弄明白了，再去关心死的问题吧，没弄明白生的道理，怎么能够懂得死呢？还是先从现实的人生中去求其圆满与充实吧！

祭如在，祭神如神在。子曰：“吾不与，祭如不祭。”（《论语·八佾》）

孔子祭祀祖先的时候，便好像祖先真在那里；祭神的时候便好像神真在那里。但是对于后面的这段话，却有两种解释。最流行的，是将“吾不与，祭如不祭”读作“吾不与祭，如不祭”，我若不能亲自参加祭祀，就好像我不曾祭祀一样。台湾傅佩荣先生则将这一句断为“吾不与，祭如不祭”，意思是“我不赞成那些祭祀时好像不在祭祀的人，亦即心不在焉、马马虎虎的人”。在这里，仍然体现着孔子对鬼神虽然“远之”，却依然敬之的基本态度。这种“敬”，与孔子对人对事一贯的“诚”字，是一脉相通的。

宰我问："三年之丧，期已久矣。君子三年不为礼，礼必坏；三年不为乐，乐必崩。旧谷既没，新谷既升，钻燧改火，期可已矣。"子曰："食夫稻，衣夫锦，于女安乎？"曰："安。""女安，则为之！夫君子之居丧，食旨不甘，闻乐不乐，居处不安，故不为也。今女安，则为之！"宰我出。子曰："予之不仁也！子生三年，然后免于父母之怀。夫三年之丧，天下通丧也，予也有三年之爱于父母乎！"（《论语·阳货》）

这个宰我，也是孔子的高足，也是被孔子多次批评过的。知名度最大的批评有两次，一次是因为他白天睡觉，被孔子批评为"朽木不可雕也"。这次因为三年之丧，更被孔子批评为"予之不仁也"。

这次批评不仅严厉，还激起了孔子很大的火气，以至于我们今天还可以感到孔子当时脸红脖子粗的愤愤不平的神态。宰我感到父母去世子女居丧三年太久了，并建议变三年丧期为一年（古代的三年是指二十五个月或二十七个月，三年是指三个年头）。他的理由不能说没有道理：君子三年不能举行礼仪活动，礼仪就会荒废，三年不演奏音乐，音乐也就会失传。旧谷吃完了，新谷就得登场了；打火用的燧木也已经过了一个轮回（春用榆柳，夏取枣杏，秋为柞栖，冬是槐檀），一年也就可以了。孔子一听就有点来气，紧接着追问宰我："父母去世不到三年，你便吃白米饭，穿锦缎衣，能心安吗？"想不到宰我老老实实答了一个"安"字。这下孔子可是动了真气了，脸色也难看起来，抢白道："你安心你就去做吧！君子在守丧时，吃美味也不辨滋味，听音乐也不感到快乐，住在家里也不觉得舒服，因为心里不安才不这样做。如今你既然心安，那你就去按照自己的想法做吧！"宰我看到老师生了这么大的气，也就退了出来。但是孔子似乎意犹未尽，弟子走了还在表示着自己的不满："宰予真是不仁呀！儿女生下地来，三年之后才能完全脱离开父母的怀抱。替父母守丧三年，天下从来就是如此。难道宰我就没有从父母那里得到三年怀抱的爱护吗？"在《论语·里仁》篇中，孔子还有过类似的话："父母之年，不可不知也，一则以喜，一则以惧"。就是在讲做儿女的怎样回报为自己操碎了心的父母，要把父母的生日牢牢地记在心上，一方面为他们的长寿而高兴，一方面又为他们的年迈而担忧，从而更加无微不至地孝顺他们。

被南怀瑾先生称为“调皮文人”的金圣叹，就曾经给自己的儿子写过一封“调皮”的信。大意是说，我和你是朋友，最初你也没有指定非要我来做你的父亲，我也没有指定非要你来做我的儿子，我们是撞大运一样碰巧撞来的，既然是撞，谁也不欠谁的，彼此之间，也就没有什么深的交情可言。但是话又说回来，我这个老头子和你妈这个老嬷子，从替你擦屎擦尿开始，照顾了你二十年。就以这二十年来论，你到大街上找找看，看看还能不能找到一个比我们这两个老家伙更好的朋友？我们现在不要求你孝不孝，只要求你用这两个老家伙照顾你二十年的感情，也同样照顾我们这两个老家伙二十年。

金圣叹实际上是在重复孔子的意思。孔子在这里既是讲礼，更是在讲一种人间之爱，而且是一种大爱至爱。从父母的角度，在无我地疼爱着自己的孩子的时候，从来就不曾想过报答。这是人间一种最崇高的牺牲。我们先不论宰我的一年丧制与孔子的三年丧制谁的更合理。我们需要用心去体会令孔子激动的那个情怀，和情怀中盛着的那份敬那份爱。在《为政》篇，孔子专门讲到孝中的这个“敬”字。他说：“今之孝者，是谓能养。至于犬马，皆能有养。不敬，何以别乎？”孔子真是会观察能譬喻，他在向为人子女的发问：如果单单着眼于物质丰厚的供养，而对于父母的行为态度不能在诚敬上讲求，这和犬马被主人豢养也能回报主人的行为，还有什么差别吗？

这也许就是打开孔子礼乐思想的钥匙——人类的情感，人类之爱，也就是那个随处可见的仁。这个“孝”字，在孔子那里是有着丰富多彩的外延的，这种外延，最主要的，就是要让一级级的官员，树立起孝天下的思想与行为来。这也就是，要把天下的百姓，当作自己的父母去悉心地孝顺、疼爱，做到了，也就是忠，也就是忠孝两全。当然，孔子不会想到，后来的情况会与他的想法正好相反，大多的官员，心里面只是把自己当作百姓的父母，要百姓来孝敬、服侍。一旦成为要百姓服侍的“父母官”，在孔子的眼里，那是连狗屁也不如的不仁不义者啊。

就是在这个被孔子批评着的宰我身上，我们同样体会到了他们师生间的情感与大爱。宰我比孔子小二十九岁，老师越批评他，他跟得老师越紧，以至在老师流亡列国十四年的艰难险阻里，他也不离开老师一步，并且由衷地敬仰着也爱着自己的老师，说“以予观夫子，贤于尧舜远矣”（《孟子·公孙丑上》）。老师更是以宽大的胸怀，爱着也疼着自己的学生。打是亲，骂是爱，谁能说老师的“骂”里，不正含着大爱呢？批评着，而且是那样严厉的批评，他还那样地惹老师生气，可是老师仍然不改公正与信任，用心去理解自己的学生，并曾经自责地说“以言取人失之宰予”，是说我因为单纯从说话上看人，差点失掉这个高足。也正因为信任与理解，孔子曾经多次派宰我出使各国，如“宰我使于齐”，“孔子使宰我使于楚”等。并且孔子在其即将不久于人世，而对自己的弟子作“定评”的时候，还把宰我列为十大弟子之一：“德行：颜渊、闵子骞、冉伯牛、仲弓。言语：宰我、子贡。政事：冉有、季路。文学：子游、子夏。”（《论语·先进》）

这个宰我，实则是对于老师的礼乐思想，有着深切的领会，并给予着理解。如他在受老师的派遣出使楚国的时候，楚昭王要把一辆华丽的车子送给孔子。也许我们会觉得，这个楚昭王，不把车子送给鲁国的掌权的大夫，而是送给一个纯粹的知识分子，是不是有点“迂腐”？其实，春秋的末期，特别是到了战国时代，知识分子是受到了空前的重视与“爱戴”的。

从宰我对于楚昭王的赠车所持的态度与做法上，也可以领会孔子礼乐思想的精华。对于这辆华丽的车子，宰我是代表老师进行了拒绝。他拒绝的理由很实在也很光明正大：“孔子言不离道，行不违仁……道行则乐其治，不行则乐其身。此所以为夫子也。若夫观目之丽靡窈窕之淫音，夫子过之弗之视，遇之弗之听也。故知夫子无用此车也。”（《孔丛子·记义》）

孔子的礼乐之道，便是一个“仁”字。

我们不妨再从孔子对待自己的两个学生的“见义勇为”上，体会一下孔子礼乐思想的真实内涵。

一件是子贡做的。有一次，子贡在国外遇到一些沦为奴仆的鲁国老乡。子贡是个富人，又是个仁人，看到这种情况当然于心不忍，于是就出钱把他们赎回了鲁国。恰巧鲁国有一个规定，即凡赎回在外为奴的鲁国人，赎金由国家支付。但是子贡觉得仁人不能赎回了人再让国家掏钱，坚持自己花钱办好事。孔子知道后，却并没有多少赞扬，反而说，如果都像子贡这样，以后鲁人再被拐卖，谁还再去赎呢？

另一件好事是子路做的。子路遇到一个落水者，便毫不犹豫，跳下水费了周折把落水者成功救起。落水者的家人无以感谢，就以一头牛表示谢意（谢礼相当重）。子路也没有推辞人家的谢意，欣然接受，并将牛牵回家来。孔子知道后，大加赞扬：好好好，以后再有这样的情况，就会有更多的人施以援手了。

从这两年事，我们可以看出，孔子礼乐中的仁爱，是一种君子之仁，也就是一种发根于现实基础之上的大仁大爱。

第十五章 离鲁流亡

孔子曾经说过："苟有用我者，期月而已可也，三年有成。"（《论语·子路》）仕鲁已经四年的孔子，确实没有食言，他已让鲁国得到了很大的改观，一个稳定而趋繁荣的局面正在出现。集市上的价格开始公平合理，没有了欺行霸市的现象，外地人到了都城曲阜，也不必向官员送礼求情，都能受到周到的接待。而夹谷会盟的胜利，更让鲁国在诸侯国中提高了威望。"堕三都"虽然以失败告终，却也向列国显示了改革的态度与治理国家的决心与力度。这一行动，不仅像一颗炸弹在鲁国引起上上下下的强烈震动，也在列国尤其是东面的接壤邻居齐国引起了巨大的震动。一种蓬勃向上的气象正在形成，人们似乎已经看到鲁国的团结而又强大的未来。

但是这一切却不得不戛然而止。

这不仅是鲁国的形势使然，也是整个列国的形势使然。知其不可而为之的孔子，注定还要碰更多的墙壁，而一个长达十四年的流亡之旅，正在等待着这个已经五十五岁的人。

这一次季孙氏的轻侮非同往常。他这是一种政治抉择的表示，是一种对于孔子政治观点与施政行动的一种强硬的否定。虽然看起来起因只是齐国的八十个盛装美女和一百二十四华丽的文马，只是季孙氏的"三日不听政"，只是这一块祭祀后的燔肉——但是孔子内心里十分清楚，他的理想与追求，实质上是与以季氏为代表的"三桓"势力水火不相容的，而他一介儒生（最多只是有一些也是儒生的学生），是无法与他们抗衡的。不知是暗藏着杀机还是孔子有着强烈的愤怒，五十五岁的孔子走得十分匆忙。虽然那次离齐也是这样的匆忙，匆忙得只好边走边把正淘着的米滤干。但是这次是离开自己的故里自己的国家呀，他却仍要匆忙得连春祭时戴的礼帽也来不及脱下——"不脱冕而行"（《孟子·告子下》）。

"不脱冕而行"的孔子，突然想起自己的学生闵子骞。那时的季孙氏还对自己保持着信任吧？从他对于自己学生的信任上就可以看出来。季孙氏重用子路。继而又想让闵子骞为费邑宰。这个费邑，可是南蒯反叛、阳虎反叛、公山不狃反叛的根据地，而季孙氏却要让孔子的学生担当此任，这个信任是不小的。可是以孝闻名的闵子骞，却拒绝了这一任命。“季氏使闵子骞为费宰。闵子骞曰：‘善为我辞焉。如有复我者，则吾在汶上矣。”（《论语·雍也》）以当今看，这只是一个县长的职务。如果以一个国家来论，则也可算是个省长了吧？可是贫穷的闵子骞不为所动，坚决地对季孙氏的使者说：“好好地替我辞掉吧！若是再来找我的话，那我一定会逃到汶水之北去了。”汶水之北，是鲁与齐交界处，也就是说，再逼我为官，我是要逃到国外去了。要知道，闵子骞只比孔子小十五岁，正是当官做事的年龄。难道是他早已想到老师与季孙氏最终必然的决裂，或者他早已体察出了老师的去位之意？

匆匆的孔子更是恋恋不舍。那里有他与母亲相依为命的阙里，那里有他父母长眠的墓地，那里有他设教授徒的杏坛和留下的众多学子，那里有他呕心沥血了四年的鲁国政坛，当然，那里还有他的妻子他的儿子女儿……

国境线上，离鲁的孔子徘徊复徘徊，回望再回望。天这样晚了，暮色已经四笼。跟随的学生们催着老师，该走了，总得走呀。可是他们的老师，还是久久不能迈开离鲁的大步。

这个春天的夜晚，孔子与他的学生们，就住在鲁国边境上的一个叫屯的地方。

那是谁呢，在这种时候，前来送行？噢，那是一个与孔子相熟名叫师己的乐师。孔子对于音乐是有着深厚的造诣的，他不仅在乐与歌中寄托着礼，还在乐与歌里放置着自己难以为世理解的性情与理想。

夜幕已经将一切都抹得混沌一统，但是唯独鲁国在他心里清晰如朗日照耀。师己知道眼前的这个人正痛苦着，他不知道该怎样去抚慰。他只是不由自主地说：“先生，您是没有过错的。”孔子感动着，他知道不仅是眼前的这个师己，还有鲁国的士子鲁国的百姓，也会有着这样的想法。当然，有这种想法的，一定还有鲁国的国君，那个傀儡一般的鲁定公。

夜色里，有春风拂来，带来泥土与花草的气息。孔子对师己说：“我们唱一首歌吧。”于是，有歌声在这春天的夜里荡漾开来：“彼妇之口，可以出走；彼妇之谒，可以死败。善优哉游哉，维以卒岁！”（《史记·孔子世家》）

只是，谁能够听懂这歌声背后的忧伤与愤懑呢？

公元前四九七年（鲁定公十三年）至公元前四八四年（鲁哀公十一年），十四年的流亡生涯就要开始了。从五十五岁到六十八岁，四处碰壁却上下求索不已的孔子，就要走过他人生最为艰难也最为丰富的阶段。

那是一个动荡不已、变化频仍、礼崩乐坏、裂变与整合交互进行的时代。同时又是一个欲望丛生、思想疯长、竞争炽热、人才可以自由流动的时代。只有这样一个时代，才能够出现这样一种空前绝后的现象——大知识分子的孔子带着他的一班学生——大多说有数十人，我认为最多也就是十几人，《语论》中出现过的不足十人，不然，交通、吃饭、住宿等都会成为大问题——为实现自己的理想，用了整整十四年的光阴，流亡列国，推销自己、推销自己的思想与理想，虽一再碰壁却在列国发生着轰动，并在中国历史上留下了斑斓的故事。

孔子此行的目的，当然是为了“求仕”“行道”“教学”。五十五岁的孔子，尤其有了鲁国四年从政的实践之后，他的“行道”雄心——克己复礼，以仁德政治平治天下——似乎更加勃发而不可抑制了。他觉得，天下之大，不信没有实现自己理想的地方。“此处不留爷，自有留爷处”，更何况孔子及其学生的名声，已是“名闻遐迩”了。当然，在那样的时代，没有现代印刷下的现代文化建设，也没有现代交通下的现代商业，要实现自己的理想，只有“出仕”一途。所以，十四年流亡列国之旅，也可以称之为求仕之旅。尽管在他的“求仕”之旅中，经常要与君、大夫、隐士、学生等各种人进行多种有关政治、历史、学术及伦理道德等方面问题的研讨活动，当然还有随时随地的教学活动，但是这些都不是主题，主题只有一个，那就是找到一个能够理解他并任用他的贤明的诸侯君主，让他将在鲁国未完成的事业进行到底。

虽然他为中国的知识分子带了一个依附帝王君主的坏头，但是他的那种屡挫屡起、奋斗不止的精神，他的那种虽找“明主”却也不失自己的理想、并始终坚守自己独立主张的站立人格，却也为后世的知识分子留下了一份宝贵遗产。任何政治理想的实现，都或多或少要依附于一个强大的势力集团。而知识分子的从政历程，从来都是天下黄河九十九道弯。

司马迁“孔子明王道，干七十余君，莫能用”之说，虽然道出了孔子到处碰壁的历史真相，但是“干七十余君”显然过于夸张。其实在这十四年之中，孔子真正到过并有资料可证的国家，也就是卫、陈、曹、宋、郑、蔡六个国家，而且还不是齐、楚、晋、秦等这样的大国。他经过停留并有记载的地方，也就是卫国的匡、蒲、陬和楚国的叶。这些国家和地区，大多分布在现在的山东、河南两省，北没过黄河，南未达长江，也就是在方圆一二千里的地方转悠。而在这十四年之中，大部分时间又以在卫（近十年）在陈（三年）为主。即使在对孔子最为礼遇的卫国，孔子也没有受到真正的任用。终其流亡求仕之旅，甚至没有一个诸侯国能够像鲁国季桓子那样重用过孔子。《孟子・万章下》说：“孔子有见行可之仕，有际可之仕，有公养之仕。于季桓子，见行可之仕也；于卫灵公，际可之士也；于卫孝公，公养之仕也。”“见行可之仕”，即有希望实行自己主张的官；“际可之仕”，是受到礼遇的官，得到了尊重，却不得重用；而“公养之仕”，则更要差一些，仅仅是受到供养，也就是管你吃住罢了。

在《礼记·礼运》中有这样的话：“孔子曰：‘於乎哀哉！我观周道，幽、厉伤之，吾舍鲁何适矣！’”孔子曾经这样的叹惋过：“可悲啊！我看周代的制度，由幽王、厉王破坏尽了。目前，除鲁国之外，还到何处去找呢？”这个一生对周礼有着痴迷的人，怎能不对保存着周朝典章文献的自己的国家，有着深深的留恋？可是他却不得不走上流亡之路了。好在他不是第一个走上流放之路的人。他之前，那个持不同政见者共工与驩兜，就曾被舜流放于幽州与崇山。他之后，有个叫屈原的人，又被流放于汨罗江畔。

孟子是对孔子真正理解的人。

在《孟子·万章下》中有这样的话：“孔子……去鲁，曰：‘迟迟吾行也，去父母之道也。”“迟迟”二字，既说出了孔子对于鲁国的难以割舍，又预示着他的流亡列国之旅的艰险无望。

是啊，迟迟吾行也，迟迟吾行也……

第十六章　流亡列国：子畏于匡

孔子流亡列国的首站便是卫国。

孔子离鲁没有再去东边的齐国。虽然齐国是大国，但是孔子早已在夹谷会盟的时候，得罪过齐景公。而造成自己离鲁的直接原因，正是齐国向鲁赠送女乐之事。

西行来卫，不仅因为卫国与鲁国接壤，还因为卫国、鲁国是兄弟之邦，“鲁卫之政，兄弟也”（《论语·子路》）。鲁国为周公之后，卫国为康叔之后，周公与康叔是骨肉同胞，所以政治情况也相似，保存了不少周朝的文化和周公的流风遗政，像兄弟一样。更因为卫国以贤人君子多而闻名列国，如贤大夫颜浊邹、蘧伯玉等。而颜浊邹又是孔子学生子路的妻兄，正是他们师徒可以落脚的地方。

刚至卫国边界一个叫仪的地方，管理边界的“封人”就要求与孔子谈谈。

学生们先是以老师旅途劳累挡了驾。但是封人有他见孔子的理由，他向孔子的学生们说：“有道德、有学问的人我见过的多了，他们到了我这个地方，每个人我都见过。我知道你们的孔老师是个大学问家，又当过鲁国的上卿，但是见见我总是可以的吧？我也不用说这也是一种惯例的话了。”孔子是个讲礼的人，对于封人的请求，他不能拒绝。到底他们相见时谈了什么，怎样谈的，历史资料中没有记载。只有《论语·八佾》中这样记述说：“仪封人请见。曰：君子之至于斯也，吾未尝不得见也。从者见之。出曰：二三子，何患于丧乎？天下之无道也久矣，天将以夫子为木铎。”封人的话很值得回味。他见过孔子出来就对孔子的学生们说：“你们诸位不必担心了，文化衰落不了，你们的老师失去鲁国上卿的位置也没什么了不起。是的，天下乱得不可收拾，文化也已凋零不堪。但是有了你们的老师，天下的文化就有救了，因为是上天降生了孔子，让他的学问道德去影响后世，也让他去作警醒世界的木铎，成为世人的向导。”

木铎，古代手摇的铜铃，以木为舌，声音温润朗亮，用作宣讲或作警惕用的，如佛家的磬。

封人的理解，肯定让学生们相当振奋与亲切。这是他们十四年流亡生涯的第一站，而第一站就遇到了对于老师这样高的评价，怎能不在师徒之间激起欢乐的气氛呢？被迫离开自己国家的惆怅，也就暂时淡化了一些。

当他们走近卫国的国都帝丘（现在河南濮阳附近）的时候，更被卫国的繁荣所吸引，师徒们由此进行了一次著名的讨论。而这次著名的讨论所得出的结论，我们至今也还没有完全做到做好。

孔子赶往卫国的时候，当然没有汽车更没有火车，而是以牛车代步。为孔子赶车、搞服务的，就是他的学生冉有，名求，字子有。冉有有才艺，长于政事，曾率兵打仗，出使他国，协助季氏进行田赋改革等，孔子称赞他是“千室之邑，百乘之家，可使为之宰也”。但是同时又因为他长期为鲁国季氏家臣，受到孔子的批评，“季氏富于周公，而求也为之聚敛而附益之”，并要“鸣鼓而攻之”。批评也好，表扬也罢，师生间的平等和谐是改不了的。

见到卫国的繁荣，孔子禁不住感叹开了：了不得，真繁荣呀！听到老师的感叹，正赶着马车的冉有就问老师：“像这样繁荣了，再进一步该怎样做？”他这是向老师求教，又是在考问老师。孔子的学生对于老师都很大胆的，也无拘无束。孔子见学生提出了一个大问题，当然得郑重回答，也是一次教育学生的机会。他说：“繁荣了，各种事业发展了，但是这都不值得骄傲，还要把经济搞上去，让人民富裕起来。”我常常想，大哉孔子，他“大”在何处？他大在那颗“仁”心，大在那颗忧国忧民忧世的仁心。看到别国的繁荣，他没有妒嫉，更不去污蔑，而是由衷的高兴，并指出一个根本的问题：让人民富裕起来。

冉有真不愧为孔子的学生。他并没因为老师的回答而唯唯诺诺地到此为止，而是接着追问：“社会繁荣了，人民也富裕了，那么就完了吗？还有进一步要做的事情吗？”孔子立刻回答：“那就是办好文化教育了。”

想想我们半个多世纪来的历程，繁荣来之不易，而知道以经济为中心、让人民富裕起来过上所谓的“小康”生活，是付出了巨大的代价、经过了漫长的岁月的。而明白富裕之后的文化教育的重要，恐怕还是我们正待解决的事情。我们不是至今还在打“文化搭台经济唱戏”这个忽略文化教育的口号吗？只是我们忘了，我们的孔子早在二千五百多年前就已经给我们说过了，敲过了警钟了。可是我们却把这个警世的“木铎”忘记了。让我记下这段话吧——

子适卫，冉有仆。子曰：庶矣哉！冉有曰：既庶矣，又何加焉？曰：富之。曰：又何加焉？曰：教之。（《论语·子路》）

这样繁荣的地方，其管理者当是不差的，师徒们就在这卫国的都城帝丘住了下来。到底是住在了子路的妻兄颜浊邹家，还是在帝丘赁房而住，我们且不管他，倒是这些个客居他乡的旅人刚住下不久，就让清远而又惕厉的击磬声传于帝丘的僻巷间了。

击磬的就是孔子。

磬是古代用玉石之类的材料制成的敲击乐器。孔子曾经学琴于师襄，而师襄又称击磬襄，或许孔子的击磬就是学于师襄？求仕的孔子，此时刚在卫国住下，当然还没有见到卫灵公。离鲁远行的孔子，对于茫茫的未来，更是没有一个固定的栖所和明晰的归宿。流亡者的孔子，却能让自己沉于音乐之中，击磬自道又击磬自遣，将天涯羁旅当作向上人生的一段风景，虽然有不满愤世之意，却又有天地间只有我一人的忘情怡情。这是非同寻常的心胸，是一种道德人生、艺术人生、乃至于庸常人生的融铸与化凝。

想不到完全是“意识流”之类的磬声，竟然能够引起一个农人模样的汉子的注意。他背着劳动的草筐，停在孔子的门前，仔细地听着。“子击磬于卫。有荷蒉而过孔氏之门者”（《论语·宪问》）。听着，这个“荷蒉者”就自言自语着，“这个敲磬的人，可不是个凡人，这磬声，载着多少事情啊！只有一个心怀天下的人，才能有如此如泣如诉又辽远得声声干云。”“曰：有心哉，击磬乎！”（同上）是什么深潜的东西攫住着这个背草筐的人？他索性放下草筐，更深入在磬声里。听着听着，竟忍不住同情起这个击磬的人来。

孔子的学生们，也感到奇怪，奇怪一个农人竟能够对老师的磬声如此入迷。更让他们奇怪的，是这个农人竟然又批评起老师来。只见他边听着磬声，边责怪着：“太拗了太拗了，自信得有点不自量了吧？你这不太苦了自己吗？该放手就得放手，这个世道已经糟糕成这个样子了，你一个人是救不了的。要是有一点可救药处，你尽力做好了。可是已经是病入膏肓回天乏术了，没有人知道你理解你，你就做个隐士好了，也比你这样硬做得好。这好比过河，河水浅一些还可以将衣服提起来趟过去，可是现在河水都深得没顶了，再怎么弄衣服也是个湿，还不如干脆不管衣服的事游过去就是了。”“既而曰：鄙哉，硁硁乎！莫己知也，斯己而已矣！‘深则厉，浅则揭。’”（同上）

学生们也看出了这是一个打扮成农人模样的高士。便把他的话与表情告诉了孔子。“子曰：果哉！末之难矣！”（同上）孔子停了磬，惊奇却又坚定地说“真是这样吗？最后的结局是很难预料的，难道我的‘道’就没有通行的地方吗？不做怎么会知道呢？”末之难矣，是一股百折不挠之气，而那些把孔子当成神当成圣当成教主的腐儒们，则把“末之难矣”当作“没有什么困难”解释，好像孔子无所不能一样。从“有荷蒉而过孔氏之门者”看，孔子与他的学生们，刚到卫国应当是租赁房屋而住，不然，如果住在子路妻兄颜浊邹家，则不会说“过孔门”，而要说“过颜门”了。

就在孔子这一段话的前面，也就是《论语·宪问》第三十八节，记着另一件事，也是一位隐士论说孔子的事。“子路宿于石门。晨门曰：奚自？子路曰：自孔氏。曰：是知其不可而为之者与？”不知这个石门在卫国的哪个地方？子路又为什么要晚上住在这个地方？但是当子路说到自己来自孔先生那里时，这个看城门的隐者一下子就猜到了是孔子，而且很自然地给予了“知其不可而为之”的评价。可见孔子当时的名声有多大，可见孔子“知其不可而为之”的精神影响有多大。这种精神就是明明知道做不到行不通还要硬做硬行，也就是那个磬中所表达的百折不挠的精神。这种精神，是孔子贯穿一生的精神。论思想的深邃、学问的精深与人性的博大，老子庄子也许强过孔子。但是他们所不同的，就在于一个知其不可而不为，隐入山水，隐于僻壤，独善其身独安其身；一个却要知其不可而为之，碰壁碰得头破血流或者四处流亡无家可归，还是意气风发不改初衷，只顾向前。

这就是孔子。如果说真的是“圣”，那么他就圣在这个地方、这个为别人难学的地方（不管是常人还是高人）。这种精神，在其后的“子畏于匡”的著名事件中就得到了验证。

还是先说一下孔子在卫国的状况吧。

卫国虽然是个可留之国，但是卫灵公却不是个可与之共谋大业之人。在卫居住十个月之后，孔子有了去晋一试的想法。晋国与鲁国相似之处在于，都是公室形同虚设，而让卿大夫实际掌握着国家权力，鲁国是季氏，晋国是赵氏。

据传，孔子曾经到了黄河边上向着晋国瞭望。但是就在这个时听到了赵氏杀害“晋贤大夫”窦鸣犊、舜华的消息，所以才有了临河不济的感叹“美哉水，洋洋乎！丘之不济此，命也夫！”（《史记·孔子世家》）并就自己的感叹向子贡解释说：“窦鸣犊、舜华晋之贤大夫也。赵简子未得志之时，须此两人而从政；及其已得志，杀之乃从政。丘闻之也，刳胎杀夭则麒麟不至郊；竭泽涸渔则蛟龙不合阴阳；覆巢毁卵则凤皇不翔。何则？君子讳伤其类也。夫鸟兽之于不义也，尚知辟之，而况乎丘哉！”（同上）

也是在这个时候，赵鞅家臣佛肸做中牟的长官。就是赵氏与晋国范氏中行氏发生内战的时候，佛肸据中牟反叛了赵氏。他知道孔子正在四处求着出仕，便派人邀请孔子到他那里去。正当孔子打算去的时候，子路表示了反对，反对的理由似乎还很正当：“我听老师说过：‘亲自做坏事的人那里，君子是不去的。’现在佛肸自己占据中牟闹独立，您却想去帮忙，这是为什么呢？”孔子最后当然是没有去。但是孔子的回答却也在理：“我是说过这句话。但是我也说过，一个很坚硬的石头随便你怎么磨它也不会碎，一块真正洁白无瑕的玉，无论如何也染不黑它。并说我不能像个匏瓜一样只挂在树上当摆设而不给人吃。（见第九章里）”

也就是在他们这次离卫赴晋的途中，发生了“子畏于匡”的著名事件。

关于“子畏于匡”事件所发生的地点，有的认为是发生在孔子离卫赴宋的途中，而钱穆先生等人则认为是发生在其离卫赴晋的途中，并认为“子畏于匡”并非因为孔子长相与阳虎相似、而当年阳虎又强暴欺负过匡人、所以为匡人所围。钱穆先生考证的结论是卫之匡、蒲在陈留长垣县，该县有匡城蒲乡，是孔子及其弟子经过匡蒲之地时，适逢公叔戌率蒲人反叛卫灵公。公叔戌害怕孔子及其弟子帮助卫灵公，所以才将其团团围困。

钱先生还认为“子畏于匡”与“蒲人拘孔”实则一个事件，即孔子与阳虎貌相似可以一言释之，且颜渊与孔子同行，拘则同拘，不可能只余颜渊一人在后。

我同意钱先生的观点，只是认为孔子与阳虎长相相似，也可能在公叔戌围困孔子及其弟子时，有人说孔子是阳虎，而使围斗形势更趋紧张。但是不管怎样，孔子及其弟子在这一事件中的一些表现，历史记载却是一致的。

如孔子的临危不惧。子畏于匡，被阻以至被围被困，肯定还有激烈的打斗。如《史记·孔子世家》载：“孔子去陈过蒲，会公叔氏以蒲叛，蒲人止孔子。弟子有公良孺者，以私车五乘从，斗甚疾。”

一个“畏”字，把当时的危险紧急尽皆描出。在这样激烈而又危急的时刻，感到情势严重的孔子没有一点慌乱。他向他的众多弟子说，没事，你们放心好了。周文王死了有五百年了，中国的文化已经衰落得不成样子，如果上天一定要把中国文化的命脉给断了，那么就应当是我一辈子也不会接触到文化。可是事实你们是看到的，我老孔是在承担着中国文化的承前与启后的责任。假如说上天无意断绝中国文化的根本，而要让它流传并发扬光大下去，那么这个文化肯定是还存在着，那么，还是那句话，我老孔就在承担着这个承前启后发扬光大的责任。既然这样，你们就放心好了，我死不了，匡人也不能把我怎么样，“天之未丧斯文也，匡人其如予何？”（《论语·子罕》）他这是在说自己，也是在教育大家，他要让学生们与他一道，以“舍我其谁”的气概，担当起中国文化复兴的重任。

又如生死与共的师生情谊。《论语·先进》载：“子畏于匡，颜渊后。子曰：吾以女死矣！曰：子在，回何敢死？”这一段记载，首先让我们看出了这个事件可生可死的严重性，在激烈的打斗之中，颜回失散不见了。见不到自己所爱的学生颜回，老师难过地说，真是把人急坏了。等到颜回散而复见，老师的高兴得很，也就把自己的担心脱口而出了：“我以为你已经被杀死了呢！”颜回真是贤人，他的回答将千般情谊尽融于几个字间：“老师，你还在，我怎么敢先死呢？”

镇静的孔子，在危难当头之际，又有着相当的灵活性。既然已经证明是孔子不是阳虎，那就只剩下一个能够活命的条件：答应叛乱者公叔戌的要求，举行盟誓，不得再回卫国。谁知盟誓刚过不久，他们却又接到了卫国贤大夫蘧伯玉的信，卫灵公邀请孔子一行返回卫国。

何去何从？弟子们的意见也不一致。有的说刚刚盟誓，迅即违盟，要得天谴。有的说不用管什么盟誓，应当回到卫国。大家当然急于想听到老师的意见。子贡首先将问题向老师提了出来："盟可负邪？" 孔子不假思索，立即回答："要盟也，神不听。"威逼要挟下的盟誓，神不承认，不作数。

这也是孔子。

于是孔子领着他的学生，又回到卫国。这是在公元前四九六年春天（鲁定公十四年）。

第十七章　流亡列国：子见南子

卫灵公对待孔子重返卫国相当重视，他亲自到卫都郊外去迎接孔子一行。被一国之君迎至郊外，这可以说是孔子十四年流亡生涯中仅有的例子。

根据《孟子》记载，这次重返卫国的孔子师徒，就住在子路的妻兄颜雠由家（即颜浊邹）。颜雠由向子路说，让孔子住在我家吧，他可以当上卫国的卿大夫。

作为卫国大夫，颜雠由在卫灵公接见孔子并际遇孔子这件事上，肯定起到了重要的作用。现在想来，卫灵公其实是一个对待人才相当不错的国君，他并不是只想让孔子仅仅装潢门面，这里面更有着一种欣赏。加上孔子已经很高的声誉，又做过鲁国的上卿，所以卫灵公对待孔子相当尊重，也有着爱惜的心情。卫灵公在与孔子初次相见的时候，就询问孔子在鲁国的待遇，孔子说“俸粟六万”，是指六万小斗，也就是领取实物薪水粮约合二千石。卫灵公听完后二话没说，就答应也给孔子二千石的待遇。行道先得谋生，二千石对于孔子与他的十几个学生来说，生计的无忧也就为谋求行道打下了一个可观的经济基础。

只有俸粟，没有谈到具体的职务。即使史书上也没有记载孔子在卫任职一事，但是既然把卫灵公的“际可之仕”区别于卫孝公的只有俸粟没有职位的“公养之仕”，那就是一定有着职务的。可能虽有职务却也是不重要的职务或者一种虚职、荣誉职，使孔子不能有所作为，史书上也就从略了。

在卫不能有所作为的孔子，却让“子见南子”一事，在他的十四年流亡之旅中，留下了浪漫而又有些亮色的一笔。

灵公夫人南子是宋国女人，长得十分俊俏，又富有风情。而我们的史书与大人先生们，又总是对漂亮女人有着根深蒂固的偏见。所以漂亮的南子也就有了“淫行”，并且有鼻子有眼地记录着她与宋国一个叫朝的贵族公子相好，而且还说因为她而使卫国发生了争夺国君位置的内乱。

卫灵公的世子是蒯聩，说他反对母亲南子所谓的淫乱行为想杀死她而未成功，才出奔晋国，投靠了赵鞅。等到卫灵公去世，卫立蒯聩的儿子辄登上了君位，即为卫出公亦称卫孝公。以至于卫国君位的继承问题成了一个“国际”问题，引起了大国齐、晋的介入。如晋国赵鞅支持蒯聩回国与儿子争夺君位，帮助他在晋卫边境一个叫戚的地方住了下来，而齐国则协助新君辄把戚地包围了起来。其实，我想蒯聩的企图杀母，只是以“淫行”为幌子罢了，实质应当还是权力的争夺，只是具体细节我们无从知晓了。

“子见南子”，其主导是南子，是南子要见那个大名鼎鼎的孔子。

司马迁的《史记·孔子世家》是这样说的：“灵公夫人有南子者，使人谓孔子曰：‘四方之君子，不辱，欲与寡君为兄弟者，必见寡小君。寡小君愿见。”

灵公夫人南子不仅想见孔子，还很迫切。司马迁不愧为写史的圣手，南子想见孔子的口气栩栩如生——各国的君子（请注意，人家南子要见的是“各国的君子”，并不是污七八糟的人），凡是看得起我们国君，愿意与我们的国君建立像兄弟一样交情的，必定会来见见我们的南子夫人的。我们的南子夫人说了，她也愿意见见您。

《史记》对子见南子的过程写得有声有色，至今读来还让我们如见其人如闻其声。司马迁太爱孔子了，孔子的一生坎坷与自己的一生坎坷，都让他产生着惺惺相惜的情结。于是他的记录也便是孔子对于南子的求见一再推辞，并且见了之后还“于是丑之，去卫，过曹。”不过司马迁到底还是有着知识分子了的一颗良心，所记场景应当是基本符合事实的吧。司马迁是这样说的：“孔子开始还推辞谢绝了一番，最后不得已才去见她。南子夫人坐在葛布做的帷帐中等待。孔子进门后，而朝北叩头行礼。南子夫人在帷帐中回拜了两拜。她回拜时，所披戴的环佩玉器首饰发出了叮当撞击的清脆声响。事后孔子说：‘我本来就不愿意见她，现在既然不得已见了，就得还她以礼。’”

这个南子夫人真是个了不起的人。她并不怯那些个有头有脸有名有望的君子，她的不怯，除了自己的国君夫人的位置外，不是在内心深处也有着与他们对等、做人做事不弱于他们的想法吗？当然，这个南子也许还有着丈夫的气概与君子一般的见解。还有，好见君子，这不也是一种好学精神下的好奇心吗？当然，人们还会不自觉地就服从了女人不得参政的“古礼”，甚至会不自觉地认为她们参政就是僭越，非有点什么“越轨”行为不可。她的非要见孔子，里面甚至是否还有点恶作剧的味道？你孔子不是天下最知礼的吗？好吧，我就看看你怎样跪拜，我就看看你敢不敢正眼看我南子。“孔子入门，北面稽首。夫人自帷中再拜，环佩玉声璆然。”

当然，子见南子无法与孔子见老子相比，但是却有着另一种孔子见老子所没有的风味。尽管事后孔子好似“后悔”得不轻，又赌咒又发誓，但是南子在他心中留下的愉悦是肯定的。他的学生中没有女性，他也说过“唯女子与小人难养也”，而后世许多人为了把孔子“护守”得又神又圣，甚至把孔子上面的这句话解释为见了南子之后才说的，以示孔子的“清白”。但是，我倒宁可相信，与南子的相见，或许会是对于他的妇女观的一次矫正。

子见南子之后，首先表示不满的是子路。他是有着根据的，因为西周礼法，有着“男女授受不亲”的规定。看着满脸不高兴的子路，孔子只得郑重地说：“予所否者，天厌之！天厌之！”（《论语·雍也》）对于这段话，有的解释为“我假如不对的话，天厌弃我吧！天厌弃我吧！”有的解释为：“假如我做了对不起人的事，给天雷打死！给天雷打死！”这样解释当然生动，但是却把大哉的孔子放在了一个偷嘴吃的小孩子的位置上。这里，台湾南怀谨先生理解得有新意，也似乎更贴近事实。孔子的意思是在说你们对南子的看法不对。他说我所否定的人、认为不可救药的人，一定是罪大恶极的，不但人讨厌他，天也讨厌他，那么这种人我是不会与他来往的。可是南子不是这样的人，南子也不是你们议论的那种人。虽然孔子没有具体说出南子好在哪里，但是对她的肯定是存在的。

而且南子的好也是明摆着的。且不说卫灵公十分迷恋她，就是查查卫国的历史，她也没有什么劣迹。当时卫国的政治，在列国间还算是好的，不然孔子也就不会让自己十四年流亡岁月中的将近十年都在卫国度过。卫灵公敬重孔子，南子也敬重孔子，这是不言而喻的。难道一个国君敬重一位贤者是美德，而一位女性敬重一位贤者就成了一桩罪状？况且这个宋国的俏女子，在自己情窦初开的时候与那个闻名于列国的俊男子宋朝有过相恋的经历又有何不可？这不是一件很美丽的事情吗？而且在《论语》中，连孔子都肯定了宋朝的美仪，“不有祝鮀之佞，而有宋朝之美，难乎免于今世矣”（《雍也篇》），意即没有祝鮀的口才，光有宋朝的美丽，在今天的社会里是难免要出事的。

后人对于南子夫人的批评，主要来自于这次相见一个月以后的又一件事情。即卫灵公与夫人南子同坐了一辆车，宦官雍渠陪侍车右。出宫后，让孔子坐在第二辆车子上跟从，并大摇大摆地从街市上走过。而且还有孔子对此事的一句评论“吾未见好德如好色者也”，并说孔子对此感厌恶，就此离开卫国，往曹国去了。我们如果挣脱了古人设下的绳套，平心想想，孔子的这句“吾未见好德如好色者也”，虽然有着对于卫灵公崇尚德行不够的不满，但是更多的，不也是对于“好色”的正当性的肯定吗？首先便是肯定了美色的好，进而说出了喜好美的东西，这是人的本性，而且是优良的本性，只不过孔子在这里倡导人们要像“好色”一样“好德”罢了。而且孔子所说的“好色”，与我们当今所说的“好色之徒”的“好色”，是有着根本的区别的。孔子是在说对于美色的欣赏与热爱，当然也就不含有淫邪的成分。

就因为孔子见了这样一个女子，历史就要没完没了地纠缠下去。直到“五四”运动开始十年之后的一九二八年，林语堂先生又编写了一出历史独幕剧《子见南子》，发表于十一月三十日的《奔流》杂志一卷六期，并因此酿出了轰动全国的“子见南子事件”。这个剧本发表之后的一九二九年，孔子的故乡曲阜第二师范学校的师生，将其改编成讽刺喜剧，并于当年六月八日晚的家长游艺会上公演。此事引起孔氏家族的强烈不满，孔传堉等人以“孔氏六十族人”名义控告曲阜第二师范师生“侮辱宗祖孔子”。后经国民政府派员调查处理，结果将校长宋还吾撤职，并开除了两个在剧中担任男女主角的学生与教师。孔传堉等的控告书中写道：“学生扮作孔子，丑末脚色，女教员装成南子，冶艳出神，其扮子路者，具有绿林气概。而南子所唱歌词，则《诗经》《鄘风》《桑中》篇也，丑态百出，亵渎备至，虽旧剧中之《大锯缸》《小寡妇上坟》，亦不是过。”校长宋还吾在答辩书中说：“本校所以排演此剧者，在使观众明了礼教与艺术之冲突，在艺术之中，认取人生真义。演时务求逼真，扮孔子者衣深衣，冠冕旒，貌极庄严。扮南子者，古装秀雅，举止大方。扮子路者，雄冠剑佩，颇有好勇之致……则各本《诗经》，均存而不废，能受于庭下，吟于堂上，独不得高歌于大庭广众之中乎……总观原告，满纸谎言，毫无实据。谓为‘侮辱孔子’，欲加之罪，何患无辞。纵使所控属实，亦不出言论思想之范围，尽可以公开讨论，无须小题大做。”教育部朱参事及山东省教育厅的“会衔呈文”称：“‘孔子见南子’一剧，确曾表演，惟查该剧本，并非该校自撰，完全根据《奔流》月刊第一卷第六号内林语堂所编成本，至扮演孔子角色，衣冠端正，确非丑末。又查学生演此剧时，该校校长宋还吾正因公在省。”八月十六日《新闻报》报道说：“十一日孔祥熙随蒋主席过济南时，对此事仍主严究。教长蒋梦麟监察院长蔡元培日前过济赴青岛时，曾有非正式表示，排演新剧，并无侮辱孔子情事，孔氏族人，不应小题大做。”鲁迅先生在《关于“子见南子”》一文的结语中评论说：“以上十一篇公私文字，已经可无须说明，明白山东曲阜第二师范学校演《子见南子》一案的表里。前几篇呈文，可借以见‘圣裔’告状的手段和他们在圣地的威严；中间的会呈，是证明控告的说诳；其次的两段记事，则揭发此案的内幕和记载要人的主张的。待到教育部训令一下，表面上似乎已经无事，而宋校长偏还强项，提出种种问题，于是只得调厅，另有任用，其实就是撤差也矣。这即所谓‘息事宁人’之举，也还是‘强宗大姓’的完全胜利也。”

明末清初的文学家李笠翁就说过，人生是台戏，历史也是台戏，而且演戏的只有两个人：男人与女人。

只可惜我们中国让男人唱独角戏的时间太过久长了。一个子见南子，刚出来了一个女角，又被我们丑化了。好在孔子在，记载孔子思想与生活行状的《论语》也在。

其实，孔子的离卫，是与南子没有多大关系的。主要还是卫灵公的不能重用孔子，孔子又有了在鲁国时的那种无望感、失意感。

《论语》与《史记》则分别记录了两个直接导致孔子离卫的事情，都与卫灵公有关。

《论语·卫灵公》说：“卫灵公问陈（阵）于孔子。孔子对曰：‘俎豆之事，则尝闻之矣。军旅之事，未之学也。’明日遂行。”卫灵公向孔子请教关于军事布阵方面的学问，孔子说礼乐文化方面的事情吧我还懂，军事布阵方面的事情我却没学过。其实孔子是懂军事的，如在公元前四八四年

（鲁哀公十一年），孔子的学生冉有率鲁军打败了齐国的侵略。在庆功会上季康子问冉有跟谁学的军事，冉有说是跟老师孔子学的。这里孔子之所以以不懂作答，显然是对卫灵公好大喜功、连年战争的不满。卫灵公于公元前五零三年（鲁定公七年）就会齐叛晋，附和于齐国与晋争霸的阵营，此后连年参与战争。孔子亲眼看到的就有公元前四九四年（鲁哀公元年）夏四月，会齐侯救邯郸、围五鹿，同年秋八月，会齐侯于乾侯，救范氏。这个时候正是晋定公失败，晋国赵鞅与范氏中行氏连年进行国内衅斗、兵争不已。他问阵于孔子的时候，正是准备伐晋援救他所支持的晋国范氏的时候。

《史记》则记录了这样一件事："明日，与孔子语。见蜚雁，仰视之，色不在孔子，孔子行。"卫灵公在一次与孔子聊天的时候，看到空中飞来了大雁，只顾抬头仰望，神色就不在孔子身上了，孔子因此离开了卫国。这是多么小的一件事情。要是这样的事情就可以让孔子生气以至于甩手离开，孔子的心眼也就太小了。其实最根本的原因还是卫灵公随着年纪的增大，不仅懒于处理政务，也不谈启用孔子的事情。孔子是在无法实现自己的理想的时候离卫的，与当年离鲁时的情况虽不一样，在本质上却是相近的。

第十八章　流亡列国：肃慎之箭

离卫适陈，大概在公元前四九二年（鲁哀公三年），这年孔子六十岁，正好是他的耳顺之年。

孔子与其弟子赴陈的旅途并不平坦。经过曹国，曹国没有接待。路过宋国，非但没有人接待他们，还遭到了宋国司马桓魋（亦叫向魋）的威胁与恐吓。

就在孔子及其弟子在一棵大树下习礼的时候，桓魋却指使一批强人涌来伐树，不仅态度强硬，嘴里还骂骂咧咧。这个桓魋表面上说是为了宋国的利益，说孔子一行在宋国的滞留将会给宋国带来极大的不安定，会危及到当政者的利益。但是真正的原因，则是因为孔子曾经给予过桓魋以严厉的批评。就是这个桓魋，为自己造了一口石椁，花了三年时间还没完工。孔子对此批评说："这样浪费，死了还倒不如快些烂掉好。"（《礼记·檀弓上》）

史书上记载说桓魋想杀掉孔子，我想倒是没有这么严重。他伐树就是伐树，不过威胁罢了。如果真是要杀，我想孔子他们也是抗不了的。即使没有杀的意思，但是要赶他们快些离开宋国的企图却是明摆着的。如果不识时务，继续在宋国待下去，结果恐怕要比伐树来得严重。所以孔子师徒也就决定早点离开，为了安全，他们还脱下了习礼的服装，换上不引人注意的便装，匆匆离开了宋国。"孔子过宋，宋司马桓魋恶之，欲杀孔子，孔子微服去。"（司马迁《史记·宋微子世家》）"微服去"，也就是化了装逃走。

可能有的弟子过于紧张，还惹出了孔子的又一次感慨："天生德于予，桓魋其如予何？"（《论语·述而》）上天将历史与文化的责任放到我的身上，他桓魋又怎能伤害于我呢？

虽然孔子沉着，但是毕竟形势紧急。我估计这个桓魋是有点凶恶的，不仅派人将孔子师徒习礼的大树伐掉，还在他们急急离开的时候有着追打的行为。躲避着，抵抗着，师徒们也就走散了。等到逃到郑国，落魄的孔子已经与所有的学生失散，一个人站在郑国一座城市的外城的东门处，东张西望地寻找着学生。郑国有人看见了孔子——我想一定又是一个隐者，不然不会看出孔子——就对他的学生子贡说："东门有个人，他的额头像唐尧，脖子像皋陶，肩膀像郑子产，可是从腰部以下比禹又短了三寸，一副狼狈不堪、没精打采的样子，像一条丧了家的狗。"特别是最后一句，"累累若丧家之狗"（《史记·孔子世家》），"累累"是颓丧憔悴的样子，而且还是一条颓丧憔悴的找不到家的狗，真是把孔子流亡时的窘迫情况说得活灵活现。

这本是一个有点悲壮凄凉味道的场景，孔子他们也确实到了走投无路的地步，况且还是一个六十岁的老人。但是，孔子总会在这样的时候，让人有着意想不到的化解困难的办法。当子贡将那个隐者的话原封不动地向他说出的时候，孔子出人意料地说，而且还是"欣然笑曰：'形状，末也。而谓似丧家之狗，然哉！然哉！'"形状不大重要，倒是说我像一条丧家狗，说得太对了、太对了！哈哈哈！

在这样的情景之下，一个走投无路的老人，还能有着"欣然"的心情，幽默地笑着，夸奖别人说得对。这个时候，让我们拿"大成至圣文宣王"的孔子与"累累若丧家之狗"的孔子相比较，哪个更真实、更能代表真实的孔子？其实，这种乐观不就是一种自信、正蕴藏着无尽的力量吗？还有，这还是一种胸怀。危难之中最见人的胸怀，胸怀大志者胸怀他人者，就能从长远着眼从容对之，只有心地促狭、阴私自图（这种人还往往会有一副伪善的面孔），就会惊惶失措，露怯出丑。像孔子，岂止是胸怀大志，他是将天下众生装在胸中，一个小小的桓魋等，当然是"其如予何"！当然，作为后人，我们可以从孔子当年对待逆境的态度学到许多书本上学不到的东西。但是从另外一个角度考量，在孔子欣然的笑容里，不是也透露出一种泪光吗？这样一个忧国忧民而又品德高洁有着大学问的知识分子，却要处于一种"累累若丧家之狗"的境地，这是谁的过错？而且还要让这种情况延缓再延续，让中国的知识分子受着不尽的折磨、怀着不尽的悲苦，这是为什么？想到孔子，学习孔子，就是要改变这种专制而又霸道的世道，建起一个平等而又自由的人的世道来。

郑国不仅无人接待这群流亡者，这个国家的世风之糜颓，也让孔子不能有长远的图划，于是他又带领弟子们直奔陈国。

根据《孟子》记载，“孔子微服而过宋。是时，孔子当厄，主司城贞子，为陈侯周臣”。到达陈国的孔子师徒，就住在司城贞子的家里。司城，本是宋官名，陈也有这样的官，贞子是他的谥号，有这样的谥号，当然是一位国内有名的贤君子。一路遭受冷遇的孔子师徒，骤然受到司城贞子的尊重与热情接待，一定会有一种宾至如归的感觉。是司城贞子，为陈湣公（陈侯周）推荐了孔子，也是司城贞子，让孔子下了仕于陈的决心。虽然是一个有名无实的职位，而且俸粟也没有卫国优厚，但是对于颠沛流离的孔子师徒来说，起码有了一个安居以图将来的地方。

孔子师徒在陈大致住了三年，即从公元前四九二年（鲁哀公三年）到公元前四八九年（鲁哀公六年）。三年时间，陈湣公还是仅仅把孔子当作一个他“礼贤”的摆设，致使孔子无所作为。在陈，历史上只留下了“肃慎之箭”的故事，证明着孔子的博学。

据《史记·孔子世家》载，孔子在陈期间，有一次他正与陈湣公或讨论问题或说着闲话。这时，突然有一只鹰从天上急速地落于庭院中的大树上，一会儿工夫，却又跌地而死。大家都很惊奇，围观的时候，发现这只鹰身上带了一支箭，箭头是由砮石制成，箭杆则是用楛荆木做成，箭长一尺八寸。这种箭的来历，不要说陈湣公身边无人知晓，就是天下知道的人也已经很难找到了。

是孔子给了陈湣公一个详细确切的答案。孔子告诉陈湣公，这种箭产生于北方的肃慎国。那是在周武王平定了天下之后，各国都把自己特殊的物品拿来进贡。肃慎国就是将这样的箭进贡给周武王。武王很欣赏，并命人在箭上刻下“肃慎氏贡楛矢”六个字，并将此箭分赏给了大姬（武王长女）配虞胡公而封于陈。这也是古代的礼制，分封给同姓的是珠玉，用来表示亲近；分封给异姓的是贡品，以志远服。说完，孔子还请陈湣公派人到仓库找找，看看是否还能找到这样的箭。让陈湣公惊奇不已的是，他的仓库中，真还找到了这样的箭，楛荆木的箭杆上，正镌刻着“肃慎氏贡楛矢”六个字。

在陈住了三年，恰遇吴国侵略陈国，陈国政局混乱，孔子师徒又不得不避兵离去。这一年是公元前四八九年（鲁哀公六年），孔子六十三岁。

第十九章　流亡列国：厄于陈、蔡

屡屡碰壁的孔子，想到了楚国。

也许他早就想到了这个国家。它的辽阔的幅员，它的国际地位，都会为孔子提供一个甚至比齐国还要大的政治舞台。但是当时的楚国毕竟还是一个被中原国家称为“蛮夷之地”的南方国家，风俗与语言都与中原之地存在着巨大的差异。但是当在中原各国到处碰壁、几尽无望的时候，孔子不能不将目光投向它。

从前面孔子流亡的经历看，凡与诸侯相交，总有贤君子而又居卿大夫之位的人为其搭建桥梁，以作引荐。而其时楚国正有一位名叫沈诸梁的贤大夫，被孔子选作了与楚国国君相交从而仕进的桥梁。因为他的采邑在叶，人称叶公，他也是中国著名成语故事“叶公好龙”的那个叶公，此时正驻守在楚地负函（现今河南信阳）。

公元前四九三年（鲁哀公二年），楚国伐蔡，蔡败而迁至一个叫州来的地方（今安徽寿县），而楚国就将原蔡国属地的民众迁徙至负函。正因为叶公是一个贤明的政治家，所以楚国才选任他去负函管理这些蔡国移民。

在他们一行向着负函进发的时候，正值吴国攻打陈国，楚国又救援陈国，战争打得如火如荼。行进到陈蔡之间，孔子师徒又一次陷入危险的境地。

关于这次危险，基本有两种说法。

一种说法认为，驻扎在城父的楚昭王听说孔子师徒正在陈蔡边境，便派人持重金前去聘请孔子。并且说楚昭王不仅要聘请孔子，还要“将以书社地七百里封孔子”，也就是说，要将有户籍登记的七百里的地方封给孔子。但是楚昭王封赏重用的想法却遭到了令伊子西的嫉妒。令伊子西向楚昭王连连发问“大王派往各诸侯国的使臣，有像子贡这样的吗”，“大王左右的辅佐大臣，有像颜回这样的吗”，“大王的将帅，有像子路这样的吗”，

“大王的各部主事官员，有像宰予这样的吗”等问。当楚昭王全部给予“无有”的回答时，令伊子西接着又步步紧逼地说：“况且我们楚国的祖先在受到周天子分封的时候，封号是子爵，土地跟男爵相等，方圆不过五十里。现在孔丘讲述三皇五帝的治国方法，申明周公旦、召公奭辅佐周天子的事业，大王如果用了他，那么楚国还能世世代代保有方圆几千里的土地吗？想当年文王在丰邑、武王在镐京，作为只有百里之地的君主，最终能统治天下。现在如果让孔丘拥有七百里的土地，再加上他的那些有才能的徒弟辅佐，这可不是楚国的福啊。”这些理由是充分的，楚昭王当然也就打消了重用孔子的想法。

基于同一个理由，当孔子正要前往楚国拜见楚昭王并接受聘用的时候，陈国和蔡国的大夫们却害怕了。他们的理由几乎与令伊子西如出一辙：“孔子是位有才德的贤人，他所指责讽刺的都切中诸侯的弊病。如今长久地停留在我们陈国和蔡国，大夫们的施政措施、所作所为都不合孔子的意思。如今的楚国是个大国，却来聘请孔子。如果他真的在楚国被重用，那么我们在陈、蔡两国掌权的大夫可就危险了。”于是，他们双方就派了一些服劳役的人把孔子及其学生围困在了野外。于是“绝粮”，没有了吃的。

另一种说法则认为，孔子的绝粮实则由于战争。战争之时，而且是频繁的战争，粮食本来就很短缺，况且孔子一行不只一人二人，而是一二十人，其吃饭问题如果没有诸侯或大夫的资助，立刻就会成为问题。即便他的学生中不乏富有资助之人，但是在战乱之时，空有金银财宝也是无法立刻就能换来粮食。这种意见并认为，当时楚昭王就在陈国的城父这个地方，子贡也不用远赴楚国请来救兵解围。

我同意后一种意见。前一种意见，无非是后世儒生为了给“累累若丧家之狗”的先师壮壮声威，好似说，你看，有人知道孔子并打算将七百里的地方封于孔子。七百里之巨，是比一般的诸侯国还在大的。这也叫一种精神会餐吧。况且，这样一种假设，也可以满足那些前赴后继的求仕的知识分子们的一点虚荣心。

但是，不管是哪种意见，有一点是肯定的：孔子师徒，确实在陈、蔡之间遇到了粮食断绝、没有食物的重大困难。

断粮不是一天两天，而是连续七天。七天没有吃的，这会危及到生命的安全。

跟从的弟子有的饿病了，有的饿得已经站不起来了。当然，还有一种不安的情绪正在弟子们中间蔓延。碰壁也好，艰苦也罢，总是在坚信着老师、跟随着老师。可是如今死亡的威胁正在慢慢逼来，而前面又没有一丝光亮。

不安之中，当然隐含着一种动摇。

孔子越发地镇静与安详了。我们都还记得，桓魋派人伐树的时候，孔子的镇静与安详，“天生德于予，桓魋其如予何？”；我们当然还记得，匡人围困他们师徒的时候，孔子的镇静与安详，“天之未丧斯文也，匡人其如予何？”。而今，断粮就断粮吧，天之未丧斯文也，天生德于予，“断粮其如予何”？！上天将承接并光大中国文化的重任放在了我老孔的肩上，断粮又能把我怎么样呢！

也是饥饿相煎的孔子，不停地给他的学生们讲课，不停地给他的学生们朗诵诗歌、唱歌、弹琴。这需要更大的消耗、更多的体力，对于一个六十多岁的老人来说，这一切都因为有着一个巨大的精神力量的支撑而成为可能。

大家被老师感染着，在饥饿中度过着一个又一个时辰。

到底是直肠子的子路忍不住了。“在陈绝粮，从者病，莫能兴。子路愠见曰：君子亦有穷乎？”（《论语·卫灵公》）莽子路满脸的不高兴，走过来对着老师质问着：“老师你天天讲道德讲学问，结果怎么样？现在同学们都快饿死了。还君子君子的，君子就该又饥又饿死倒霉？”真是一个教育弟子的最好的机会，孔子回答说：“君子固穷，小人穷斯滥矣！”（同上）别看只短短的十个字，却蕴藏着历史与人生的丰富的内涵——是的，只有君子才能够不怕穷与饥饿，因为他们虽然在这样的困境中，也会坚守自己的信仰毫不动摇，甚至会将这种困境当作磨砺自己提高自己的磨石与台阶。小人却不，正好相反，一穷一饥饿，什么样的坏事都可以干得出来。我们不妨想想、看看我们的周围，孔子说得多么正确。至于那些本来不穷不饿，非但不穷不饿，喝着人民的血却连根草也不吐，只知腐败、腐败着还要向人民板着个官僚脸的人，不是连小人也不如的吗？

对于这件事，《荀子·宥坐》中也有一段重要的记载：“孔子南适楚，厄于陈、蔡之间，七日不火食，藜羹不糁（san），弟子有饥色。子路进问之曰‘由闻之：为善者天报之以福，为不善者天报之以祸，今夫子累德、积义、怀善，行之日久矣，奚居之隐（穷困）也？’孔子曰‘由不识，吾语女（汝，你）。女以知者为必用邪？王子比干不见剖心乎！女以忠者为必用邪？关龙逢不见刑乎！女以谏者为必用邪？吴子胥不磔（弃市，古代的一种酷刑）姑苏东门外乎！夫遇不遇者，时也；贤不肖者，材也；君子博学深谋不遇时者多矣！由是观之，不遇世者众矣！何独丘也哉？’”

遇到这样的困难，连子贡的脸色也有些变了。孔子看在眼里，就问子贡：“赐啊（姓端木，名赐，字子贡），你认为我是博学强记的人吗？”子贡回答说：“是的。难道不对吗？”孔子说：“不是的，我是用一种基本原则贯穿于全部知识之中的。”（“非也，予一以贯之”——《史记·孔子世家》）这句话是有着弦外之音的，“一以贯之”，就是始终如一，始终不渝，并不会因为遇到困难如断粮之类，就会让自己的“仁”“礼”“君子”等主张随之起什么变化。

孔子知道弟子们因为连续的断粮，已经在心里产生了不满，也有一种紧张与害怕在纠缠着弟子们。他想，这样的机会也是很难得的呢，不妨将此困境作为一次特殊的教学实验、特别的学术研讨吧。也许，他们会在心里记忆一辈子，并让自己的人生境界得到一次真正的提高。

孔子最会因材施教，他安排大家挨个儿进来与自己进行一对一的研讨。

子路性急，那就先叫来子路吧。孔子问子路：“《诗经》上说，‘不是犀牛也不是老虎，然而它们却徘徊在旷野上’，难道是我们的学说有什么不对吗？我们为什么会落到这种地步呢？”直率的子路说着直率的话：“大概是我们的仁德还不够吧？所以人家不信任我们；或者是我们的智谋还不够吧？所以人家不放我们通行。”孔子知道这是大是大非的问题，不能有半点客气的，于是对子路说：“怎么能这样理解呢？仲由啊（姓仲，名由，字子路），假使有仁德的人必定能够使人信任，哪里还会有伯夷、叔齐饿死在首阳山呢？假使有智谋的人就能畅通无阻，哪里还会有王子比干的被剖心呢？”这样的假使，我们每个人不是都可以列出好多吗？

子路退出，是子贡进来见孔子。孔子还是提出了同样的问题：“《诗经》

上说，‘不是犀牛也不是老虎，然而它们却徘徊在旷野上’，难道是我们的学说有什么不对吗？我们为什么会落到这种地步呢？”子贡的回答与子路的有所不同：“老师的学说博大到极点了（饿得太厉害了，所以话中有了点讽刺的味道），所以天下没有一个国家能够容纳老师。老师何不稍微降低一些您的要求呢？”

子贡提出了一个严肃的问题，要让孔子降低自己的主张去适应各国诸侯。

孔子同意吗？尤其是在就要饿死的情况下。孔子是这样回答的：“赐啊，好的农夫虽然善于耕种，但是他却不一定有好的收成；好的工匠虽然有高超的手艺，但是他的作品却未必能使人们都称心如意（良农能稼而不能为穑，良工能巧而不能为顺——同上）。有修养的人能够更加坚定地研修自己的学说与主义，就像结网一样，纲举目张，依次进行，但是却不一定被人接受。现在你不去研修自己的学说坚守自己的主义，反而要降低自己的标准来苟合取容。赐啊，你的志向太不远大了。”

这回该轮到颜回了。这是孔子最得意的门生，当他们面临同一个“绝粮”困境的时候，他会有什么不一样的回答吗？孔子还是那样提出问题：“《诗经》上说，‘不是犀牛也不是老虎，然而它们却徘徊在旷野上’，难道是我们的学说有什么不对吗？我们为什么会落到这种地步呢？”

颜回的回答确实不一样，是一种崭新的角度，也体现出一种不一样的胸怀。颜回几乎是没有任何疑问地回答，好像这个问题他已经考虑了好久好久了：“老师的学说博大到极点了，所以天下没有一个国家可以容纳得下。虽然是这样，老师还是一如既往地推销推行自己的学说，不被天下接受又有什么关系呢？不被接受，这样才更能显现出君子的本色！一个人不研修完美自己的学说，那才是自己的耻辱。至于已经下了大力气甚至是毕生精力研究的学说不能够被人所用，那只是当权者的耻辱了——大道既已大修而不用，是有国者之丑也。”说到这里，胸有成竹的颜回，又加重语气，把自己最后的话又重复了一遍：“不容何病？不容然后见君子！”（同上）不被天下接受又有什么关系呢？不被接受，那样才能显出君子的本色！”

我每次读到颜回的话，总会感到一种共鸣在两千多年来的知识分子的心中如江河一样隆隆作响，而且也能够感到孔子听到自己的学生这样的回答后的欣喜欣赏与欣慰。

如果把颜回的话，刻成碑，树在我们的广场上，那该是多大的警示啊——大道既已大修而不用，是有国者之丑也——两千五百年过去了，这话还是那样有着现实而又新鲜的魅力。

颠簸流亡的孔子，听到了颜回的回答，他是怎样的一种表现呢？孔子欣然而笑曰——又是欣然而笑，那次别人说他“累累若丧家之狗”时他就是这样欣然笑曰——：“有是哉颜氏之子！使尔多财，吾为尔宰。”（同上）是这样的呀，姓颜的小伙子！如果你有很多钱财，我愿意给你当家臣做管家。

第二十章　流亡列国：叶公问政

有孔子不停地给他的学生们讲课、朗诵诗歌、唱歌、弹琴，渡过难关是必然的。渡过难关的孔子师徒，又按照既定目标，向着楚国叶公所在地负函前行。

孔子与楚国叶公在负函相见之后，叶公就向孔子请教为政的道理，孔子说出了后人皆知的名言：近者说，远者来（《论语·子路》）。这里“说”即悦，高兴快乐的意思。孔子说为政者要想成功，那就是要让境内的人感到幸福快乐，让境外的人争相来投奔。春秋的时候，人口少，土地多，加上连年战争，人口更成了各个诸侯国家最为急需的。

从刚一相见便向孔子问政，可以看出叶公的勤政与贤良。孔子在卫多年，卫灵公没有问政，在陈多年，陈国国君也没有问政。《论语》中别人向孔子问政的情况不少，但是孔子回答得却不一样。并不是孔子对于“政”没有统一的看法，而是孔子会根据不同的人不同的国家不同的时间地点而作不同的回答。如齐景公的两次问政，孔子就分别作了不同的回答，一次是向问政的齐景公讲了“君君、臣臣、父父、子子”的话，一次是向齐景公提出了“政在节财”的建议。前一次是孔子针对齐国大国的背景，寄恢复周礼、天子一统的希望于齐国；后一次则是针对齐景公的奢侈劳民而谈。他的学生仲弓在去作季氏的家臣之前曾向老师问政，孔子给他说了三句话“给工作人员带好头，不计较人家的小错误，提拔优秀的人才”。看来他的学生从政之前，往往都要来向老师请教一些从政为政的道理，孔子则总是因人而异，给以不同的回答。如学生子夏去作莒县县长的时候，孔子是劝子夏不要图快，不要只顾小利，告诉他“欲速则不达，见小利则大事不成”（《论语·子路》）子路也曾向老师问从政的道理，孔子却又是另一样回答：“子曰：先之，劳之。请益。曰：无倦。”（同上）仔细品品，这个孔子可是真有意思。这个“先之”，就是以身作则，身先士卒，带头冲锋陷阵，带头吃苦耐劳。宋代范仲淹的“先天下之忧而忧，后天下之乐而乐”，就是从孔子的“先之”这里来的。想想孔子的教导，再想想我们的行为，不是要有些羞愧的吗？带头坐好车，带头住好房大房，带头拿高薪，带头先安排好自己的子女亲戚，甚至带头搞起了腐败等，正好弄反了。然后是“劳之”，让自己的人民勤劳地工作。子路问，如果再进一步呢？老师不客气地说：不倦。孔子真是聪明，知道自己学生子路的脾气，好冲动，遇到情况会捋袖子就干，也会不高兴了甩手而去。所以老师嘱咐他，要“无倦”。这次对于叶公的问政，也是有针对性的，叶公把守着楚国的北大门，而且所辖大部分是蔡国移民，所以必须“近者说，远者来”，而要做到这些，施行仁政那就是不言而喻的了。

叶公与孔子还有一次谈心活动，议论的话题是关于父子关系的有关伦理方面的问题。叶公先向孔子介绍了他们楚国的一种民情方面的事情，说我们这里，老百姓的性情比较直爽，一点也不狡诈。比如一个父亲偷了人家的羊，他的儿子就会挺身而出予以告发。孔子则说了鲁国等中原地区此类问题的不同处理方式。孔子说，我们那里与你们这里的情况有些不同，父亲做错了事情，儿子为了亲情往往会为其做些隐瞒，反过来也是，儿子做错了事情，父亲也会为其做些隐瞒。可能你们觉得这样不太正直，可是我倒觉得我们那里的做法，直的道理也就自然在其中了。

法与情，理与义，总是一个纠缠不清的问题。虽然叶公与孔子我们还不能硬性地分出是非，但是南方楚国与北方中原地区国家民情民俗的区别，却从这件事情上得到了验证。

孔子赴楚负函会见叶公，也就是有数的这么几次记载。多的，还是赴负函途中所遇到的一些个隐士，这也是《论语》中对隐士记述比较集中的地方。

虽然沿途已是楚国的地盘，但是毕竟这些地方曾是蔡国的领地，加之孔子在列国的声望与他们师徒结伴而行时的阵势，都会引起沿途的注意。于是，一边前行，便不断地有隐士高人来与孔子或交锋或切磋，我们也会从中更深刻地了解孔子的为人与思想。

中国是盛产隐士的国度，而隐士又是中国知识分子中的一个特殊的部分。其根本的原因，是中国专制制度时间太长也太酷烈，让知识分子的生存环境变得相当恶劣，不隐不足以活命护家。专制制度又是盛产奴才小人的制度，不允许有独立思想与独立人格，而心理与情感细腻而又丰富的知识分子，又往往有不愿屈辱屈服苟活苟仕于朝又不愿挺身而出作义士的，便想方设法或隐于山水或隐于民间，更有大隐隐于朝、伺机急流勇退者。这种隐，其实也是一种自我流放，流放在山水之中，流放在偏僻乡野，流放在民间，更流放在与当权者划清着界线的心灵之中。当然也有以隐为进身求仕之道的，又另当别论了。只是隐士们并不是对于世事毫不关心之人。他们大多身怀救世之道却又遭逢乱世恶世而没有用武之地，虽然隐着、好像立世之外，实则对世事有着独到的洞察和关心，总会在历史的某一重大事件或某一重要人物身上现身而偶尔露出真的面目。如果到了想隐之人连个隐身之处也找不到的时候，那么这个专制的制度也就到了登峰造极、该完蛋的时候了。虽然历史往往对他们采取忽略的做法，但是已逝的历史往往有着他们的参与。如隋唐间的隐士王通，虽然当了一辈子隐士，却为唐朝培养出了李靖、徐世勣、房玄龄、魏徵等一批开国元勋。

孔子首先碰到了楚国的狂人接舆。他在楚国的名气很大，是个道家的人物，狂并不是疯狂，只是装疯而已。钱穆先生说他是个蔡国的遗民，亡国之后才隐才狂的。不管怎样，狂人接舆是不同意孔子的主张与做法的，他认为从政者已是无药可救，不应当再为他们帮什么忙了。《韩诗外传》中记载说楚狂接舆是以农耕为食，楚王曾经派遣使者拿着“金百镒”，请他出来治理河南，但是被他拒绝了，而后便与妻子一同隐姓埋名，从此不知去向。

《论语·微子》篇记载了他与孔子的故事：“楚狂接舆，歌而过孔子，曰：‘凤兮凤兮！何德之衰？往者不可谏，来者犹可追。已而已而！今之从政者殆而！’孔子下，欲与之言。趋而辟之，不得与之言。”

这个歌当然是唱给孔子听的，但是并不直说，而是以凤凰代替孔子。古人往往将麒麟、凤凰代表人中的君子，认为只有太平盛世才能出现这两种祥物，如果在乱世出现，那麒麟、凤凰就相当危险了。这个歌词相当通俗，等于说“凤啊凤啊，你可要倒霉了，这个时代出来干什么？过去的错了也就算了，未来的你还是可以改正的。你想把这个时代挽救过来，这是挽救不了的啊！算了吧，算了吧，这个糟透了的时代是没法挽救了，你这个时候出来求仕真是太危险了。

也许，他的亡国之痛还在心头放着？他怎么能够乐意鲁国的孔子、这样一个闻名列国的大学问家来帮助楚国呢？

这个接舆，虽然有着对孔子的不满，但是还是劝的意思多，甚至对于孔子给予了一定的理解。孔子一听，知道这个人不简单、有道道，赶快让车停下来，甚至车未停稳就跳下车，想与这个唱歌的人谈谈话。“三人行必有我师”的孔子，可以千里迢迢前去雒邑向老子求教，现在有个高人送上门来，岂有不请教的道理？可是狂人接舆一见孔子要与自己说话，马上加快脚步走开了。真是神龙见首不见尾。

隐士真是接踵而至了。紧接着，就是长沮、桀溺两位隐士了——

长沮、桀溺，耦而耕，孔子过之，使子路问津焉。长沮曰：夫执舆者为谁？子路曰：为孔丘。曰：是鲁孔丘与？曰：是也。曰：是知津矣！问于桀溺，桀溺曰：子为谁？曰：为仲由。曰：是鲁孔丘之徒与？对曰：然。曰：滔滔者，天下皆是也，而谁以易之？且而与其从辟人之士也，岂若从辟世之士哉？耰而不辍。子路行以告。夫子怃然曰：鸟兽不可与同群，吾非斯人之徒与而谁与？天下有道，丘不与易也。（《论语·微子》）

这一次更有意思，是孔子师徒要过一条江或者一条河，不知道渡口在哪里，正好遇到两个在田地里并肩耕种土地的人，于是就派子路前去“问津”，也就是问路，问过江或者过河的渡口。

“问津”，是这次与长沮、桀溺与孔子间所发生故事的关键所在。明是问渡口所在，实际是寻找救世道路与人生道路的问题，这也就牵涉着一个原则性的大问题，也是道、儒两家观点、两种人生观与政治观的集中体现。在我们中华民族语言库中，“指点迷津”的典故，出处就在这里。

子路好像是先问的长沮，长沮先不回答子路的问题，却向子路发问说：“你替他赶车的那个老头儿是谁？”其实孔子他们没来之前他们早就知道了孔子，也知道孔子的到处碰壁，这里是明知故问。子路就怕人家不知道车子上坐的是谁，马上告诉他：“是我的老师呀，世人皆知的孔丘啊。”“就是鲁国的那个孔丘吗？”“是啊，就是他，那还能错！”这时长沮才将自己心里的话讲了出来：“既然是孔丘，那他当然知道该怎么走、走哪条路，还要来问我们这些个种田人吗？”批评之意是明摆着的，言外之意多着呢，无非是说，他孔丘流亡列国，到处传道布道，向各国的国君

“指点迷津”，他自己反倒不知道该走哪条道了？这个言外之意之外，还有一层，那就是那个楚狂接舆所说的这个世道已经没法救了，算了吧，算了吧！

子路没完成任务当然不甘心，又转而问桀溺。桀溺却问起了子路是谁，是不是鲁国孔丘的学生等，问完也是没有回答渡口到底在哪里，还是议论了一番别的：“礼崩乐坏，战乱不止，争权夺利，世风日下，这已经像滔滔的洪水，成了时代的潮流，谁也没有力量去改变变革它了。你们的老师孔丘不是在鲁国遇到像季氏这样的卿大夫却篡夺了国君的权力、没有办法不得不离鲁而流亡列国的吗？这些年来又怎样呢？还不是到处碰壁，找不到一个理想的诸侯而让你们施展抱负吗？与其跟着孔丘四处碰壁，还不如像我们一样脱离这个洪水滔滔的世道，种田糊口，不管世事。”说罢，再也不理子路，只顾不停地耕种他们的田地。

碰了一鼻子灰的子路，回来就将他们俩个人的话原原本本告诉了孔子。孔子听了，脸色都变了，好长时间没有吭声，一股酸楚，一股悲凉，一股落寞也就在心头弥漫开来。末了，才难过地说：“鸟兽不可与同群，鸟是飞的，在天空中自由翱翔，兽是在山林中走的，无忧无虑地行走，人各有志，只有各走各的路了。其实，我也知道这个世道是改变不了也救不了的，我又何尝不想与他们一样丢下这个世道、这个丑陋的社会不管，只管自己种田？但是都不管，这个世界这个社会不是没有一点希望了吗？那就让我牺牲好了，不到我闭上眼，我不会停止的，我就是要努力地去改变这个社会，咱们这样的人多了，谁能说就没有一点希望了呢？不是还有三千个同学吗？‘天下有道，丘不与易也’，天下太平，仁政遍施（按照我们现在的追求便是到了自由平等民主的进步社会），反倒不用我孔丘去改变（易）什么了，那时我倒可以去种田了。”（《论语·微子》）

后世儒者认为孔子是在骂道家，说他们是禽兽，不与他们为伍等，是完全弄错了的。其实孔子对于社会的认识与他们是基本一致的，他也在某种程度上同意他们的观点，只是走的路不一样罢了，一个是避世，一个是入世。当然是孔子的这条路要更难、难得多，因为他是在把天下挑在自己的肩上。于是孔子知其不可而为之，带着他的学生们，一路前行。

第三拨隐士还是子路碰到的。

子路在跟随老师前去负函的路上，有一次掉了队。正在他不知老师已经到了哪里的时候，却遇到了一个用拐杖挑着除草工具的老人——“荷蓧丈人”。于是子路就有礼貌地问“看见我的老师了吗”（“子见夫子乎？”《论语·微子》）？这个老头虽然还是没有回答子路的问题，却待子路不错，不仅留子路到自己家里住了一夜，还杀了鸡，做了好吃的饭，并让自己的两个儿子出来陪着客人用饭。

子路第二天找到老师，老师听了子路的汇报，就说这是一个隐居的高人，并让子路回去找他。谁知等子路前去找他，这个“以杖荷蓧”的老头却连家也搬得不知去向了。

孔子的让子路前去寻找这位老者，并不是因为他盛情款待了自己的学生，而是因为子路向他寻问自己的老师去向的时候，这位老者所说的话——四体不勤，五谷不分。孰为夫子（子路问他“子见夫子乎”）？什么你的老师？这种人不会劳动，连五谷都分不清楚，光会靠张嘴巴吹牛，谁见过你的什么老师？

不过这一次子路倒是露出了孔子大弟子的水平。他对于这位荷蓧老人的评论，显示着思想与精神的高度。他向老师说：一个有知识有文化的人不出来做官是不义的，人在家庭、社会之中，各应承担责任，如果都像这些隐士一样，社会的责任谁来负责，那还不乱了套？君子出来做官，就是要承担起自己的那份责任，这就是“义”的一种表现。至于这个社会已经糟糕透顶不可收拾，我们的主张行不通，老师您不是早就教导过我们了吗？

这里，倒让我想起钱穆的一句话：“不能使君子不义而仕，然君子亦必不认仕为不义。”（钱穆《孔子传》）

这是一些真正的隐士，隐得连名、姓都没有了。比如以上《论语》中所出现的这几个人，都是随便以事指称的，并不是他们真正的姓名。如以拐杖荷蓧的便称为“丈人”，问津时的就称之为“沮”“溺”，从孔子车子旁边过的叫他“接舆”，舆为车意，前面提到的那看守城门的谓之“晨门”等。

接舆、长沮、桀溺、荷蓧丈人，包括晨门，其实就是一面面镜子，既照出了社会的无道与黑暗（被逼为“隐”），也照出了孔子思想与人格的非凡。孔子是走了一条更加艰难的道路，而且是“明知不可而为之”。由此，孔子的一生确定了要经受无穷的坎坷，那也是必然的了。“士而怀居，不足以为士矣”，一个读书人而留恋安逸，求田问舍，只图个人享受，便不配有士的称号，他是这样说的，也是这样做的。

在《中庸》里，孔子还表达过这样的思想：“素隐行怪，后世有述焉，吾弗为之矣。君子遵道而行，半途而废，吾弗能矣。君子依乎中庸，遁世不见而不悔，唯圣者能之。”孔子是在说：追求隐僻的生活，做些怪诞的事，用以欺世盗名，后世也会有人称道，可我不会这样做。有些君子遵循中庸之道，可是走到半路就停止了，可我不会中止。君子依照中庸之道而行，即使隐遁山林而不为世人所知所用，也不懊悔，这只有圣人才能做到。他这也是在以圣人的标准勉励自己。

孔子，不就是这样一步步走向伟大的吗？

还是这个叶公，有一次突然问子路，你的老师孔子到底是一个什么样的人呢？子路想了想，觉得不好回答，也就没有回答。孔子知道以后，对子路说：“你为何不告诉他，我是一个为了发愤求得学问，可以忘掉吃饭、一旦学问上获得长进有所收益就会快乐得忘记忧愁、甚至忘记了衰老到来的那种人——发愤忘食，乐以忘忧，不知老之将至。（《论语·述而》）

第二十一章　流亡列国：重回卫国

孔子周游列国的最后四年，即从公元前四八八年（鲁哀公七年）——公元前四八四年（鲁哀公十一年），是在卫国度过的。

孔子的再次赴卫，当然是受到了卫国国君的邀请。此时，卫灵公已经去世，君位由他的孙子辄继承。况且孔子的不少弟子还在卫国做官，加之卫国贤大夫蘧伯玉的家可以为孔子师徒提供住处，所以流亡不已的孔子，还是选择卫国作为他流亡生涯的最后一站。

对于孔子的再次仕卫（其实只是公养之仕，没有什么实职的），有多种不同的说法。如《庄子·人间世》，就认为其时卫出公（即卫孝公）年轻，独断专行，任意杀人和挥霍，老百姓几乎就要活不下去了，孔子是听从了颜回的意见，并按照“治国去之，乱国就之”的观点，前去帮助卫国治乱。

其实这种说法是站不住脚的。卫国并不是像庄子所说到了不可收拾的地步，卫出公并没有任用孔子担任要职的想法，况且孔子也没有能力可以让卫出公重用他们来“治乱”。

我则认为孔子的再次仕卫，纯属卫出公的主动邀请，而且这也是卫出公统治卫国的需要。这一需要，又与卫国当时所处的形势有着直接的关系。卫出公辄本来没有继承卫灵公君位的机会。他的父亲、也是灵公君位继承者的蒯聩，因为不满母亲南子的所谓“淫行”而欲谋杀没有成功，叛逃至卫国的敌对国家晋国，投靠了晋国权臣赵简子，这才出现了别人继承君位的机会。当蒯聩逃亡在外、卫灵公又已去世的时候，灵公夫人南子本想让幼子郢来继承灵公君位。只是贤郢拒绝了母亲的这一决定，说蒯聩虽然叛逃在晋，他的儿子辄还可以继承君位。卫出公辄就是在这样的一种情况下继承君位的。况且，就是在他坐上了卫国国君的位置之后，他的父亲蒯聩仍然在卫晋边境处虎视眈眈地要与他争夺国君的位置。对于卫国国君位置的继承权，卫国内外争执相当激烈，有的支持卫出公辄，认为他是受祖母之命而继承，又是在父亲欲杀母不孝、且又叛逃敌国的时候承继君位，名正言顺。有的则认为卫出公将父亲拒之国门之外，是抢夺了父亲的国君君位等。

在这样复杂的国内、国际形势下，卫出公请在列国享有很大声誉的孔子出仕卫国，无疑是对自己政权的一种有力的声援，无形中也是对于自己执政合法性的一种有力的肯定。

而孔子行前与子路的对话，也证明了这次仕卫的背景与目的。

子路说，老师啊，卫出公好像正等待着您去帮助他治理国家，您要是去了，首先要干什么呢？孔子回答得很干脆、也很果断：“必也正名乎！”（《论语·子路》）

对于“名”，汉代以来就是纷争不断，而且也莫衷一是。有的说“名”是指思想与文化，因为先秦时期专门有一门学问即名学，研究思想与逻辑的。有的则认为“名”是有关于礼制、名分上的用词当否的问题。其实根据孔子说这句话时的语言环境，这个“正名”，显然就是当年回答齐景公时的那个“君君、臣臣、父父、子子”，就是要按照礼制的规定，各就各位，名副其实。既然要“正”，说明当时列国的实际情况是基本上都乱了套，而孔子一生的主要任务之一，就是“正名”，他在鲁国的“堕三都”，不就是一次“正名”的重大行动吗？在《韩诗外传》卷五中记载着这样一件事，说有一天孔子在季孙氏家里坐着，季孙氏的一个叫通的家臣问季孙氏：“鲁国国君派人来借马，是借给他还是不借给他？”没等季孙氏说话，孔子就插话说：“我听说君取于臣，应当说取，不应当说借。”孔子接着又解释说：“改正了借马的说法，也就是端正了君臣之间的关系。”

针对卫国的具体情况，孔子是准备怎样去“正名”呢？史籍没有记载，加上卫出公也只是要一个“孔子仕卫”的名誉，并不准备让孔子真的去正名。而且真的让孔子在卫国正名，他卫出公受不受批评还很难说。但是我们设身处地的想想，孔子既然接受卫出公的邀请，前提就是承认了卫出公地位的合法。他要真的去“正”，也不会越出这个界线，顶多是要从更高处更深处论证卫出公承继君位的正当性。因为从孔子与卫灵公及其夫人南子融洽的关系，从孔子十四年流亡之旅就在卫国住了将近十年、其学生多人在卫国从政等这些事实，都能够看出孔子对于卫国的接受与肯定。

子路似乎没有明白这一层意思，反而对于老师的“必也正名乎”表示了不满。子路不以为然地说："怪不得不少人说您迂腐，您可真是迂啊！名正与不正有什么大的关系？"孔子见子路这样不懂事，也就不客气了，有些生气地反驳他："你怎么这样鲁莽！君子对于他所不懂的采取保留态度就是了，哪像你这样乱说？"并说出了下面这段著名的论断："名不正，则言不顺；言不顺，则事不成；事不成，则礼乐不兴；礼乐不兴，则刑罚不中；刑罚不中，则民无所措手足。故君子名之必可言也，言之必可行也。"（《论语·子路》）

这样一个有声望有能力的学问家政治家，又带着一大帮能干的学生，在列国引起"是否会夺取政权"的猜忌是正常的。也许孔子在卫国就面临着这样的谣诼。当年不光卫灵公与南子，就是在大臣中，也有不少人对孔子有着好感，何况卫国又是贤人聚集的地方。所以，当孔子面临这样谣传的压力的时候，他的弟子们一定也会听到这样的风声。于是就有了疑问，想找老师问个究竟。这个问题是冉有先提出来的，他问同学们：咱们的老师真的想做卫国的国君吗？子贡是最会讲话的，这时他自告奋勇地说：好吧，我去问问他。

这个子贡很聪明，又有讲话的艺术，他才不会让老师尴尬呢。见了老师，他根本不提卫国国君的事，却说起了伯夷、叔齐。这两个人是孤竹君的儿子，父亲死了之后，互相让位，都逃到了周文王那里。周武王起兵讨纣，他们弟兄俩又拦住车马劝阻。周朝统一天下，他们又觉得吃周的粮食可耻，为了坚守自己的信念，都饿死在了首阳山上。子贡这样问老师："伯夷叔齐何人也？"子贡多滑头，老师还能不知道他们是什么人。孔子心里很清楚子贡要干什么，回答说："当然是古代的贤人呀。"这时子贡才问到实质的问题："他们都没当成国君，反倒饿死了，您说他们会不会埋怨，会不会后悔？"好歹没问老师您如果当不上卫国国君后不后悔。孔子的回答一下子打消了弟子们的疑惑。老师说："他们实现了自己的理想与追求，'求仁得仁'，有什么好后悔好埋怨的？"子贡没有再问，也不用再问，出来就给同学们宣布：放心吧，我们的老师才不会做名不正言不顺的什么卫国国君呢！

这些是正言，是历史，但毕竟也有着"大道理"的味道。其实孔子又是一个相当实际的人，"无可无不可"，让我出来做事，就放手做、做好它，不让我出来做事，绝不去委曲求全地硬做，那就去做我喜欢做的另样的事情，比如教导学生，比如学习与整理古籍。

他的再次去卫国做官（实则是只拿俸禄没有实职的“公养之仕”），某种意义上说，首先是为了糊口，有个安顿的地方，才能谋求其他。再则，我们设身处地的想想，就会明白，他的恋于卫，与那里的贤才多有着相当大的关系。同气相求，相知的在一起聊聊天也是愉快的。

比如卫国有个公子荆，孔子就特别欣赏。孔子欣赏公子荆的会居家过日子。公子荆本来是一个世家子弟，有钱有财，阔得很，可他的性情却淡泊得很。在人们都竞相豪侈的住房上，刚有一点可住的，他就满意地说，这将就着可以住了。后来又扩大了一点，装修也好了一些，他说相当完备了，不用再弄什么了。想不到还能够再好一点，这时，公子荆就说：“够了，太好了，简直是富丽堂皇了！”

其实，孔子这是在说一个道理，那就是从政的人一定要“寡欲”“少欲”，事情才做好，百姓才能享福。有一次，孔子感叹地说，现在是很难遇一个刚强的人了。当然，这个刚并不是脾气大或者暴烈，而是刚正不阿，处事公道，还要有品德有智慧有修养。听到孔子的感叹，有人就说，怎么没有刚强的人，申枨不就是一个刚强的人吗？孔子说，申枨怎么能算刚强的人，他的欲望很多呢。这里孔子讲了一个让后人回味无穷的道理：无欲则刚。不要说别的，光是就公子荆的房子说起，如果从政的当权的，房子要越换越大，越置越多，收下别人送的，再拿受贿的款购置下一处处豪宅，以至于胃口越来越大，这样刮民损国的人成了堆，国家还能好？人民还能不遭罪？

孔子与卫国的贤大夫蘧伯玉的关系相当好。蘧伯玉不仅向孔子师徒提供住处，还为他们提供生活上的用项。有一次蘧伯玉叫人去看望孔子，孔子很高兴地陪着来人坐着拉家常。当孔子问到蘧老先生最近在家里干什么时，这个使者回答说：“我们蘧先生天天做修养的学问，希望自己每天少犯些错误。”这就是《论语》中“吾日三省吾身”的意思啊，孔子感慨地向他的弟子们说：“使乎！使乎！”好一位使者！好一位使者！蘧伯玉的使者都有着这样高的水平，蘧先生本人好学自省的形象也通过这位使者的口一下子立了起来。

孔子好几次都说到了蘧伯玉。有一次说到了蘧伯玉时还说到了卫国的另一个以直著称的贤大夫史鱼："直哉史鱼！邦有道，如矢；邦无道，如矢。君子哉蘧伯玉！邦有道，则仕；邦无道，则可卷而怀之。"（《论语·卫灵公》）好一个刚正不阿的史鱼，不管国家社会是黑暗还是清明，是混乱还是安定，他都能像射出去的箭一样直。孔子对他们两人都有相当的好感，尤其是对于蘧伯玉，更是屡屡夸赞。蘧伯玉在邦有道或者邦无道的时候，则是另外一种处世方法，政治清明，他就出来做官干事，政治黑暗，那就卷而怀之，藏起自己的本事与锋芒，修炼自己。也就是后来孟子讲的"达则兼济天下，穷则独善其身"。

对于卫国的尊重人才与任用贤才，孔子后来回到鲁国之后还有过一次感慨。那是在与鲁国权臣季康子的一次谈话中说到的。季康子问孔子，国际上都在传说卫灵公的无道，您也不否认这一点，只是卫国为什么没有亡国呢？"夫如是，奚而不丧？"虽然孔子在卫国没有得到重用，但是他的眼睛清醒地观察着卫国的全局的情况。孔子一针见血地说："卫灵公有三个大才替他治理国家，他有仲叔圉（即孔文子）替他办理外交，有祝鮀替他管理宗庙祭祀等文化事业，又有王孙贾替他治理与率领军队，又怎么会败亡呢？——仲叔圉治宾客，祝鮀治宗庙，王孙贾治军旅，夫如是，奚其丧？（《论语·宪问》）

就是这个仲叔圉、也叫孔文子的人，还让后人把他与孔子捏造过一桩公案，甚至说孔子的离卫返鲁就是因为他。说他有一次要进攻卫国的另一个大夫太叔，去见孔子并请求他的帮助。孔子仍像回答卫灵公问阵时一样，说祭祀之类的事我学过，甲兵之类的事我没有研究过。孔子送走孔文子之后，发了声"鸟则择木，木岂能择鸟"的感慨，就收拾了一下行李回国了。我想这或许是一种杜撰，孔子的离卫返鲁，自有其重大的理由，不可能因为这样一次谈话说走就走。再就是在《论语》中，孔子对于这个孔文子是赞赏有加的，说他"敏而好学，不耻下问，是以谓之文也"。

尽管卫国与鲁国有着相同的政治与文化，尽管卫国有着那么多的贤人君子与孔子有着心灵的相通，但是已经六十八岁的孔子到底还是想家了。在无人的夜里，这个不知老之将至的人，一定会仔细地回顾这十四年的流亡之旅，他也一定得出了再流亡下去也于事无补的结论。

于是，他的眼睛深情地盯在了回家的路上。

第二十二章　离卫返鲁

鲁国需要孔子回去。孔子更想回到鲁国。这两个条件一起具备的日子来了，公元前484年（鲁哀公十一年），孔子终于踏上了回家的路途。

还是在陈国的时候，孔子就忍不住发表过回家的“自白”：“归与！归与！吾党之小子狂简，斐然成章，不知所以裁之。”（《论语·公冶长》）党在古代是乡党的意思，在这里就是指他的鲁国的弟子们。回去吧！回去吧！这是孔子内心的真实道白。回去干什么呢？重新设坛授徒，教育自己的弟子。他说他们是些有大志有豪气又有见识有文采的青年，只是还不成熟，还没有做事的经验与能力，需要锻冶与指导，犹如一块斐然成章的锦缎，还需要高超的裁缝进行精心的裁剪，方能成为合体的衣裳。

就要年届七十的孔子，当会常常回首往事的吧？他知道，已去的岁月里，哪一件高兴的事畅意的事，不都是与自己的学生与教育有关？如果说苦乐掺半的话，而这一半的乐或曰幸福，不就是来自于自己的教学事业之中吗？这十四年的漫漫流亡之路上，当然总有弟子相随身边，并始终没有离开教育自己的弟子。可是，这毕竟是小规模的，也只有十数个弟子，而且大部分是已经学有所成早已可以出师的了。可是在鲁国，却是有着三千弟子的啊，而且是三千忠诚而又青春勃发的弟子。那种滔滔不绝，那种吟咏歌唱，那种知识与实际相结合的纵横驰骋、海阔天空，以及教、学相长的心灵的解放与开拓，都是那样越来越强烈地让他将眼睛一次次地转向泗水边的那块生他养他的地方。

那里当然还有他的唯一的儿子伯鱼。他让家乡的人捎过信来，说自己的身体也已经大大不如从前了。不过，伯鱼也让人带过来了好的消息，说自己也可能要有自己的后代了。这些是多么的让他牵挂。只是那个伴了自己一生却又没有享了几天福的妻子亓官氏，已于上一年去世了。也许，他们的夫妻生活过得并不和谐，甚至有着某种隔膜。亓官氏对于孔子，也许没有颜征在对于叔梁纥的那种理解与追寻。在鲁国最终不能见知见用的孔子，心中的孤独是难免的。而精神与思想上的不懈的探寻，更让他的这种孤独在家庭之中难以得到理解与慰抚。这，也许是他流亡列十四年的原因之一吧？即使如此，孔子的心里，还是有着哀伤，甚至会有点点的疚歉泛起。毕竟，一个女人，最是将自己的丈夫当作天的。可是十多年来，她的天却不能为她遮风挡雨，更不要说人之常情的夫妻生活。是的，赶紧回去吧，回去了，也好在她的墓前站站、想想，再陈放上一些哀思。

孔子也观察到了一个现象，跟随自己的弟子们，是越来越频繁地来往于卫鲁之间了。他们或者在鲁出仕，或者处理一些事务，还有没有说出口的、也许是最为重要的，那就是要与自己的家人、特别是自己的女人相见相晤相亲相融。比如子贡，在公元前四八八年的鲁哀公七年到鲁哀公十一年的四年里，就已经在鲁做到大夫，并常常来往于卫鲁之间。《左传》哀公七年就有这样的记载：公（鲁哀公）会吴于郐，太宰嚭召季康子，康子使子贡辞。这年的夏天鲁、吴相会之时，吴国的太宰嚭要鲁国季康子前往，并向鲁国索要牛、羊、猪各一百头为祭品。是季康子让子贡作为大使前去接洽，并用周礼说服了吴，很好地完成了使命。作为老师，自己是忽略了弟子们的这个方面了，他们都是正处在风华正茂的时候啊。一群男爷们，在十四年的风雨之中，竟然与女性处于一种隔断的状态，这既是一种坚韧，当然也是一种残忍。还有那个南子，她的心与她的貌毕竟都是让人无法挑剔的，也是让人不能忘怀的。自己的在卫被尊重受款待，不也是有着她的一份宽容一份功劳的吗？

还有，还有无法与弟子们述说明白的关于生命、关于人的生死的哲学与实际、身体与精神的问题，最近一两年来是越来越多地萦绕在自己的脑际了。头发越来越多的白了稀了，虽然思绪更加深长而高远了，但是精力的不济却让他时时感觉到。那个说不出口的“死”字，其实是这样清楚地常来打扰了。他不说，但他想到了。而自己那个庞大的文献整理计划，甚至还没有正式开始。

陈、蔡绝粮之时师徒之间的那次对话与研讨，孔子还会一遍又一遍地回味与反思。颜回那既慷慨激昂又深思熟虑的论说，着实让老师高兴与欣慰。“老师的学说博大到极点了，所以天下没有一个国家可以容纳得下。虽然是这样，老师还是一如既往地推销推行自己的学说，不被天下接受又有什么关系呢？不被接受，这样才更能显现出君子的本色！一个人不研修完美自己的学说，那才是自己的耻辱。至于已经下了大力气甚至是毕生精力研究的学说不能够被人所用，那只能是当权者的耻辱了”，孔子是这样一次又一次地在心里默诵颜回的论说。

可是这十四年的碰壁，比什么都有说服力，它的全部内容包括这十四年之旅的大量细节，都在指向一个结论：自己的理想与主张，在这样的时代这样时代的天下，是无法行得通了。他又想到了那个叫桀溺的隐士的话，“礼崩乐坏，战乱不止，争权夺利，世风日下，这已经像滔滔的洪水，成了时代的潮流，谁也没有力量去变革它了”，滔滔者，天下皆是也，而谁以易之？列国诸侯的权力包括他们不断变化的国土，哪一点不是从反叛周天子哪里来的？而且他们还在谋划着夺取更大的国土与更大的权力，可如今孔子却要让他们遵守周礼的秩序，施行仁政，天下归于天子，这不无异于更大范围地与虎谋皮吗？再者，就是从孔子师徒的影响与力量来说，想让各诸侯国毫无顾忌地任用孔子，确实有着相当大的难度。那时的诸侯国，多则数百万人口，少的也不过几十万人口，而孔子光是弟子就有三千之众，况且是藏龙卧虎。如果放手重用孔子，以他们的能量与影响，恐怕担心政权被颠覆的国家不会只是一个两个。

碰壁是必然的。

但是欣慰也是自然的。是这十四年的流亡生涯，让孔子从知天命走上耳顺并逼近随心所欲不逾矩的高远的人生境界。对于学不厌诲不倦的孔子来说，这十四年的旅程，是他一生中最好的“学”与最有成效的“教”，十四年的时间与列国的空间，是他们师徒们最好的学校与实验基地。他们的思想、精神、品格与政治理想，也在这种丰富的遭遇与多闻、多问、多见、多识之中，得到着锻冶、提升与成熟。浩浩荡荡的流亡之旅，不也是一种宣传播种之旅吗？那么多的国家，那么多国家的君主、大臣与百姓，也因此而认识了儒家的学说与思想。艰难之中，不断壮大的学生的队伍，证明着孔子也鼓舞着孔子。自己虽然最终没能得到重用，甚至这一生再也没有了通过出仕而实现自己理想的机会了，但是随行的弟子如子路、子贡、高柴、宓子贱、冉求等人，却能够在不同的国家得到着重用。这不仅是后继有人的可喜之事，同时也在间接地实现着孔子的部分政治主张。

这次流亡在列国的影响是深远的。

鲁国，也没有忘记孔子。

早在孔子在陈国发出“归与！归与！”的自白之时，鲁国就有一个人想到了孔子。这个人就是曾与孔子有过“三月不违”、而后又因为“堕三都”失败而分道扬镳的季桓子。

公元前四九二年（鲁哀公三年），病重的季桓子觉得自己将要不久于人世了吧？在儿子季康子的陪同下，父亲在大街上乘辇巡看。他要再看一遍鲁国的国都。人之将死，其心也容其言也善？病重的季桓子突然仰天长叹：“从前这个国家几乎就要兴旺起来，因为我得罪了孔子，让他在外流落了多年，也使国家失去了一次兴旺的机会。”说罢，又转过头来对他的嗣子季康子说：“我或许就要死了。我死之后你一定会接掌鲁国的政权辅佐国君。在你辅佐国君之后，不要忘了把走了的孔子召回来啊。”没过几天，季桓子死了，继承了权力的季康子想到了父亲的嘱咐，丧事一办完就准备将孔子召回来。此时，有个叫公子鱼的大夫出来劝阻说：“从前我们的国君鲁定公曾经任用过孔子，没能有始有终，最后落了个被诸侯耻笑的结局。现在你再任用他，如果不能善终，不是还会召来诸侯的耻笑吗？”虽然没有重新启用孔子，季康子却召回了孔子的学生冉求，也间接表达了对于孔子的和解与信任。

孔子对于就要离开自己回到鲁国的冉求说：“这次鲁国召你回去，不会小用，该会重用的。”其高兴与欣慰里，正满盛着鼓励与期待。也就是在这一天，在孔子向冉求说罢鼓励之后，他又发出了“归与！归与！”的思乡之音。

冉有离开老师回鲁国去了，也把老师的思乡装在了心上。

对于孔子终于返鲁，《史记·孔子世家》作了如下阐述——

冉有为季氏统率军队，在郎地同齐军作战（今山东省长清县），并打败了齐国的军队。季康子对冉求说：“您的军事才能，是学来的呢？还是天生的呢？”冉有回答说：“我是从孔子那里学来的。”季康子又问：“孔子是怎样的一个人呢？”冉有说：“使用他要符合名分，他的学说不论是传布到百姓中，还是对质于鬼神前，都是没有遗憾的。我对于军事虽然因为有功而累计讨封到二千五百户人家，而孔子对这些却会毫不动心的。”季康子接着说：“我想召请他回来，你觉得可以吗？”冉求说：“您想召请他回来，只要不让小人从中作梗就可以了。”于是，季康子便派了公华、公宾、公林，带着礼物到卫国迎接孔子。

孔子就回到鲁国了。

对于孔子离卫返鲁，司马迁虽似言之凿凿，但是总还有让不人不尽信服的地方。我们不妨站开一些看待孔子的返鲁及鲁国季氏态度的变化。

有两点足以让鲁国当政者季氏对孔子的态度发生变化。首先还是孔子的国际影响，孔子此前的出走流亡，已经让鲁国“落了个被诸侯耻笑的结局”。这样一个得到国际认可并有着崇高声望的孔子，却要离鲁流亡，长期以来已经对鲁国掌权者季氏形成了不小的压力。请孔子回来，可谓是亡羊补牢，可以立时就将这一压力减轻。还有，季氏通过任用孔子的学生如子贡、冉求等，已经获得了成功，收到了重大的效果，这也坚定了季氏召请孔子回家的决心。他的回国，必然会在鲁国孔子的众多学生中间产生良好的反应，也会相应增强季氏在鲁国的实际势力，并在舆论上得到大的益处。

于是，六十八岁的孔子，终于在公元前四八四年（鲁哀公十一年）结束流亡生涯，回到了十四年的鲁国。

第二十三章 “允执其中”：孔子的中庸思想

一九四八年八月里的一天，二十世纪西方最有影响又最有争议的大诗人伊兹拉·庞德被意大利游击队逮捕，最后被驻意美军拘押于比萨市附近的一个美军军法处的“整纪营”。开始的时候，庞德被囚于一个半露天的笼子之中，几乎是暴露于野外。在身心几于崩溃的时候，他想到过自杀。

但是他度过了危急，并在监狱中完成了他的里程碑式的巨著《诗章》的第七十四章至第八十四章、亦即文学史所称的《比萨诗章》。而给他以精神向导并引导他度过危急的，则是中国的孔子、孔子的《论语》和《论语》中如神龙见首不见尾的中庸思想。伊兹拉·庞德在他的《比萨诗章》中，引用《论语》二十一次、《中庸》四次，并在自己的伟大诗章里出现了九十三个书写秀美的汉字。其中，就有这样的诗句“但让他们只守三周中庸/我们怀疑/政府不会信赖这个中庸/‘诚’这个字已造得/完美无缺/献给国家的礼物莫过于/孔夫子的悟性/那个叫仲尼的人/述而不作”（这里的国家与政府，指美国及美国政府）。

四十年之后，一九八八年，一位名叫井上靖的日本大作家，在他的八十岁之年完成了一部二十万字的长篇小说《孔子》。就是这位比孔子终年还要年迈的老人，为了写好这部《孔子》，六赴中国，并多次循着当年孔子流亡列国的路线进行实地考察。

在这部《孔子》的第二章的最后，记载着一个“村中长老”的话：“若要鄙人从所知的夫子嘉言中任选一喜爱者，我必拣择‘天何言哉？四时行焉，万物生焉，天何言哉？’既然生而为人，总须挑捡一桩自认有所功德的伟业而献身，只是践履间应该默默行之，亦即‘寡言多行’。上天不是恒常在操持庞杂的事功，却默默无言吗？”

在这里，无言但却“四时行焉，万物生焉”的天道，正是在为人间范式着一种“民鲜久矣”的至德——中庸，恒久地行着善道、正道，善体现着仁，正则反映着礼。于是乎，中庸之道，便成为孔子思想中最深湛也最朴真的部分，它既纷披着哲学思想华赡葱绿的枝叶，也延伸着有着践履品格的茂密的根须。

也是在一九八八年。一月，全世界诺贝尔奖获得者在法国巴黎开会时发表了一个宣言。宣言指出："如果人类要在二十一世纪生存下去，必须回首二千五百年，去吸取孔子的智慧。"孔子的智慧，当然也包括着他的中庸思想，因为中庸思想正是孔子智慧与思想的集中体现。

是孔子第一个将其发现，并将其建造成为一种世界观与方法论。

在春秋战国这样一个百家争鸣的时期，能够出现"中庸"——如此有着实践品格并具有着哲学高度与深度的思想，是一种必然，也是一种幸运。论之必然，因为当五花八门的樊篱还没有设立或者还仅仅处在雏形状态的时候，自由的大脑就会在与社会与自然与心灵的冲撞洗礼之中，盛开起繁富的思想之花，而"中庸"，当然就是其中具有着久长生命力的奇葩。说其幸运也即偶然，是因为好在那时还没有"圣人""巨人"罩着，不用在他们胳肢窝里被挼揉受气，也不用什么站在巨人的肩上省力气，只需在开阔的处女地上翻地播种就是；更为重要的，是中国大一统的完善、精制、漫长、残暴的专制制度还未能确立，距离那个焚书坑儒的秦王朝也还有着相当的时间。

"中庸"一词，在《论语》中仅有一次出现，也是中国思想史上的首次出现。"中庸之为德也，其至矣乎！民鲜久矣。"（《论语·雍也》）翻译成现代汉语，便是"中庸这种道德，该是最高的了，大家已经是长久地缺乏它了。这种把中庸当作一种思想、精神、处世的至境，在《中庸》里孔子有过多次论说：

天下国家可均也，爵禄可辞也，白刃可蹈也，中庸不可能也。

君子依于中庸，遁世不见知而不悔，唯圣者能之。

从皆曰予知，择乎中庸，而不能期月守也。

但是以其他的形式论说中庸问题的，就是在《论语》中也有多处。比如，在《先进》篇中，子贡问孔子："师与商，哪一个更好一些？"孔子说："师的言行过于急进，商则稍嫌不足。"子贡似乎觉得急进一些可能更好一些，就问老师："那么，师是不是要好于商一些？"孔子怕给学生留下不正确的观点，赶紧说：“过度与不足同样不好。”师，即颛孙师，子张；商，即卜商，子夏。这是一段有关孔子中庸思想的经典论述，不妨将原文也抄录如下：

子贡曰：“师与商也孰贤？”子曰：“师也过，商也不及。”曰：“然则师愈与？”子曰：“过犹不及。”

“过犹不及”，已经成为一个著名的哲学论断。就近举譬，以风行中国半个多世纪的“左倾”“右倾”最易体察。虽然我们似乎很明白“左倾”“右倾”都不好，一如满则覆空则斜的欹器。但是回首看去，总是让“过”的“左”在“独领风骚”地祸害国家与人民，也总是“左”一些的人吃得开，也安全。也难怪聪明如子贡者也以为“师也过”要比“商也不及”要好一些。

但是孔子不为所动，坚决地告诉自己的弟子：过犹不及，过度与不足同样不好。我们所说的“左”“右”还仅就政治生活而言，孔子在这里当然是在说一个普遍真理。社会上的一切人与事，大自然中万物，无不存在着过、不及和过与不及之间的那个“中”，它们相互依存，相互转化，对立而又统一。中既是对于过与不及的否定，中里又包含着过与不及；过是曾经经历过不及与中，不及则又是另一种形态的过，而且正在靠近着中。过犹不及所喻示的“持中”，要靠审时度势之后的大智慧与罕见的胆识。

还是在《先进》篇，同样的道理，对于不同的人，孔子又会“因人而异”、因材施教，于寻常处已让学生终生受益。那是子路在向老师请教：“听到可以做的事，马上就去做吗？”孔子说：“父亲与哥哥还在，怎么可以听到可以做的事就去做呢？”冉有也以同样的问题请教老师，孔子却说：“那就赶快去做吧。”公西华在旁边听了，觉得纳闷，怎么同一个问题老师却给出两个截然相反的答案？他禁不住问老师这是为什么。孔子说：“冉求呀做事老是退缩，所以我鼓励他向前；子路做事好勇往直前，恨不得一个人做两个人的事，所以我让他保守些。”求也退，故进之；由也兼人，故退之。

从这里，我们就会觉察出中庸思想的真谛，它与死的教条为敌，却与真理与正确为友。它从不消极地等待，而是见机而动，做出正确的选择，把握自己的命运，立德，立功，立言。

孔子曾经说过："我什么都懂吗？不是这样的。假如一个乡下人来问我，态度诚恳而虚心，我只是就他的问题正反两端详细推敲，然后找到答案罢了。"（吾有知乎哉？无知也。有鄙夫问于我，空空如也。我叩其两端而竭焉。《子罕》）在这里，孔子明确地认为，那些正确的道路或答案也就是文中的"知"（中，中庸），必须在对于全面的情况有了掌握并进行科学详尽地分析推理之后"叩其两端而竭焉"，才能真正地获得（执中）。

鲁国大夫季文子，平时对于祸福利害计较太明太细，世故太深，遇事总好三思而后行。孔子知道季文的行为之后，评价说："再，斯可矣。"（《论语·公冶长》）也就是说，思考两次就可以，三就太多了。三思，在这里，在季文子身上，就是一种过，过犹不及。

对于"中庸"的解释，至今没有统一的说法。大致不外乎以下几种——

杨伯峻先生的《论语译注》中说："'中'，折中，无过，也无不及，调和；庸，平常。孔子拈出这两个字，就表示他的最高道德标准，其实就是折中的和平常的东西。"

傅佩荣先生认为："'中庸'原为'用中'；为了用中，需要面临困难时可以坚持下去。人之'中'即是向善的本性，人要用'中'，则需要择善的知与行配合。具体说来，中庸就是'择善固执'。"（《傅佩荣论语心得》）

钱穆先生的观点是："中庸之人，平常人也。中庸之道，为中庸之人所易行。中庸之德，为中庸之人所易具。故中庸之德，乃民德。其所以为至者，言其至广至大，至平至易，至可宝贵，而非至高难能。而今之民则鲜能有此德久矣，此孔子叹风俗之败坏。"（《论语新解》）

匡亚明先生则认为："所谓中，即中正，中和。所谓庸，即用也，常也。因此中庸即是'用中为常道也'。"（《孔子评传》）

毛泽东对此曾经阐述过自己的意见："朱熹在'舜其大知'一节注道：'两端谓众论不同之极致，盖凡物皆有两端，如大小厚薄之类。于善之中又执其两端而度量以取中，然后用之，则其择之审而行之至矣。然非在我之权度精切不差，何以与此？此知之所过无不及而道之所以行也。'这个注解大体是对的，但'两端'不应单训为'众论不同之极致'，而应说明即是指的‘过’与‘不及’。‘过’的即是‘左’的东西，‘不及’的即是右的东西……孔子的中庸观念没有这种发展的思想，乃是排斥异端树立己说的意思为多，然而是从量上去找出与确定质与反对‘左’右倾则是无疑的。这个思想的确如伯达所说是孔子的一大发现，一大功绩，是哲学的重要范畴，值得很好地解释一番。”（《毛泽东书信选集》）

也许一个小小的欹器，却可以生动而又准确地解释孔子的中庸思想。

那是在孔子四十六岁的时候。一天，他领着学生到鲁桓公庙去参观。当他与学生们走到一尊青铜祭器前的时候，老师就久久地驻足。这是一个口方底圆的祭器，有一根铜棍做轴从中穿过挂在一个专用的木架上。他看到同学们疑惑的目光，便故意问看庙的人这是什么祭器。当看庙人告诉大家“这是宥坐之器，又称欹器”的时候，孔子这才动手操作起来。孔子自问自答地说：“它现在为什么歪斜着呢？因为它是空的。但是可以让它正起来。好，我装些水试试，你们注意看，装得少，还是歪斜的。再灌一点，好，好，看它真的就端正了。不过你们都偎近些瞧瞧，它并不满。是的，是的，是要装适量的水它才端正。装满行不行呢？我们不妨试试，看，就要满了，注意，注意，满了满了，噢，它竟然倾覆了。”随着欹器的倾覆，大家几乎同时惊讶地“啊”了起来。孔子这才讲起了它所蕴藏的道理，告诫学生们什么是持满之道，什么是中庸之道。

孔子观于鲁桓公之庙，有欹器焉。孔子问于守庙者曰：“此为何器？”守庙者曰：“此盖宥坐之器。”孔子曰：“吾闻宥坐之器者，虚则欹，中则正，满则覆。”孔子谓弟子曰：“注水焉！”弟子挹水而注之。中而正，满而覆，虚而欹。孔子喟然而叹曰：“吁！恶有满而不覆者哉！”子路曰：“敢问持满有道乎？”孔子曰：“聪明圣知，守之以愚；功被天下，守之以让；勇力抚世，守之以怯；富有四海，守之以谦。此所谓挹而损之之道也。”——《荀子·宥坐篇》

这一个小小的欹器，最形象也最具体地说明了孔子的一个重要的思想与认识，这便是与仁、礼乐相配合的中庸思想。在孔子的思想体系中，仁是它的内容，礼乐是它的形式，而中庸则是实现仁与礼乐的思想方法。事物总有两端，走任何一个极端都将背离事物的发展规律而会受到应有的惩罚。而把握其可使“欹器”端正亦即最佳途径的办法，便是中、中正、中和，是两端之间的那个“中”。孔子在《先进》篇中所说的“过犹不及”，《尧曰》篇中所说的“允执其中”，都是一个意思。这里面还有更深一层的道理，这便是为避免两端，首先要把握两端。要达到中正中和，必须要有两端，消灭了一端也就等于没有了中正与中和。

这其中便引申出了一个多元有理合理也是事物正理的道理。

保持两端（实则是多元）的合理、生机、与平衡，而中庸所达的多元竞争、多元平衡，也就保证了整体的活力与最大限度的发展，从而有望达到中庸的最高境界——和谐，或曰圆融。

和谐不是消极的稳定，也不是对于多元的抑制，而是多元能量的充分发挥和竞争之下的多元的良性平衡。于是，孔子的“鲁庙问欹”这一小小的细节，也就关系着哲学与社会走向的大问题。这个小小的欹器，两千多年来也就悬挂在中国人的面前，成了中国社会发展的一个缩影：或歪斜，或倾覆，或端正。

就是这个小小的欹器，也还表达着天、地、人之间的关系及合理关系的关键所在，这便是“中而正，满而覆，虚而欹”。

当然，这种关系并不是一成不变的，更不是僵死的。这种关系也只有在不断的更新、变化之中，才会产生出新生与力量。因为这种关系，正是对于世界万物及人类社会生长变化的一种反映。“流水不腐，户枢不蠹”，世界万物与人类社会无时无刻不处于变化之中，一如欹器中水量的变化。也只有有了这种变化，才能促进事物的新生与前进。持中，并不是保守，更不是一成不变的死守。这种死守当然是违背自然发展规律与社会发展规律的，是一种伪中庸。关键就是要我们通过掌握与运用中庸之道，去认识辨别发现事物发展的现状与未来，从而清醒地把握行动的方向，也就真正地达到人的解放与主动之下的自由，并由此迸发出无穷无尽的能动性与创造力。世界犹如无数个大大小小环环相套的欹器，每一个欹器的变化，都会影响到相近相触的欹器的存在与变化，只有能动地看清楚并把握住这种变化关系的时候，才会做出真正“中”而“正”的行动。

但是，中国的专制统治者最喜欢一元，最憧憬一元之下的所谓的“中正”，甚至还会美之名曰“中庸之道”。但是万马齐喑并不是风和日丽，坟墓般的寂静更不是真正的稳定与和谐，这实则是戕害生机与活力的专制，是对于中庸之道的背离与背叛。中国的知识分子，也便在这种统治者长期形成的“一元”独生独存的格局里，习惯于奴性思维，习惯于歌功颂德式的黑白颠倒，当然也就从根本上萎缩甚至毁灭了独立思维的权力与能动。本来应当有着不尽生机的中庸思想，也被偷梁换柱成死气沉沉的教条。只是，自然与社会的发展运行，并不以专制者的意志为转移（哪所是普天之下莫非王土的专制），一个多元的世界多元的时代正在到来，政治的多元、经济的多元、文化的多元，思想与生活的多元，这是任谁也无法阻挡的总趋势。因此，变革与维新，也就成为刚刚开始的新的世纪主旋律。

子曰：“愚而好自用，贱而好自专。生乎今世，反古之道，如此者，灾及其身也”（《中庸》）这里的“反”同“返”，孔子是在把生在当下却要复古倒退者，斥之为愚蠢的刚愎自用，是要将灾难惹上身来的，表示着强烈的进步与变革的积极态度。

孔子中庸思想中的这种变化不息、革新不止、常流常鲜的精神，在他对待水的态度上，有着集中而又令人思之无穷的表达。

还是在《宥坐》篇中，就有孔子对于水的透彻的观察与体会。孔子观于东流之水。子贡问于孔子曰：“君子之所以见大水必观焉者，是何？”孔子曰：“夫水，遍与诸生而无为也，似德。其流也埤下，裾拘必循其理，似义。其洸洸乎不屈尽，似道。若有决行之，其应佚若声响，其赴百仞之谷不惧，似勇。主量必平，似法。盈不求概，似正。淖约微达，似察。以出以入、以就鲜洁，似善化。其万折也必东，似志。是故君子见大水必观焉。”这是在说水，也是在说自己，同样是在说心中所向而往之的中庸之道。普及万物而不居功自傲，这是水之德；水往低处流，虽曲折却有一定之规，这是水之道；不甘于长期被拘被囿，又会决而前行，就是遇到百仞的悬崖，也会欣然飞下化着浩然瀑布，这是水之勇；用水还可以测出地之水平，这是水之法；水满了也不用拿来刮斗斛的概去刮平，这是水的正；虽柔弱却能够无微不达，这是水的明察；流出流入，奔流不息，常葆鲜洁，这是水的善；百折不挠，永向东方，这是水的志。

子在川上曰：“逝者如斯夫！不舍昼夜。”（《论语·子罕》）只此一句，也会不朽了。这不只是对于生命与时间一去不回的喟叹，也是对于生命与万物生生不息、进步不已的喟叹。这不舍昼夜的常流常新的流水之中，不正藏着他的中庸之道吗？几乎就在同时，古希腊的哲学家赫拉克利特，同样也在观水，也在临水而叹：人不能两次踏进同一条河流。

虽分东、西，却是天下同理，人同此心。

在孔子那里，中庸，以其度德，则是善，至善；以其审美，则是美，大美；以其衡物，则是正确，事物正确的规定性，以及遵循正确所产生的欣欣向荣；以其品时世，则是和，仁笼罩下的祥和与蒸蒸日上；而以其观照心灵，则是圆融，从心所欲而不逾矩、无可无不可的安详与欢乐……既有着浓郁的道德色彩，更具有世界观、方法论的哲学境界。

孔子的观水，当然是悟出了中庸的道理。同时，孔子的观水，也向我们提出了中庸思想带给我们的课题之一：通过中庸之道，达到人与自然的和谐，也就是“天人合一”。这正如钱穆先生所说中国文化之所以能够“屡仆屡起，绵延数千年不断”，就是“因于中国传统文化精神，自古以来既能注意到不违背天，不违背自然，且又能与天命自然融为一体”。

达到与自然和谐，其道也在于将人纳入于整个大自然的序列之中，并以尊重与爱护的态度，对待大自然。如孔子主张“君赐生，必畜之”（《论语·乡党》），君主赏给的牲灵，不要宰杀，要善养之。在第一章中，曾经说到过“子钓而不纲，弋不射宿”，也是这种对于自然界生命的尊重与爱护。网上的大绳叫纲，用它来横断水流，钓只有一钩，而纲上则要悬挂数十钩。在《礼记·王制》中，有着详细的规定与劝诫：“天子打猎不能用合围的方法一网打尽，诸侯打猎，则不能成群地捕杀”，“昆虫还没有下蛰冬眠，不能放火焚草肥田。不要捕杀幼兽，不要掏取鸟卵，不要杀害怀胎的母兽和刚出生的小兽，不要倾覆鸟兽的巢穴”。后来的孟子，将这一思想更加发展，他主张不能用细密的网打鱼，以免殃及小鱼，丧失渔猎的资源；进山砍伐木材要遵守规定的季节，以免影响树木的生长，以保障自然资源的取之不尽等。

《国语·鲁语上》中，载有这样一个故事：鲁宣公于一年夏天到泗渊张网捕鱼，却被一个叫里革的鲁太史“断其罟而弃之”，将他打鱼的工具都给毁坏了。不仅毁坏了鲁国国君的打鱼工具，还把鲁君教训了一番：古人在“大寒降，土蛰发”时才开始捕鱼，而在“鸟兽成，水虫孕”的夏天是不允许捕鱼的。

因为大自然更是多元的，因其无限多元才有了无限无尽的生机。一枚草芽，一只蚂蚁，都是大千世界达到中庸或曰圆融的一个部分，并有着自成一体的生命“世界”，也因此都有着存在的充分理由。草芽、蚂蚁尚且如此，何况我们人类。试想，如果世界只让一种生物、一种植物、一种动物存在、统治，那还成什么世界！毛泽东的诗句“万类霜天竞自由”，马克思、恩格斯在《共产党宣言》中所说的“每个人的自由发展是一切人的自由发展的条件”，都是讲的这种万类多元自由生长的欣欣向荣的景象。只可惜，知道了真理，却又在行动上违背着真理，而让“万马齐喑”的“专政”大行其道、独行其道。

“知者乐水，仁者乐山”（《论语·雍也》），这是孔子有关水的又一次论述。我们不妨还原一个《论语·乡党》中那个人在山中与鸟相融一体的场景：在一个晴朗的日子，孔子与学生子路在登山游览。鲁国都城曲阜四周是都有着山的，可是去城北的石门山、那座后来接纳着孔子的后裔孔尚任写出了《桃花扇》的幽雅之山？到大山中去，带上子路是最自然不过的。孔子以一米九一的身高，有着勇力自不必说，子路更是勇敢忠诚，遇到野兽等危险，师徒二人是满可应付裕如的。到了山中，他们突然看到几只山野的母鸡在山梁上悠闲地觅食，或者用嘴啄梳一下翅上的羽毛，间或还相互友好地望望，好像对他们的到来不闻不问。是山鸡安闲的举动引起了师徒的注意？他们的脸上露出着激动的神色，子路一副跃跃欲试的神情，而夫子则在恬淡的表情里，升起着肃穆。谁知，他们的脸色刚一变化，这些山鸡便一齐飞向天空，盘旋了一阵，瞻视详察，才再飞下停在了一处。望着飞去又落下的山鸡，孔子禁不住感慨道：“这些山野的母鸡啊，它们是懂得时宜呀，懂得时宜呀！”子路听了，似乎明白了老师心中的意思，便朝着这些母山鸡有些敬意地拱拱手。母山鸡们看看他们，再看看他们，便张翅飞远了。色斯举矣，翔而后集。曰：“山梁雌雉，时哉时哉！”子路共之，三嗅而作。

这样一幅两千五百多年前的人与自然和谐相处的情景，我们是只能望古兴叹了。

当我们在巨大的利益驱动、“政绩”盲动、“腐败”躁动之下，将我们的资源进行了掠夺性、粗放性破坏，而使环境遭到空前的、难以复苏的毁坏之后，再来阅读、学习、回味孔子中庸思想中人与自然的和谐论述时，我们会有一个深切深长的自省过程吗？

孔子中庸思想所提出的第二个课题，便是人与人的和谐，或者叫人与社会的和谐。

在《中庸》里，孔子曾经这样赞扬舜：“舜其大知也与！舜好问而好察迩言，隐恶而扬善，执其两端用其中于民。其斯以为舜乎！”我们于这段文字，应当留意以下几点：一是舜好问，孔子也好问，“入太庙，每事问”。而这个问，就是我们现在的调查研究，也可以说是一种掌握与学习，这是“知”的第一步，也是最为重要的一步。这里面，还有一个态度问题，即自觉地养成“问”的习惯。二是问与察“迩言”相结合，这是一种求实求真的精神，已经从对事的认知而达于对人的认知，这个途径，便是好问与察迩言，并从日常浅近的话中见出事实，并让事实说话。三是在问与察迩言的基础上，“隐恶扬善”，做出正确的选择，也就是“执其两端而用其中于民”。而且最终落实到“民”的头上，这就体现出了“人本”与“民本”的思想。整个过程的完成，也便达到了最高境界的“中庸”。

这是执政者与士、君子需要做到的一面，也就是“博施济众”的仁。能够做到“执其两端而用其中于民”，社会的祥和与蒸蒸日上也就是必然的结果。而要使执政者或天下的知识分子都自觉地做到这样，又需要有一个科学而完善的机制，也就是一个与专制正好相反的民主制度。因为，只有一个真正的民主制度，才能有真正的自由与平等，也才能有真正的言论的自由与有效的监督。也只有有了这样一个先进的制度的推进与制约，也才能达到“举直措诸枉，能使枉者直”。如此看来，也只有一个民主的制度，也才是真正的仁的善的制度，也才能使社会达于小康，再达于大同。

当然，这种执中，绝不是折中调和。当我们深陷极端而不能自拔的时候，竟以极端之心对孔子的“中庸”诬蔑以“折中调和”。岂不知，“折中调和”，正好是孔子中庸所根本反对的。

终其一生几乎都在社会的基层生活的孔子，最为了解世道的艰辛、执政者的黑暗和小人的卑鄙。虽然如此，他更加的知其不可而为之，就是累累若丧家之狗的时候，也不稍改其志。他知道，这个社会必须改变，人心必须改善，因此，他的中庸思想，也便具有着直面矛盾的大勇和主动解决矛盾的大智。

所以，孔子说，如果不能与中庸之士一起奋发做事，那就与狂狷之士一起向前吧，因为狂者志向高远一力向前，而狷者则洁身自好有所不为。（不得中行而与之，必也狂狷乎！狂者进取，狷者有所不为《子路》）

由此，孔子主张“君子和而不同，小人同而不和”（《论语·子路》）。对于孔子的这句话，杨伯峻先生解释为“君子用自己的正确意见来纠正别人的错误意见，使一切都做到恰到好处，却不肯盲从附和。小人只是盲从附和，却不肯表示自己的不同意见”；傅佩荣先生注解为“君子协调差异，而不强求一致；小人强求一致，而不协调差异”；钱穆先生译作“君子能相和，但不相同。小人只相同，但不相和”；匡亚明先生则认为“在先秦朝代，人们把保持矛盾对立面的和谐叫作和，把取消矛盾对立面的差异叫作同，和与同有原则的区别。综上所述，都没有离开孔子所言的大义，但我认为匡亚明先生的解释离孔子的真实的本义也许更近一些。君子从和的目的出发，克己用礼，但却坚持自己的原则，最终达到和的结果。小人则一切从私利出发，只要对自己有利，可以明知于事于人不利，也虚伪地与别人保持一致，这种无原则的“一致”，就是同。

这种一味“同”的小人，也就是孔子骂为“德之贼”的“乡愿”。这种“同乎流俗，合乎污世”的乡愿之人，孔子把他们比作狗尾巴草，看似极像庄稼，却与庄稼为敌，于人类没有一点好处，却又与美好的庄稼争水争土争肥。

那个对孔子表示过不满的齐国的晏婴，对于和与同的区别，他以君臣为例进行过清晰的分析。他认为，和是君臣不同看法的协调，君主说可行的，其中有不可行的东西。这时，臣要指出其不可行的地方，而使其可行的部分更加完备。反过来亦然，君说不可行的，其中却有可行的，臣这时必须指出其可行之处而去掉不可行的。这样就可以达到政治清明平稳，民众也就安泰了。而所谓同，就是君主说啥是啥，连放个屁臣下也要三呼万岁，连说英明天纵，结果是君主一言堂，谁的嘴大谁说了算的专制与独裁，其错误也便大行其道，愈演愈烈。一个社会，如果让这种以权力定准则成为主流，致使大大小小的单位、地区尽是“一言堂”的无数的独立王国，这个社会也就必然地要失去发展的生机，从而成为一潭死水脏水腐水。我们不是太多地遇到着这种明明是低能、是谬误，却因为其掌握着或大或小的权力而公然地要被“尊重”这种低能与谬误的现实吗？这让我们想起孔子的那个有关言论自由的“一言丧邦”论。

晏婴的观点与孔子的中庸思想是一致的。

孔子从来就主张对执政者、尤其是最高的当权者要“勿欺也，而犯之”，就是不能一味地欺骗性地“同”，要敢于“犯”，提出批评，发出质疑，指出错误。孔子流亡途中的陈、蔡绝粮，不正好说明孔子的这种“和而不同”吗？司马迁《孔子世家》说：“楚使人聘孔子，孔子将往拜礼，陈、蔡大夫谋曰：‘孔子贤者，所刺讥皆中诸侯之疾……今楚，大国也，来聘孔子。孔子用于楚，则陈、蔡用事大夫危矣。’于是乃相与发徒役围孔子于野。”这个喜欢批判执政者的孔子，也喜欢弟子们向自己提出批评。他的最得意的学生颜回，不是因为从不提反对意见，而让孔子产生过不满吗？他说：“回也，非助我也，于吾言无所不说（悦）”（《论语·先进》）

这样，一个“可以仕则仕，可以止则止，可以久则久，可以速则速”的孔子（孟子语），便树立于历史与我们的面前，并在这种人与人、人与社会的和谐关系的追求之中，让我们体会到了一种大智大仁大勇。

至此，孔子的中庸思想向我们提出的第三个课题，也就自然地到来了：人与自己即心灵的和谐。

我曾反复地揣摩达于中庸之道的孔子。在反复的揣摩中，我似乎寻到了一条由细流渐至阔大的大川之迹，其间有平阔可吞吐日月处，也有湍急窄逼让急流成刀劈开重峦处。但是一种从小到大、由微至宏的轨迹，却是那样清晰可见，一如大河由源头至大海的曲折和必然，其势曲折，其义必然。没有圣与神的高高在上、突兀而至，只有一个人、一个大知识分子或曰一位思想者逐渐成长成熟的自然。

野合生于尼山，其时家道已经败落。更兼幼年丧父，孤儿寡母，少贫贱，多为鄙事。多亏有个仁善而又有决断的母亲，长大于春秋那个文化首善之地的鲁国都城曲阜，为他后来的进步打下了一个坚实的基础。好学，志远，颖悟，更有不断的挫折与不平磨他炼他，使他的知识不断积累而至大成、德行不断修炼而臻仁界、思想不断磨砺而达化境。

至于其中庸思想中最为核心的心灵的和谐，更是直到七十岁的时候，才算基本完成。此刻，“天下国家可均也，爵禄可辞也，白刃可蹈也，中庸不可能也”（《中庸》）夫子说“中庸不可能也”的时候，那是他已处中庸之境而发出的感慨，是说达到这样的境界真是太难了。但是，这句话的后面，我们不是可以体会出那种只要为之就可以近之最终可以达之的劝告与鼓励吗？只要在中庸的路上不懈地走着，纷繁的国家大事，都可以治理得妥妥当当。只要在中庸的路上不懈地走着，即使遇到一般人都认为宝贵的地位利禄，只要不合乎道义，都可以轻而易举地拒绝。只在在中庸的路上不懈地走着，就是那可怕的刀锋剑刃，只要是义之所在，也会从容地踏上去而不会趋避。

“中庸不可能也”，也是孔子至死都在向前不辍的印证。这里的“不可能也”，不是永远也不可能达到，而是说中庸之境是没有止境的大境界，只要进入于此境，就会日日新又日新，让心灵成为一个圆融的大世界，并会在这种大世界里享受着大欢乐而不知疲倦、不停脚步，一如那“逝者如斯”的泗河，每一秒间都有新的里程新的生命新的创造新的思想。

让心灵至于这样和谐圆融的境界，并不是一朝一夕或一年半载的工夫，而是要经过漫长甚至是一生的跋涉。就以孔子自己的总结为例，即使是到了“知天命”之年，也仅仅是知道、明白、了解、清楚了“天命”，从知道到行动是有着无穷的障碍与路程的。种种的波折，种种的诱惑，种种的歧途，都会横亘在你前行的路上，考验你，拦阻你，稍不留意，就会远离中庸的道路。费尽努力，达到了“耳顺”——傅佩荣先生说，这个“耳”字实则是个衍字，本来应当没有的，应该是五十而知天命，六十而耳顺，顺是顺从天命，从知到顺，当然又高了一个层次，我认为傅先生的说法正确——也就接近了中庸之道的那个心灵的圆融状态，一个从心所欲不逾矩的状态。

从孔子的一生的经历与他的言论与思想分析，他虽然有着自己划分的阶段，各个阶段也似乎明晰可见。但是，这只能是个大概。可以说，孔子从流亡开始，已经在向往着中庸的境界，也明确地在筑建自己中庸之道的思想大厦，并且也会时不时在这个境界里流连。只是还不能久久地驻足。但是，这种境界给他心灵带来的建设与力量，他是清醒地感觉到了，并渐渐地对其增加着爱恋，其追寻求索的劲头与意志，也是越发地宏大与坚韧了。最为人少知不知的，是他的痛苦与孤独。他是多次在感叹着不为人知不为世知而只有天知的，虽然是一个“人不知而不愠”的君子，但是这种不被知的痛苦当是免不了的，也是他前行的动力之一吧？处在那样一个“礼崩乐坏”、生灵涂炭的乱世，一个先天下之忧而忧、后天下之乐而乐的知识分子，怎么能够独自快乐呢？更何况还有着四处碰壁、常常遭忌的人生的蹉跎和疾病、饥饿、危险等自然与生理的困难。特别是在他的思想与精神走在越来越高的途中时，那种罕有知己的孤独，也就会常常地袭来。按说，他有弟子三千、贤者七十有二，本应脱离于孤独之地。但是就是在他从教的无比快乐之中，也不能彻底走出于孤独，这正是他时时前行不作稍辍的证明。试想，一个攀援于险峰峭崖之人，怎会有众多知音呢？“不得中行而与之，必也狂狷乎！狂者进取，狷者有所不为也。”（《论语·子路》）得不到达于中庸之道的知音与其交往，那一定要交高举着理想之旗奋力向前的狂人和在大是大非面前有所不为的狷介之士吧。其实，当狂则狂，当狷则狷，动静有度，不也是一种特定环境下的中庸之道吗？我们的孔子，不就是这样的一个人吗？他可以恓恓惶惶，流亡十四年，孜孜矻矻，不懈不退。又可以粗衣淡茶，甚至曲肱而枕，但却又其乐无穷。他可以对于一个盲乐师敬而抚之，无微不至，又可以一生保持着对于社会与执政者的批评、评判立场与教导他们的居高临下的姿态。

孔子曾经向自己的弟子们叹息说：“我还没有见到过刚毅不屈的人啊！”此时，一名学生向他举例说：“你的学生申枨不就是这样的人吗？”但是，孔子接着便指出了申枨的不能刚毅处：“申枨吗？他的欲望那么多，怎么会刚毅不屈呢？”（子曰：“吾未见刚者。”或对曰：“申枨。”子曰：“枨也欲，焉得刚？”《论语·公冶长》）

我们平常说的“无欲则刚”，就是来自于孔子。

我们平常说的“无欲则刚”，就是来自于这里。

《庄子·让王篇》中记有屠羊说的故事。伍子胥为报杀父兄之仇，帮助吴王阖闾大败楚昭王。楚昭王逃亡途中，受到了羊肉贩子屠羊说的悉心照顾。等到楚昭王复国，他就想着报答屠羊说、要封他个官。但是这个羊肉贩子却说：“大王失去国家我则失去工作，如今大王有了国家我也有了工作，工作就是我的爵位，我不需要再封什么了。”可是昭王非要他接受不可。这回屠羊说回答得更干脆：“大王失国不是我的错，我没有理由向其请罪，现在大王光复也不是我的功劳，我也没有理由请赏。”如此，昭王越发地觉得这个羊肉贩子非同小可，派大臣去请，谁知屠羊说拒绝没商量，说：“我只是一个逃亡的人，再去见一个国王是不合楚国礼义的。”楚昭王觉得他深明大义，更欲封他至三公极位。屠羊说也就拒绝得更坚决了：“我知道三公的地位比我屠羊的工作高贵得没法比，所享的俸禄是我这个羊贩子一辈子也不敢想的。但是我不能因为贪图荣华富贵而让国君落一个滥行赏罚的恶名。再说，我也不安心，还是干我的屠羊的活好。”无欲有欲，品格自见，而且地位也不能决定人的层次。这个羊肉贩子，了不得呢。

其实，孔子在上面，既是在说申枨，也是在说自己。他并不是生来就能拒绝欲望的诱惑，他也是在不断的修炼之中渐至“无欲则刚”的地步。

在《论语·阳货》篇中，记载着孔子的两次“欲望”，虽然在其他章节中涉及过，但是在这里我们还是要拿出来看看孔子所走过的路程。一次是鲁国上卿季氏的家臣公山弗扰占据费邑，起兵反叛季氏。他要召请孔子去帮忙，也就是想请孔子到他那里做点官。孔子动心了，想去。但是敢言的子路很不高兴，觉得这是以下犯上，是老师不赞成的，所以坚决反对老师的应召。子路的言词很激烈也刻薄：“没有地方去就算了，为什么一定要到公山氏那里呢？”孔子回答说：“请我去的人，难道没有什么意图吗？如果有人任用我，我难道只想维持东周这衰弱的局面吗？”（如有用我者，吾其为东周乎？）另外一次是晋国的权臣赵简子攻打范中行时，范中行的家臣、中牟县县长佛肸据地反叛赵简子。这时，佛肸也想请孔子撑门面，孔子还是想去，又是子路反对。这次子路言词不仅激烈，还以师之矛刺师之盾：“以前我听老师说过：‘自己动手公然行恶的人那里，君子是不会前往的。’现在佛肸占据中牟，起兵反叛，您却要前去，这又该怎样解释呢？”孔子听了这个话，我想当时肯定得有些脸红了，但是孔子却也有他的道理。他回答说：“对的，我是说过这样的话。但是，我不是也说过：‘最坚硬的东西，是磨也磨不薄的？最洁白的东西，是染也染不黑的？’我难道只是个匏瓜，怎么可以只挂在那里当摆设而不被人食用呢？”（不曰坚乎，磨而不磷；不曰白乎，涅而不缁。吾岂匏瓜哉？焉能系而不食？）

孔子的两次回答，虽然也冠冕堂皇，但是子路的意见明显是对的，占着上风。明智如孔子，当然知道该怎样选择。最终都是孔子接受学生子路的批评，拒绝了应召。孔子的一生，这样的欲望的诱惑，当是很多。他也就是在这样不断的拒绝与进取之中，一次次获得更大的力量，也一次次坚定着意志与信念，并将每一次的拒绝，都当作向前的台阶。这里当然是一种减法，有了这样的减，才会更加轻装前进。这种减，并不是如于丹所说只在他的生命的后期，而是从而立就已经开始了的。只是，孔子的一生，哪怕在他生命的晚期，并不都是在用减法，而是加减并用。这个加法，是知识、器识、思想、胸襟等的不间断的加。也只有在这种加减的并用之中，孔子也才会一点点地逼近着那个难以达到的中庸之道，从而让心灵达于光明自在之地，这颗心灵也便如天宇之繁星棋布、如海洋之大潮澎湃、如大地之厚德载物。

第二十四章　国老的参政议政

回到鲁国的孔子，享受着国老的待遇，也就是起着参与议政的作用。不是决策者，也不是政策与决定的执行者，但是却可以对于国家的重大问题发表自己的意见，或者受到当权者的咨询。待遇当是不低于走时的六万俸禄，或许还会高于这个数目，虽然没有具体职务，政治待遇却要高于一般的大夫。如果寻找“顾问”的源头，恐怕最终要落到孔子的头上。

晚年孔子在鲁国政坛上的地位与作用，在他刚回到鲁国不久，便因为季氏的田赋改革而得到了具体的验证。

《左传》鲁哀公十一年记载了这个事件：“季孙欲用田赋，使冉有访诸仲尼。”这次季康子所实行的田赋改革，即由原来的丘赋改为田赋。那时是“方里为井，四井为邑，四邑为丘，丘出马一匹，牛三头”（《左传·定公十一年》）鲁国与齐国战事频繁，所需各种费用相当巨大，原来的田产与家财一块计算赋税的“丘赋”已经不能适应现实的需要。在此情况下，季康子决定实行新的“田赋制”，将田产与家财各为一赋，也就是说新的田赋制要比原来的赋税增加一倍，也就是每丘要出两匹马、六头牛。

就是在这样的背景下，季康子派家臣、也是孔子的学生冉有就田赋问题前去咨询，实际上是要孔子表态。这既是检验孔子对于当政者的支持度、顺从度，也是想利用孔子的表态，来减轻因增加百姓负担而带来的压力。但是冉有三次问询，孔子均不作明确回答，只是说“我不了解情况”。冉有见老师分明有着明确的态度，却以“我不了解情况”来搪塞，有些着急，便说：“老师是国老，现在这个事情需要你表态后才实行。为什么老师就是不表态呢？”

我估计冉有询问的时候，肯定不是一个人在场。只是到了只剩冉有一个人的时候，孔子才私下对冉有说：“君子的行政措施，应该在合于‘礼制’的范围之内，施于民的一定要宽厚，国家的事情的规模要适中，取于民的一定要少（施取其厚，事举其中，敛从其薄）。如果按照这个原则，我国原来实行的‘丘赋’也就够用的了。如果不按照礼制去办，而是贪得无厌，即使实行了他季氏的田赋，也会入不敷出。”虽然是私下谈话，可是在关系着鲁国政局的大事上，孔子依然毫不含糊。他接着更加严厉地对冉有说：“你和季孙若要依法办事，那么有周公现成的法典可以遵守。若要任意而行，那又何必来问我的意见呢？”

对于季氏的田赋问题，《左传》上说的是“贪冒无厌”（贪得无厌的意思），《论语》则称之为“聚敛”（搜刮民财），《孟子》指为“赋粟倍他日”（赋税比以前多了一倍），如此看来，季氏的田赋之变，严重地增加了农民负担这是肯定的。从孔子严厉的回答，也可以看出这个问题的严重性和他的原则性。而“施取其厚”与“敛从其薄”的主张，更是带有着孔子一贯的“仁政”的色彩。这既是他仁心的自然反映，也是他施仁政的一贯主张。尤其是在春秋末期、贵族统治者置民众生计甚至生命于不顾、疯狂扩充各自的地盘与权力的时候，这种“仁”心与施“仁政”的主张，更显得弥足珍贵。他的贫苦出身以及几乎贯穿一生的穷困与蹉跎，更令他的这种民本思想有了深厚的根基。至于他事必以周礼为准则、为解决问题的锁钥，而没有以向前看的姿态找到新的救世办法，这既有他保守守旧并导致一生碰壁的一面，也是时代的局限所致。

估计冉有的问询当是在鲁哀公十一年的冬天。知道了孔子的态度的季氏，并没有停止自己实行田赋制的脚步，紧接着在鲁哀公十二年的春天，就全面推行了田赋制。气愤的孔子当然拿季氏毫无办法，但他却对于在季氏家中有着相当权力的冉有，进行了严厉的批评。《孟子·离娄上》如实记下了此事：“求为季氏宰，无能改于其德，而赋粟倍他日。孔子曰：‘非吾徒也！小子鸣鼓而攻之，可也！’”严厉到了不承认冉有是他的学生，并号召他的弟子们可以大张旗鼓地批评冉有。

孔子对于冉有的严厉态度，当然也是对季氏田赋制以及不尊重孔子意见的强烈不满与批评。季氏当然清楚这些，但是他对于利害的权衡，当然要大于遵老敬贤之心。从这一件事情可以清楚地看出晚年的孔子在鲁国政坛所处的地位：是一块显示当政者尊贤并以此招贤的牌子，又是一位当政者咨询问题的顾问，他的意见可以听也可以不听，这全以当政者的利益为取舍。

十四年的流亡岁月，并没有改变什么，孔子还是孔子，季氏还是季氏。

这种状况，很快又被另一件事情证实。

季氏准备攻打颛臾，还是让冉有和子路——冉有是在孔子离卫之前就已经仕于季氏，而子路则是在孔子返鲁之后仕于季氏，冉有的职务当大于子路，既管财政又管军事——去见孔子征求意见。颛臾是鲁国的附属小国，位置在山东省费县西北八十里处，现在还有颛臾村，离季氏的费邑较近。冉有有了上次的教训，这次可能是学乖了，不是一个人去，而是与子路两个人一起去，而且他也知道老师喜欢子路。去了也不是上来就进入主题，先讲了许多别的家常，才慢慢导入主题。而且不说进攻、不说侵略，只是说“季氏将有事于颛臾”。但是孔子是谁，他早就知道了季氏将要攻打颛臾的事情，也明白两个弟子所来的目的。孔子对于鲁国国政大事是了如指掌的，如有一次冉有下班回来晚了，孔子问他，怎么回来的这么晚？冉有说是政务缠身。这时孔子带点幽默地说他：“别露味了，那只是事务罢了，若有政务，虽然不用我了，我还是会知道的。”

所以，孔子并不绕什么弯子，上来就向冉有表示了不满。孔子直呼着冉有的名字直率地说：“冉求！这难道不应该责备你吗？要知道，这是一种要不得的侵略罪行。颛臾是五百年前周武王分封诸侯时建立的国家，那时在中国东方的边疆，是个还没有开发的民族，由他前去管理，并包括在中国的版图之内，也是周天子所辖天下的一个组成部分。‘何以伐为？’伐是对方有错才去讨伐，现在他不过是衰落了，怎么可以出兵占领呢？”

冉有来时就胆怯着。听了老师的批评，更有些心里发虚，就解释说：“是季氏要这么干，我和子路本来是不同意的。”这既是实情，也有着某种推卸责任的意思。

这时孔子引用了周朝曾经分管文化的周任的话“陈力就列，不能则止”。意思是说能够发挥作用就干，否则就辞职好了。还有一种解释为我国古代的战争哲学，亦即当对方失去了抵抗能力是不能再打的，犹如从前习武的人对于老人、妇女、乞丐、出家人、有病或残疾人不能动手一样。但是不管怎么样，引用完周任的话，孔子还是向着负着更大责任的冉有开火了："一个当宰相辅助诸侯的人，就是要济困扶危，就像一个东西要倒了你得伸手去扶持一下。现在颛臾这个小国家正是处在这样需要扶持一下的时候。你们倒好，不仅不扶，还不能阻止季氏前去'讨伐'，你们这不是失职吗？'虎兕出于柙，龟玉毁于椟中，是谁之过与？'老虎犀牛从栏里跑了出来，龟壳美玉却在匣子里毁掉了，这是谁的责任呢？"其实孔子的意思很明确，他也是在把老虎犀牛比作战争，比如季氏对于颛臾的攻打，这是要吃人的，而龟玉则在古代象征着财富经济，在战争之下，鲁国的经济不是要受到大的影响吗？你们的那个增加农民负担的"田赋"不就是这种恶果之一吗？谁的责任，还不是因为季氏与你们这些人吗？

下面就开始了实质性的也是短兵相接式的政略论辨了。

冉有终于被老师逼出实话："老师，你不想想，颛臾这个国家紧挨着我们鲁国的边境费城（实际上是紧靠着季氏采邑费），现在不把它拿过来，将来会成为我们鲁国后世子孙的祸患。"听这口气，冉有应当是参与了季氏这次行动的策划的。听了冉有的自白，孔子当然没有客气："冉求！我告诉你，一个君子最讨厌的事情，就是心里明明想要这个东西，却装模作样地说不要，好像要把这个东西丢开了，然后再用冠冕堂皇的理由把它拿过来。"不等弟子申辩，孔子又阐述起了自己的观点："我听说，无论是国还是家庭，'不患贫而患不均，不患寡（人少）而患不安'，若是财富平均，便无所谓贫穷；国内和平团结，便不会觉得人少；境内平安了，政权就不会倾危。做到这样了，如果远方的人还不归服，便再修仁义礼乐来招致他们。如果他们来了，就要让他们安居乐业。如今你们两个辅助季氏，远方的人不来归服，你们又不去做合乎仁义礼乐的事情；鲁国这样'分崩离析'、不团结不稳定了，你们与季氏又不能保全它、恢复它的团结与安定。不仅如此，却要向颛臾使用兵力，我恐怕季家最大的祸患将不在颛臾这个小国家，而是在于他季家的兄弟之间吧，'吾恐季孙之忧，不在颛臾，而在萧墙之内也'。"（以上《论语·季氏》）后来的发展，果然证实了孔子的论断。

反对侵略，提倡和平，其中也渗透着"仁"的精神，也是孔子四处碰壁的另一个原因。在这一场论辨中，不仅亮出了孔子的政治观点，也显示出了孔子教育子弟的严肃的态度来。当然也有一种师徒间自由交流的平等精神。并不是老师教导，弟子喏喏，而是有教导也有交锋，甚至是反复的论辩。有一次子路问怎样才叫“士”，孔子回答说“互相批评又和睦相处，就可以叫作‘士’了”（切切偲偲，怡怡如也，可谓士矣。《论语·子路》）。

批评归批评，当季康子向他打听他的弟子子路、子贡和冉有从政能力的时候，孔子又将他们各自的优点说得准确而有力，包括他曾号召弟子们“鸣鼓而攻之”的冉有，都是言之中肯、爱护有加。他向季康子介绍说，仲由（子路）果敢决断，端木赐（子贡）通情达理，冉求（冉有）多才多艺，从政是没有什么困难的。

季氏的一个叫季子然的子弟，以为他们季家掌着鲁国的大权，而孔子的弟子子路、冉有等又在他们季家做家臣，便自以为了不得，居高临下般地问孔子：“仲由、冉求是当大臣的料吗？”孔子当然不吃他的这一套，回答得硬气而又有趣：“我以为你要问什么特别的问题呢，竟是问他们俩呀。好吧，我告诉你，真正的大臣是‘以道事君，不可则止’（《论语·先进》），他们有理想有主意，假使他们的理想与主意这个君主听不进看不起行不通，那他们宁可不干也不会委曲求全。要知道他们是为‘道’而来，不是为官、为待遇、为功名富贵而来。像由与求这两个人（子路、冉有），政治、军事、经济，都很能干，又有气节，当然有做大臣的资格了。”季然子还是那副嘴脸，觉得你再有气节，还不是得听主人的，便说：“他们总得绝对服从上级的吧？”孔子更不含糊，一句话就把这个骄傲的季子然噎在那里：“如果这个‘上级’做出了杀父亲杀君主的事，他们绝对不会服从！”

作为“国老”，鲁哀公与实权派季康子，都是免不了要向孔子问政的。对于他们的问政，已是暮年末尾的孔子，仍然在回答里坚持着自己的追求、闪烁着生命的活力。

比如，对于鲁哀公怎样才能使老百姓信服与服从的问题，孔子的回答真可谓千古不朽：“把正直有才能的人提拔上来，放在缺德少才的小人之上，百姓就会信服与服从；若是把缺德少才的小人提拔出来，放在正直而又有才能的人之上，百姓就会不信服不服从。”（举直错诸枉，则民服。举枉错诸直，则民不服——《论语·为政》）

我们不妨回望一下孔子所处的那个时代。世卿贵族多是世袭而获，可说是尸位素餐，不仅于事无补更多的则是败事有余。而那些有才能有德行的人，则要么如孔子一样四处碰壁、一生潦倒，要么如上面所述的那些隐者，没于草莽之间，人亡政息。果真能如孔子所言，则能乾坤扭转、人存政举。孔子所言，虽然普通，看似简单，实则是整个中国数千年社会为政的最高境界，也就是说是人治社会的最高境界。一提以往，我们就会称之为“黑暗的旧社会”。其黑暗就在于孔子所说的“举枉错诸直”，就是将缺德少才的小人提拔起来放在了正直而又有才的人之上，就是将外行硬加在压在内行之上，瞎指挥、乱指挥。这又是一种恶性的循环，提拔一个小人，这个小人当然要用小人，这样下去，社会也黑暗腐败得一塌糊涂、不可收拾了。而这一黑暗状况所产生的最根本的原因，还是因为那个没有民主、自由、平等的专制制度。

还有季康子的几次问政，既显示着孔子的风骨，也显示着孔子的诚挚之心与期待之意。孔子对季康子说：“政者，正也。子帅以正，孰敢不正？”（《论语·颜渊》）这样的话，孩子都懂，政就是行正道，要端正，你作为领导人行正道、端正了，下面的谁还敢不走正道不端正呢？有一次季康子苦于鲁国盗贼太多，民怨沸腾，又向孔子请教。孔子没有教给他加强治安、实行联防、集中打治等方法，而是点出了问题的根源，说“假如你不欲望太强烈、贪求钱财太多的话，就是奖励偷盗，也没有人会干。”——苟子之不欲，虽赏之不窃。在孔子回答季康子的另一次问政中，孔子还阐述了同样的道理，“君子之德风，小人之德草”，此处的小人是指百姓而言的，意思是领导人的作风好比是风，而百姓的作风好比是草，风向哪边吹，草就向哪边倒。

上梁不正下梁歪，孔子在二千五百多年前就已经看到并提出了批判。只是他的论断与批判，至今还显得那样新鲜，还有着强大的生命力。

孔子在鲁国最后的表达重大政见，是在他七十一岁的时候。

这一年，齐上卿大夫陈成子（即陈恒、田成子）弑杀齐简公。陈成子的祖先陈完原是陈国贵族，因惧内争之祸逃奔齐桓公，奔齐后曾改姓田，到陈成子已经是第八代了。陈成子在齐国的位置相当于季康子在鲁国，只是陈成子比季康子更会治理国家。《史记·田完世家》曾引用民歌说“妪乎采芑，归乎田成子”，意即连采芑菜的老婆子都心向着田成子（亦即陈成子）。看来陈成子还是很得齐国人心的，他的后人后来成为齐国国王，并让齐国成为战国七雄之一。但是对于“忠君尊王”的孔子来说，下弑上是一种大逆不道的行为，必须主持正义，进行讨伐。于是他郑重地沐浴一番之后，才去见鲁哀公，并请求出兵讨伐陈成子。无权的鲁哀公无能为力，只好让孔子去问三桓——季孙、孟孙、叔孙。七十一岁的孔子又去挨个分别报告“三桓”，边走还边自言自语着：“因为我忝居大夫之位，遇到这样的大事，敢不来报告吗？可是国君却说你去告诉三桓……”三桓尤其是季孙氏，与齐国的陈成子属于一样的利益集团，他们怎么会同意孔子的讨伐主张呢。

遭到拒绝这是肯定的。

这种拒绝不仅是孔子在鲁国政治生命的完结，也预示着一个更加纷争的战国时代的到来。

第二十五章　文献整理与著述

一生倡导恢复周礼并要在天下实行周礼的孔子，恰恰是周礼的突破者与否定者。周礼规定“非天子，不议礼，不制度，不考文”（《礼记·中庸》），孔子不仅到处议礼，更在中国第一个以私人名义进行了大规模整理古代文献的文化活动，并开创了中国私人著书立说的先河。朱自清称，“孔子是在周末官守散失的时代，第一个保存文献的人”（朱自清《经典常谈》）。

一个旧有秩序的维护者与守望者，却成了春秋时代旧有秩序的最大的破坏者。他继第一个站出来打破贵族统治阶级对于学习教育的垄断之后，又成为中国打破贵族统治阶级文化垄断的第一人，并为就要到来的百家争鸣时代发出第一个私人的声音，也是中国知识分子的第一声。

对于古代文献，他以那个时代所能具有的高远的眼界与阔大的胸怀，进行了抢救、梳理、综合、成型，并在他的教学活动中以教材的形式传诸后世，成为中国乃至世界精神文化遗产宝库中的瑰宝。

流亡列国四处碰壁终竟返回鲁国的孔子，可说是亲身经历了天下诸侯及诸侯们的国家。虽然那个创建了周朝典章礼制等周朝文化的周公，再也没有来到梦中了，但是“郁郁乎文哉”的周朝文化，却是那样的令孔子一生向往。像周公那样辅佐成王创建一个新天下的理想是无法实现了，用世之心已经在已届生命晚期的孔子的心里，淡薄得犹如轻烟一样了。周公不在了，他所用大力创立的周朝也已经分崩离析、日薄西山了。只有周公所创建的周朝的文化，还在闪耀着生命的光彩并让孔子一生都对之向往不已。

也是日薄西山的孔子，却看到了一轮旭日的东升。这轮旭日，就是载着前人智慧结晶的各种文献。虽然因为周朝的衰落而散乱各处、并已零乱不堪，但这不更是亟须一个人去将它们整理而成一个系统而又完整的文化系列，传诸于后世以至于千代万代吗？虽然已经不可能像周公一样去建功立业了，但是对于文化的建树，不是仍然可以直追周公吗？文化不死，人也就会虽死犹生。

那么我来吧——孔子说。于是他就将漫天的夕晖，化作朝阳的产床了。

说到中国古代的典籍《三坟》《五典》《八索》《九丘》，我们再也无法看到，因为它们全都湮没在历史尘埃中。说到记岁的《时》、记民之利害的《行》、占卜吉凶的《卜》、记先王世系的《世》、记百官之事业的《令》，以及记前世成败的《故志》、记五帝的《训典》等书，我们再也无法看到，因为它们也是全部湮没在历史尘埃之中。

但是，虽然时间过去了二千五百多年，我们仍然能够看到《诗》《书》《礼》《易》《春秋》等古代典籍，就是因为孔子当年、特别是在他生命的最后五年里，为我们搜集、归纳、整理出了包括《乐》经在内的这“六经”。

《诗》《书》《礼》《乐》《易》《春秋》，在司马迁《史记》里，还不叫“六经”，只是称之为“六艺”。可见普遍称之为“六经”，已经是汉武帝“罢黜百家，独尊儒术”以后的事了。春秋时代，《诗》《书》《礼》《乐》《易》《春秋》被称为高级“六艺”，是相对于礼、乐、射、御、书、数低级“六艺”而言的，前者为贵族成年后的必修课，后者为贵族小时候的必修课，由此也可以断定，“六艺”在孔子之前已经存在的。孔子只是汇集了当时所能搜集到的各国文献，第一个将“六艺”整理、编辑成系统教材的人。

“六经”之中，唯《春秋》是孔子编撰而成。它是我国第一部编年史，起自鲁隐公元年（公元前七二二年），迄于鲁哀公十四年（公元前四八一年），记载了春秋时代二百四十二年的历史。全书只有一万六千五百余字，因其太过简略，后世有许多人对它进行补充和注释，这些补充与注释部分称之为《传》，现在我们能够看到的有《春秋公羊传》、《春秋谷梁传》和《春秋左传》。至于到了近代，有人否定《春秋》为孔子所编撰，如钱玄同即把它贬为“断烂朝报”“流水账簿”，认为“以他老人家那样的学问才具，似乎不至于做出这样一部不成东西的历史来”（《答顾颉刚先生书》）。我国“五四”运动时期，打倒孔家店已经成当时潮流，钱玄同或受当时潮流激扬，才发此议论。其实，《春秋》的简略，自有其原因。作为教材，这只能是个纲目，可以随讲随时发挥的。再者，以当时刻于竹简的“印刷水平”，也不可能作长篇大论的著述。况且孟子与司马迁，对于孔子作《春秋》一事，都给予了肯定的记载。如《孟子·滕文公下》说：“世道衰微，邪说暴行有作，臣弑其君者有之，子弑其父者有之。孔子惧，作《春秋》。”司马迁在《史记》中更是对于孔子作《春秋》起因与作用都给予了详细的说明。当时孔子最担心的就是死后不能为后世留下什么，于是就根据鲁国的史书作了《春秋》，上起鲁隐公元年，下至鲁哀公十四年，共包括鲁国十二个国君。以鲁国为中心记述，尊奉周王室为正统，以殷商的旧制为借鉴，推而上承夏、商、周的法统，文辞简约而旨意广博。所以吴、楚的国君自称为王的，在《春秋》中仍贬称为子爵；晋文公在践土与诸侯会盟，实际上是硬要天子周襄王赴会，而《春秋》中却避讳说“周天子巡狩来到河阳”。有的说，依此类推，《春秋》就是用这一原则，来褒贬当时的各种事件，后代有的国君加以称举推广开来，使《春秋》的义法在天下推行，天下那些乱臣贼子也就害怕起来。

我倒是觉得，孔子的这种良苦用心，倒是一种违背历史真实的。他明明称王了，你就是把他说成狗屎，他也是王。而且这样一来，反倒增加了后世了解历史真相的难度。

在“六经”之中，也许孔子对于《周易》的学习要大于对其的整理与修改。还是司马迁，说“孔子晚而喜易，序彖、系、象、说卦、文言”，也就是说，《周易》的《易传》部分也就是称为“十翼”的，为孔子所作。

现在《周易》是由六十四卦组成，每卦有六爻，共有三百八十四爻。卦有卦辞，爻有爻辞，卦辞与爻辞便组成了《周易》的经文，称为《易经》。而对于卦辞与爻辞的解释说明与发挥，便称为《易传》。《易传》又有七种十篇，称为“十翼”，即彖、象、系辞各分上下篇，加上文言、说卦、序卦、杂卦各一篇共十篇，也就是上面司马迁所说的孔子“序彖系象说卦文言”。

按照一般传统的说法，认为是伏羲作八卦，周文王作卦辞，周公作爻辞，孔子作十翼，合为《周易》。但是从欧阳修开始，后世陆续有人怀疑《易传》非孔子所作，康有为更说《史记》只是说“孔子晚而喜易”，其后“序彖、系、象、说卦、文言”八个字是汉代经古文学家故意加进去的。

《周易》思想庞杂，很可能不是出于一人之手，加之其长篇大论的表达形式也很难是春秋末期所为等，对司马迁的说法提出怀疑是可以的。但是如果完全否定孔子与《周易》所发生的联系，也是不科学的。根据历代研究成果分析，《周易》肯定与孔子有着密切的关系。比如，虽然《周易》中有道家的思想，但是毕竟儒家的思想占着重要的部分，如“立人之道曰仁与义”、“君子以非礼弗履”、“君子以自强不息”等，都与孔子的思想如出一辙。再如，《论语·述而》中就有这样的记载：“子曰：加我数年，五十以学《易》，可以无大过矣。”从孔子自己的讲述，也可以看出孔子对于《周易》的向往与重视。说这个话的时候当然还没有到五十岁，离他返鲁的六十八岁也还有一二十年的时间，他当然会对《周易》投入相当的精力去学习。尤其是在他晚年归鲁有了大量的时间之后，他更会对《周易》进行更深入的研究与学习，如“韦编三绝”之说，即读《周易》读得遍数太多了，以至于把拴竹简的绳子都翻断了三次。加上他的教学的需要，对《周易》进行阐释当是可能的也是自然的。又如，一九七三年湖南长沙马王堆汉墓出土了一批帛书，其中有一部《周易》，卷后附录中就有孔子与弟子研讨《易》理的问答。

《书》又称《尚书》或《书经》，而现存礼书为三种《周礼》《仪礼》《礼记》。《书》与《礼》都与孔子发生过关系，至于整理与阐述，也都有历史记载。比如关于礼，仅《论语》就出现过七十四次，而且孔子很小的时候就把演习礼仪作为童年的娱乐项目，他的搜集、整理《礼经》并将此书作为学生们的一项重要学习科目，这当是确定的。

最让我感佩不已而又令人浮想联翩的，还是孔子对于《诗经》与《乐经》的搜集、整理、挖掘、编撰，甚至创作。这不仅是孔子承前启后、以传承中华民族文化为己任的激励，也不仅是他教学的需要，更是孔子内心的一种渴求。在这六经当中，只有诗与乐，才是从人性本原上生发出的果实，也只有诗与乐，才是人类灵魂斑斓多姿的写照与声情并茂的交响。诗言志，歌咏言。乐以诗为本，诗以乐升华。诗、乐均从人类心灵深处长出，是感情、思想和志向的宣言。

孔子所处的春秋时代，诗、乐、礼三位一体，尤其是诗与乐，更如人体的血肉，密不可分。凡诗无不可以入乐、又无不可以离乐，诗的韵律与乐的旋律交相融合，难分难解，有诗必配乐，有诗有乐必能歌之咏之，不仅用配乐之诗叙事言志抒情，还能在歌之咏之之中进行人性与世事的交流与沟通、描绘与宣泄，以使人心之内达到和谐与圆融，并进而达到外在世界的和谐与圆融。春秋时期，还承续着周朝的礼仪之制，凡礼必歌之咏之唱之，也让诗、乐、礼成为一体，也就成就了重诗教又重礼教的孔门大观。孔子说“兴于诗，立于礼，成于乐”（《论语·泰伯》），就是对于诗乐礼三位一体的精当概括。《诗经》之诗，不仅是诗，还包含着哲学、历史、宗教甚至经济，学诗不仅能够振奋精神，还能开拓事业，所以“兴于诗”。“立于礼”，人处在社会之中，必须要与各种人事打交道，国与国之间是外交，人与人之间我们现在叫公关，孔子时代叫礼，而且范畴更宽，也更讲究。没有这样的学问，就无法出来做事，更不能为“仕”，所以“礼”也就成了孔子乃至那个时代的一项必备的学问。孔子两次对于儿子伯鱼的教导，也透出了孔子对于诗与礼作用的认识。一次是说“不学《诗》，无以言”，一次是说“不学礼，无以立”（《论语·季氏》），也就是不学诗就不会使语言典雅有力量，不学礼就不会懂得立身处世的道理。这个“言”当指出使应对，纵横捭阖。在那列国纷争的多事之秋，外交尤其显得重要，“言”也就直接关系着国家的兴衰，所以“兴于言”。“成于乐”并不是乐就比诗、礼更重要，而是更加侧重于乐对于人的情操的陶冶，是指在乐的熏陶下人就可以走上完美的境界。当然，这个“成”也是一种合成的效果，也有着诗与礼的功劳。

《乐》自秦始皇焚书坑儒之后，我们已经无法见到。但是孔子整理《乐》的记载却是留了下来。司马迁就说：“三百五篇（诗），孔子皆弦歌之”，是说孔子为诗三百篇全部配上了曲调。孔子自己也说：“吾自卫反鲁，然后乐正，《雅》、《颂》各得其所。”（《论语·子罕》）孔子对音乐有着罕见的悟性，并在乐器演奏上有着很深的造诣，同样是他，将“乐”提高到了与诗、礼同等的高度——“人而不仁，如礼何？人而不仁，如乐何？”。

前面说了，诗是伴随着音乐一起成长起来的，这个音乐不仅是旋律咏唱，还有舞蹈等。只是到了周代，设置了固定的演奏班子，领头的称“大（太）师”。“太师”要根据统治者通过诗了解观察各地情况的需要，要不断地更新内容，这就要采集各地的诗歌以充实，也带有部分的创作。这些诗歌（真正意义上的又诗又歌），不仅反映了那个时代贵族阶级的生活、思想和政治状态，还有着大量的各诸侯国人民的风土人情、以及劳动、爱情等。在不断的更新淘汰搜集与创新之中，《诗》便形成了，也成为了我国第一部伟大的诗歌总集

《史记·孔子世家》说："古者诗三千篇，及至孔子，去其重，取可施于礼义，上采契后稷，中述殷周之盛，至幽厉之缺，三百五篇。"司马迁不知根据什么来断定孔子对《诗》进行了大规模的删削，而且还有具体的数字"三千"与"三百五"（三百零五），及删削的原则即重复的与不合于礼义的。他的这个说法似乎难以推翻，但是仔细推敲是站不住脚的。

其实孔子对于《诗》只是做了搜集与归类、秩序调整和部分的文字校订的工夫，删汰重复的篇章，并按照乐曲的正确音调进行调整，使《诗》的"雅""颂""风"各归其位。因为在孔子之前，《诗》就已存在，并且基本就是现在的规模。如《左传·襄公二十九年》就记载说，吴国季札在鲁国观周乐，所歌十五国风就与现在的篇目同，那时孔子才八岁。

在《论语》中，孔子自己就已经说明白了此事。如在《为政》中就说"诗三百，一言以蔽之，曰：思无邪"。《子路》篇记载："诵诗三百，授之以政，不达；使于四方，不能专对；虽多，亦奚以为？"意思是说你就是把诗三百篇全都背会了，但是为政不行，完不成谈判任务，纵是读诗读得再多有什么用呢？从孔子自己的述说，《诗》当时已经是三百篇的规模。当然，春秋末年的礼崩乐坏，加上各国方言的差异，各种版本以及各种版本的残缺不等，都会增加孔子整理《诗》的难度。也正因为其难，也越发显示着孔子整理的分量与我们有了孔子的幸运。

虽然时序迈进了两千多年，对于《诗》的认识，至今还没有人能够超过孔子。他说："年轻人为何不去学习研读《诗》？诗，可以抒发与排遣人的情感；可以提高人的观察力，帮助人透视人与社会；诗可以帮助人调整心态、团结他人、融入社会而不至于孤立；诗还可以将自己的苦闷、惆怅、痛苦变之为诗或呼唤或牢骚或歌吟，从而让烦躁的心走上澄澈与明净。不仅如此，诗更可以近了孝顺父母，远了对国家做出贡献，并能学到许多关于大自然的知识。这么好的思想，让我们记住他的原话——子曰：小子，何莫学夫诗？诗，可以兴，可以观，可以群，可以怨，迩之事父，远之事

君，多识于鸟、兽、草、木之名。(《论语·阳货》)

还有一种观点认为，孔子是把“思有邪”的淫诗情诗、尤其是郑风中的诗删削了相当数量。这个说法，更是站不住脚了。《诗经》的开篇“关关雎鸠”，就是一首热烈而又缠绵的爱情诗。那个称为“君子”的男子，就是要热烈而又疯狂地追求那位“窈窕淑女”，不管醒时睡时全部想的是她，追啊追啊追不到，甚至想得在床上翻来覆去地打滚，整夜失眠。不仅想她，还要娶她，要和她像琴瑟一样和鸣、像钟鼓一样同唱。持这种观点的人，先就在自己心里将孔子看成了一个不食人间烟火的“老夫子”。如果真如他们所说，“老夫子”的孔子会不删去“关关雎鸠”、甚至还会将其排在《诗》的开篇？他们无法理解一个人的孔子，一个生动活泼的孔子。如果不是这样的一个“人”的孔子、一个有着七情六欲的孔子，他那三千学子早就跑光了吧？孔子好像知道后人会把他涂抹得面目全非，所以先就说过了“关雎，乐而不淫，哀而不伤”(《论语·八佾》)，并进一步把男女性爱说成世间一切的基础，说“饮食男女，人之大欲存焉”(《礼记》)。孔子所说的“乐而不淫”的“淫”字，并不是说“性”即淫，而是说过度、过多的意思，比如说“淫雨”即是说雨下个不停、下得太多了。

毫无疑问，有了孔子对于古代文献的整理与阐述，我们才会对于“中国是一个历史悠久的伟大的文明古国”这一说法，有了真切的感受。难怪对孔子常有批评的鲁迅，也赞成孔子说：“孔丘先生确是伟大，生在巫鬼势力如此旺盛的时代，偏不肯随俗谈鬼神。”“六艺”或曰“六经”的轻易“不语怪、力、乱、神”，不也从另一个方面证明着孔子对于这些古代文献的整理与阐述吗？

第二十六章　孔子与他的学生们

“归与！归与！”，当年，想念家乡学生的思绪，犹如鲁国国都曲阜的晨钟暮鼓，一声声敲击在流亡者孔子的心上。而今，归乡的孔子，已经进入生命最后一段路程的孔子，又在思念曾经在流亡途中与自己风雨同舟的学生了。思念的情绪，还是如这晨钟暮鼓，一下下撞击着老年的孔子的心。“从我于陈、蔡者，皆不及门也”（《论语·先进》），跟随我在陈蔡之间忍饥挨饿的学生们，都已不在我的身边了……

流亡着，却会想起家中的学生；在家里，又要想起曾经一起流亡的学生。学生们，一如绵延不绝的河流，就这样滔滔不绝地流淌在自己生命的土地上。没有上下，没有贵贱，没有尊卑，师生间只让从各自心头掘出的仁爱的源泉，汇流汇流，汇流成一条流过中国所有地方的师生之河。有了这条河在中国的版图上或湍急奔腾、或曲折潜行，融化在这河流之中的平等与民主的精神，就如融入在波涛间的阳光，是任何黑暗（哪怕它庞大而又漫长）都无法吞噬、无法泯灭的了。

在他的三千学生之中，最让孔子心疼而又心痛的，当然是颜回了。

他们虽然是师生，又有着三十岁的年龄差距，可是他们的心灵却是那样的息息相通。在那个私欲横流、无情无义的时代里，在那样贵族世袭、穷困人家的子弟几无出头之日的社会中，孔子却将贫寒的颜回收为学生、并将他培养成了罕世贤才。那个势利的社会，怎能承认这样一个居于陋巷、穷困得只有一小筐米饭、一小瓢清水过日子的穷小子？可是老师知道他、喜爱他，并将赞美赠与他：“贤哉回也！一箪食，一瓢饮，在陋巷，人不堪其忧，回也不改其乐。贤哉回也！”（《论语·雍也》）在陋巷如何？吃着粗饭就一瓢清水又如何？有孔子这样的老师教他做人做事做学问，能与孔子这样的老师一起攀向人生的至高境界，这是多么幸福的人生啊，哪有什么忧愁！我们也许会一读带过，觉得“一箪食，一瓢饮，在陋巷”没什么了不起。但是设身处地地想一想就会知道，这该是多么不容易，该有着多么高的境界了。冬天的寒冷，夏天的炎热，腹中常有的饥饿与身上常患的病痛，还有社会压来的轻视，交加起来，会是什么滋味？

可是颜回确实有着自然而又真实的快乐，于是，百姓往往过得不痛快的中国，就有了一个令知识分子向而往之的“孔颜知乐处”。

起于贫寒，仁于心，贤于世，颜回那颗柔和而又宁静的心，也便能够体察人间最细微的伤痛。那是一个清晨，当邻居家传来一阵阵哭泣的时候，难过的颜回说，这不仅是死别，还有生离啊。让人过去慰问，原来是邻家的妇人刚死了丈夫，因为家贫无法安葬，只好将儿子卖掉，而这天正好是买主来领走儿子的日子。悲伤的颜回，已是眼泪盈眶了。他进而解释着自己刚才的判断：曾与老师一起登山，有一次在山中见到一只大鸟孵了四只小鸟。又过了些时日，见到过羽毛长成的小鸟们与大鸟分离的场景，大鸟叫得格外的悲切，因为它知道这一别，也许就是永诀。

就是这颗仁心，连马的辛苦也能感觉到的。有一次看到东野毕驾车威武而过，鲁定公问颜回，“你看东野毕驾车的本领如何？”颜回说：“驾车的技术是没说的，只是他的马非常容易受伤和逃跑。”后来果然证明了颜回的判断，鲁定公惊讶于颜回的眼力，要探个究竟。颜回语义双关地回答说：“我是根据自己的观察和历史经验知道的。古时的舜帝，十分珍惜民力，当时还有一个叫造父的很会掌握马力。舜不让他的人民过于劳累，造父不让他的马用尽力量。你看东野毕，使马朝夕驰骋，得不到一点儿休息，他的马怎么会不受伤与逃跑呢？”

在他那湛然的心境里，该有着多少鸟语花香、天阔地远？难怪老师要得到这样的大欣慰，“自吾有回，门人益亲”，自从有了颜回，学生们更加亲密也更加友爱团结了；难怪老师看见，“回之为人也，择乎中庸，得一善，则拳拳服膺而弗失之”，中正平和，能够发现别人的优点善行，并且发现了就倾心喜欢用心去学习；难怪老师要有这样发自灵魂深处的感叹，“贤哉回也”！

面对颜回，我就禁不住为那么多人、那么多的单位和地区或因为钱财、或因为权力而让人心变异得如石头一样冷漠坚硬而悲哀（也就是马克思所说、并为王若水定译为的“异化”）。还有那样多得数不清的细节，一再显示着这种可悲的人心变硬的“异化”现象，已经是那样的普遍与“无微不至”。

有一声“贤哉回也”，响彻在二千五百年的时空里，平民百姓的子弟，从此就有了立世的根据与底气。有一声“贤哉颜回”，响彻在二千五百年的时空里，哪个贵胄还能一味地跋扈而不遭谴责？就连后来那个一手遮天的专制制度，也不能不对平民的知识分子怀着几分敬重几分胆怯。

老师对颜回的认识，也有一个过程。颜回开始跟着孔子学习的时候，只是一天一天地听讲，不提反对意见，也不提疑问，孔子就怀疑颜回是否愚笨。但是孔子对待学生是那样的细心，通过观察，他发现颜回并不是没有疑问，而是回去后自己再悉心研究，不仅自己解决疑难问题，还能从老师所讲的东西上，生发出自己的思想与发现来。有一回孔子问子贡：“你与颜回哪一个更强一些？”子贡说：“我怎么能与颜回比？他是学习一件事情，可以推演明白十件事情。我是学习一件事情，只能推演明白两件事情。”这时，比颜回大三十岁的孔子信服地告诉子贡说：“是的，是赶不上他，我和你都赶不上他。”

还有一次孔子这样对颜回交心说：“任用我，就让我们的道实行起来，不用我，就把道藏在心里，只有我和你才能做到了。”这俨然是对一位知己的口气。人生得一知己足矣，孔子因得颜回而获得的欢乐是外人无法真正了解的。

我们当然记得，就是这个好学的颜回，在陈、蔡绝粮，同学们大都有怨色的时候，站出来给了老师以最大的支持与理解，发表了“大道既已大修而不用，是有国者之丑也”“不容何病？不容然后见君子”的铿锵之言。这样的话，即使是翻成我们常说的大白话，也还有着振聋发聩的力量：下了大力气甚至是毕生精力研究的学说不能够被人所用，那只是当权者的耻辱了！不被天下接受又有什么关系呢？不被接受，更显出君子的本色！

而我们传之又传、用之又用的“循循善诱”一词，也正是颜回形容孔子对于自己的教诲的。说到老师，他曾向众多的同学掏出着肺腑之言，说老师的学问与为人，是“仰之弥高，钻之弥深”，越看越觉得老师高大，越学习钻研越觉得老师之道的深厚无底。

就是这样的一个得意门生，却因生活贫困过早辞世，死在四十一岁上。七十一岁的孔子为此痛哭失声。痛哭失声的孔子边哭边诉："哎呀！天老爷要我的命呀！天老爷要我的命呀！"（噫！天丧予！天丧予！《论语·先进》）七十一岁的老人是经不起这样伤心与大哭的，学生们围上来扶他、劝他，劝他不要太伤心了。可是悲痛欲绝的孔子还是边哭边诉着："我不为这样的人伤心，还为什么人伤心呢？颜回呀，流亡路上你不是说过老师在你就不敢死吗？今天老师还活着，你怎么就死了呢？"

他是在为颜回的早逝在哭，是为失去一个学生、朋友、同志、知音、儿子在哭，当然也是在为自己的又一个理想的破灭而痛哭。孔子知道在自己有生之年已经无法让自己的"道"行于世上，他相中了颜回，知道他不仅有将自己的"道"传于后世的学养，也有将自己的"道"行于世上的能力。但是而今死神却将这一切全部强攫而去。

寒门的子弟，死了当然没有钱财举行盛大的丧事。颜回的父亲、也是孔子学生的颜路，知道孔子最爱颜回，就请求孔子将自己所乘的车子做成颜回棺材的外套椁。但是孔子没有同意。并对颜路解释说，我的儿子孔鲤死时，也是有棺没椁。但是众多的同学们却要出资厚葬颜回，孔子想阻止学生们厚葬的行为，但是没有成功。同学们厚葬颜回，是同学们对颜回的爱戴与情意。孔子的不同意以自己的车为颜回做椁、以及阻止学生厚葬颜回，则是有着更深一层的仁爱与对于颜回的理解。他最知道颜回的追求与好恶，他清楚这个箪食瓢饮而不改其乐的颜回，是不会喜好有椁或厚葬的。如果将七十一岁老师的车子拆了做成自己的椁，颜回会伤心不安的。

悲痛的孔子，仍然想着安慰自己的学生。他来到盛殓着颜回的棺椁前，轻轻地哭诉着："颜回呀！你生时待我像待父亲一样，你如今死了，我却不能像对待儿子一样遂着你的心愿葬你。请你谅解吧，这不是我的过错，只是他们要厚葬你罢了。"

学生们知道，前年，孔子的儿子伯鱼去世，六十九岁的老师也没有哭得这样伤心。

公元前四八零年（鲁哀公十五年），孔子的另一位高徒子路死于卫国内乱。这对于七十二岁的孔子来说，是又一次沉重的打击。子路性情爽直、为人勇敢、做事果断，是孔子"堕三都"有力的参与者与支持者，更是孔子流亡列国期间忠实的弟子之一。老师说他："自吾得由也，恶言不入于门。”从他的死，也可以看出他的为人与性格。

他本来可以不死。在卫国内乱已起的时候，他的同学、卫国大夫子羔正要逃出城门，而作为卫国宰相孔悝邑宰的子路却要进城。子羔劝他不要进城，可是子路却说“食人之禄，不避其难”，偏要进城去救孔悝。明知是死地，六十三岁的子路硬是仗剑而上，主人没有救出，自己却被围攻的人剁成了肉酱。从他临死前还从容地将被戈刺断了的帽缨结好，并端正地戴好帽子这一细节，也可以想见子路的勇敢与临危不惧。所以，仁者不惧、勇敢异常的孔子，也这样赞扬子路“勇人也，丘弗如也”，“由之勇，贤于丘也”。

出身也是贫寒的子路，史书上称其为“鄙人”“野人”，性格有点像《水浒》中的李逵、《三国》里的张飞。子路很孝顺，母亲爱吃陬邑的米，自己吃着野菜“藜藿”，却要往返百余里为母背米，多年里从不间断。与李逵、张飞相较，除了军事上都是猛将之外，子路要比他们都有文化，也很能处理政务，属于高级知识分子的行列，却又是一个有着侠义精神的知识分子。孔子称赞他“片言可以折狱”，也就是一句话就可以把一个官司给断明白了。

老师知道子路的慷慨也知道子路的自信，那都是来自于一个明亮的胸怀。对于这个明亮的胸怀，老师怎能不长记于心、常挂于心、常念于心？想着子路的言行作为，老迈的老师甚至让悲戚的额头浮现出了一丝笑意。第一次认识子路，是他径直闯进来的，头上戴着顶武士帽，帽上插着雄鸡毛，腰间佩带着一把长剑，剑柄上还包着一层猪皮。就是这个子路，“愿车马轻裘，与朋友共，敝之而无憾”，将自己的车马衣裘，全部拿出来与朋友共用，用坏了也不遗憾。还是这个子路，又可以“衣敝缊袍，与衣狐貉者立，而不耻者，其由也与？”穿着破旧的棉袍，与穿着名贵皮衣的人站在一起，一点也不觉得难堪，这就是子路了！

就是这个子路，却也在勇猛之中，藏着智慧。当晋国正卿赵襄子不无挑衅地问孔子：“先生带着礼品周游列国却到处碰壁，不知道是这个世上真的没有贤明的君主还是你先生的主张原本就行不通？”问得孔子一下子语塞。赵襄子又不无得意地对子路说：“我问你的老师，他却闭口不能回答。这不是隐瞒吗？隐瞒怎能算得上仁人呢？”此时的子路，毫不相让，反唇相讥："一口天下最大的钟却用极小的木棍来敲，怎么能够发出声音呢？"立刻让这个傲慢的赵襄子语塞。

就是这个子路，在孔子的所有学生中，却是批评老师最多的人。如孔子见过南子，子路就老大不高兴，并让不悦挂在脸上，闹得老师见过南子出来不得不作解释，"予所否者，天厌之！天厌之！"（《论语·雍也》）孔子刚刚说了到卫国首先要做的第一件事是"正名"，子路接着就表示不满，并直接讽刺老师是"迂腐"，还反问老师"正什么名？""有什么好正的？"并引发了师徒之间的一场辩论。正如前面章节所述，鲁国季氏家臣公山弗扰盘踞费邑背叛季氏，请孔子去参加，孔子准备去，又是直率的子路"不悦"并提出质问："老师你没地方去就算了，为什么一定去公山氏那里呢？"而另一次晋国的佛肸在中牟抗拒赵简子，请孔子去参加，孔子又准备去，还是子路"不悦"，表示反对，并阻止了他。一部《论语》，就有六次子路向老师当面提出批评意见的记载。而且在许多次师生间的研讨中，子路总是第一个发言，其真诚坦率，可爱可敬。

敢于当面批评指责老师，自己错了，也能当面认错。子路为蒲邑之令的时候，为了防止水灾，与老百姓一块修沟渠，看到大家十分的劳苦，又拿出自己的俸禄来给参加劳动的人"人一箪食，一壶浆"。可是孔子听到以后，却赶快派子贡前去制止。子路"忿然不悦"，立刻赶到老师的跟前质问：我是觉得暴雨将至，恐怕百姓受灾，才做这件事，而百姓大多困苦，我赠点吃喝，这不是好事吗？老师你教我们行仁，我行仁了你却又制止，我不能接受！这时，孔子告诉他："你带领大家修沟渠防洪灾没有错，但是大家贫苦无食，你应当告诉君主让他来救济。要让百姓知道君主的恩惠而不是你子路的德义，不然，你可离受罪不远了。"子路听了，一下子明白了，"心服而退"。

不过，孔子就是喜欢爱这个提意见的子路。在《论语》一书中，颜回只被提及了二十一次，而子路却被提及了三十八次，是孔子学生中被老师提到的次数最多的。虽然对于子路的批评，孔子也有反批评，甚至是变本加厉的反批评，但是这种批评总是在一种平等精神的照耀之下，并且总能在批评之中弥漫着对真理的坚守与对于对方的爱与信任。

孔子提倡学生们要"当仁不让于师"（《论语·卫灵公》），也就是说，在真理面前，对老师也不能让步。这不仅是大的胸怀，还是坦荡的胸怀，学生们当然都不会忘记老师曾经的表白：“同学们以为我有什么事情隐瞒着吗？我的一切所作所为都是向同学们公开的，这就是我孔丘的为人！”（《论语·述而》：子曰：二三子以我为隐乎？吾无隐乎尔。吾无行而不与二三子者，是丘也。）

死了的子路，也许听不到老师那伤心的哭泣了。但是子路会瞑目的，子路生时就是以作孔子的学生为自豪。他十九岁就来到孔子的身边，四十余年间跟随孔子忠贞不二，研修孔子学说，护卫老师的安全。他忘不了老师对他的理解，说“子路无宿诺”，今天答应的事情今天就办，绝不会拖到明天去。他更记得老师那次更大的褒奖，“道不行，乘桴浮于海。从我者，其由与？”（《论语·公冶长》）要知道，老师有一天逃离这个四处碰壁的社会而到风大浪急的海上去的时候，是说只有我子路会跟从他啊！这真是说到了子路的心坎上。是的，跟着老师，上刀山下火海，我子路连眉头都不会皱一下。还有，勇子路更有着一颗文心，他还想到了更深一层。当年跟老师过泰山，不是遇到了那个宁愿呆在被老虎连续吃掉了三个家人的山里，也不愿意离开的妇女吗？她是怕山外比吃人的老虎还恶的苛政啊。老师不也是碰到了与那个哭着的妇女一样的处境吗？老师宁愿到风大浪恶的海上去，也要离开这个社会，这个社会不是更加的险恶了吗？那就按照老师的教导，诚恳笃实地努力做事吧，把这个社会弄得好一些、清朗一些，也许老师就不会乘桴浮于海了。

那样的时候，那样的年代，承载着孔子与他的学生的故事，一遍遍在我心里流过。我的心里，也便有感动的涟漪，旋转着，朝向那个末年的春秋，开成一朵一朵的莲花了。

让我尤其心动的，是孔子对于学生严格的批评，还有批评错了的时候，那种严肃的认错。他给我们做出了一个榜样：世上没有没有错的人，有了错就要认错，也许这才是真正的师道的尊严。不像我们的官员，明知错了，也为了保住“尊严”“权威”，而醉死也不在下级面前认那壶错了的酒钱。其实，这些官员是愚蠢的，也就是在这种醉死也不认那壶错了酒钱的时候，那个所谓的“尊严”“权威”，早已在群众中荡然无存了。

我们都还记得孔子对于学生冉有的批评，甚至严厉到了要将其逐出师门，要学生们“鸣鼓而攻之”。是仁爱之心引发了这场批评，也是仁爱之心化解了这场批评。孔子最敢碰硬，我可以流亡，但是在原则问题上绝不会低头。季氏已经富超周公了，他怎么能够容忍自己的弟子再为他敛财呢？他的三千学生中，大多都是贫寒出身，那个品学兼优可堪大用的颜回不正在为贫病所折磨吗？当然，冉有有着他的苦衷，他明白老师的心地，他甚至也与老师一样怀揣着一颗仁爱的心肠。也许老师批评得有出入，但是老师教导的大方向冉有是心悦诚服的。他甚至因为老师的批评而更加尊爱自己的老师了。他用行动回报老师的教导。公元前四八四年（鲁哀公十一年），是他为鲁国左师统帅，以步兵长矛的突击战术，打败了来犯的齐军。对于冉有的“执干戈以卫社稷”，孔子欣之赏之，以“义”许之。还是他，思念着流亡之中的老师，多次向当政的季康子提出迎回老师的建议。师生间的这种相知、相谅之深，虽经两千五百多年的风雨，仍然透着心之赤诚与血之温热。

被批评得多而又严厉的学生，还有宰我，姓宰名予字子我。宰我是一个有着独立思索精神的人，他总能敢于与老师讨论一些看似“出格”的问题。最有名的一次批评，是在宰我主张废除为父母服丧三年的时候。

正如前面所讲，宰我是以问的方式提出了一个重大而又严肃的问题。他问教师：“父母死了，守孝三年，时间不是太长久了吗？老师你想想，君子三年的时间里不去学习演习礼仪，礼仪一定会废弃掉，‘礼必坏’；三年不去学习演奏音乐，音乐必然要失传，‘乐必崩’（这里当然暗含着机锋，意思明摆着，即老师你整天提倡礼、乐，如果为父母服丧三年而毁了礼乐，这怎么行呢？）。”宰我真是不愧为能言之士，这时又打了一些比方来加重自己的观点，他说：“陈谷即已吃完，新谷又已登场，打火用的燧木也已经经过了一个轮回。服丧，我看一年也就可以了。”

听了宰我的这番话，孔子本已动了气，只是还强忍着，问自己的学生宰我：“父母死了不到三年，你便吃那个白米饭、穿那个花缎衣，你心里安不安呢？”老师这是在以守为攻。但是想不到宰我竟然只回答了一个字：“安。”

一个“安”字，已经让孔子火冒三丈了。孔子抢白地对宰我说：“你安，你就去干好了！一个君子的守孝，他是吃美味不晓得甜，听音乐不觉得快乐，住在家里也不能安宁，才不这样干。如今，你既然觉得心安理得，便去按照你要干的去干好了。”

见到老师动了气，本来还想继续辩论的宰我便打住了话头，退了出来。

但是在“大是大非”的大关节上，孔子从来是“言无不尽”的。还没等宰我走出门去，孔子批评的话也就跟了出来：“‘予之不仁也！’宰予真是不仁呀！儿女生下地来，三年以后才能完全脱离父母的怀抱。替父母守孝三年，天下都是如此。宰予难道就没有从他的父母那里得到三年怀抱的爱护吗？”（见《论语·阳货》）

这当然是师说师有理徒说徒有理，我们且不去管他。仅从辩论的激烈，真的就是在红了脸吵架了，而且老师还把“不仁”的帽子扣在了宰我的头上（有些过分了）。

我们当然还记得孔子对于宰我另一次有名的批评。宰予昼寝。子曰：“朽木不可雕也，粪土之墙不可杇也，于予与何诛？”——《论语·公冶长》

历来都是把孔子的这段话当作骂学生宰予的，嫌他白天睡觉（有的则是说他睡的午觉），不好好上课。不过这个骂是够厉害的，“这个烂木头是无法雕刻了，粪土似的烂脏墙没法粉刷了，这么不争气，批评都没什么作用了。”

但是南怀瑾先生有了更新的解释。他说孔子很疼爱体贴自己的学生，“朽木不可雕也，粪土之墙不可杇也”，是说宰予的身体已经很差了，没了精神。至于“于予与何诛”，是在说“他的身体都差成这个样子了，你们对于宰予何必要求太过呢？就让他睡个觉吧！”

我同意南怀瑾先生的意见。

孔子在倾其所有帮助学生们发现、认知、并改正错误的时候，从来也没有忘记自己也是一个会犯错误的学生。是的，他也会犯错误，而且他从不自诩为“一贯正确”。有一次有个叫陈司败的人问鲁昭公懂不懂礼，孔子回答说“懂礼”。等孔子走了出来，陈司败给孔子的学生巫马期作了个揖，凑近他小声说：“我听说君子无所偏袒，可是孔子不偏袒吗？鲁国国君从吴国娶了位夫人，吴和鲁是同姓国家，按礼同姓是不能通婚的，这样做鲁君怎么能算懂礼呢？”当巫马期把这些话告诉孔子以后，孔子竟然高兴地说：

“我真幸运，有了错误，人家就给指了出来，‘苟有过，人必知之’。”对于错误，也就是“过”，孔子仅在《论语》中就多次提到，光是“过则勿惮改”就说过两次，还有一次说“过而不改，是谓过矣！”（《卫灵公》篇）他为什么那样地喜爱颜回？他特别喜欢颜回的“不迁怒，不贰过”（《论语·雍也》），自己遇到不顺利的事情绝不拿别人撒气，并且犯过的错误接着就改，绝不再犯。以至颜回死后好些日子，孔子还非常痛苦地向鲁哀公惋惜着：“哎，真是不幸，这么早就死去了，如此好学的人再也见不到了，再也见不到了。”看看对待所犯错误的态度，就能分出人、以及制度的优劣来。那些自诩为“一贯正确”甚至逼着别人说他“一贯正确”的，往往就陷在错误甚至罪恶的泥潭中不能自拔。孔子在生命的最后五年里收的学生里，有一个叫子夏的高才生，就犀利地说过“小人之过也必文。”（《论语·子张》），也就是只有小人犯了错误才文过饰非。

这里说到“小人”，也是师生对话研讨中经常出现的一个词。孔子对于“小人”的所指有着好多的区别，如他说君子德风小人德草的时候，这个小人，是指的普通人。但是对现实的失望也让孔子把“当政者”也就是我们现代人所说的“当官的”列为小人之列。

孔子之所以能够成为人类道德、思想史上的巨人，成为古今“教师”第一人，很重要的因素是他强大的自我意志、自律精神、自省觉悟。两千五百多年时间的进化，似乎并没有让我们变得更聪明。还是让我们学学孔子的榜样。错了就是错了，他就曾经沉重地公开作着自我批判：“吾以言取人，失之宰予；以貌取人，失之子羽。”（《史记》）这里提到的子羽，姓澹台，名灭名，字子羽，比孔子小了三十九岁，因为相貌丑陋，差点被孔子认为才薄而拒之学门之外。但是孔子很快便发现这个澹台灭名，行为端正，勤奋好学。《论语》中说他，从不走小路敲后门地投机钻营，没有公事从不去拜见卿大夫。就是这个貌极丑的子羽，后来学之有成，并以学问与行端而名动诸侯，游学南方的时候，光是跟随的弟子就有三百多人，成为孔门的传道者之一，也是将孔子之道传布于南方的第一人。

后来，孔子在说到自己的学生的时候，曾经分为四科、提到了十个最著名的学生。孔子这样给我们介绍他的这十个学生：“德行：颜渊，闵子骞，冉伯牛，仲弓。言语：宰我，子贡。政事：冉有，季路。文学：子游，子夏。”（《论语·先进》）爱让他的心化解去一切好恶的沟壑，只用公正的目光慈祥地注视着他的学生们；而公正，又让他的爱呈现出土地般的宽广与深厚，还有一种沁人肺腑的馨香。这种注视，不仅是慈爱与期待，还有学习与欣赏。他那样激烈地批评冉有，却又公正地把冉有列为学生中有政事能力的首位。而宰我，他又把他列为善于言语外交之首。

要知道，孔子的这种介绍，也许是至今为止中国最值钱、最有价值又最可信的广告。

细细品咂他们的师生之情，我有时会有一种取之不尽的感觉，人世间好多美好的东西，在这里都能觅到。

与颜回同列德行科的冉伯牛，却得了恶疾。一定是传染病，连家人也不敢前去看望。但是孔子去了，去看自己的学生。冉伯牛却将门闩着，老师肯定是敲之又敲，但是没有敲开。敲不开门，老师就从窗外伸进手去，他要用手将安慰与温暖传递给孤立无援的学生。冉伯牛哭了，抓紧了老师的手。老师也哭了，攥紧着学生的手。“伯牛有疾，子问之，自牖执其手，曰：‘亡之，命矣夫！斯人也而有斯疾也！斯人也而有斯疾也！”（《论语·雍也》）老师就是老师，他不像我们现在这样，将绝症向病人隐瞒着，还要说着能治好一类劝慰的话。这种时候，老师只是把心掏出来给学生，“看来是不能活了，这是命吧！这么好的人怎么就得了这样的病呢！这么好的人怎么就得了这样的病呢！”已经无法知道冉伯牛是怎样度过的他的最后时刻，但是有一点是可以肯定的，那就是在他生命的最后时刻，有老师的那只手在牵着他。

老师也有拒绝学生的时候。那时孔子正在鲁国当政，学生公西赤当大使出访齐国，也是学生的冉有找到老师，为公西赤的老母亲要求照顾一些口粮。孔子让冉有给他一釜，相当于现在的六斗四升。冉有也许是看在同学的情分上，要求再增加一些。老师说好吧，那就增加一庾吧，也就是又增加了二斗四升。可是冉有有点徇私，竟然多给了许多。这下孔子就不同意了，教育冉有说：“公西赤出使齐国，坐着由肥马驾的马车，穿着又轻又暖的皮袍，够阔气的了。他满可以将出差费节省一点安置家用的。我听说过这样的话，那就是君子要雪中送炭，不去锦上添花。”

也是在孔子在鲁国当政的时候，原宪为孔子当总管，却得到了很多的俸禄，“与之粟九百”。但是原宪嫌老师给得太多，要退出一部分。孔子不让他退，并吩咐他将用不了的匀给穷乡亲一些。在这里，也是这种“雪中送炭”的精神。老师对于原宪还有过“邦有道，谷；邦无道，谷，耻”的教导，告诉他国家政治清明就应当出来做事拿俸禄，只有国家政治黑暗了，还出来当官拿俸禄这才是耻辱的事情。就是这个原宪，一直听从着老师的教导，在老师去世之后，便隐没于民间再也不出来做官。

这不也是一种仁爱吗？

说到孔子的学生，不能不说子贡。现在去曲阜孔林拜谒孔子的墓，总会“碰”到子贡。他当年为老师守丧六年的“庐墓处”，就紧挨着孔子的墓，孔子的墓坐北朝南，他守丧的草庐则坐西朝东，犹如一位忠诚的侍者，两千五百多年来就这样侍奉着老师，没有一刻倦怠的时候。

在《论语》中，子贡与子路一样，是被提及最多的（也是三十八次），而且多是他与孔子探讨重要问题的问答之言。孔子对他的器重仅次于颜回。他是孔门培养出来的闻名列国的杰出外交家，也是那个时代著名的商人，或者干脆可以说是中国知识分子里最早成功地从事商业活动的。司马迁在《史记·仲尼弟子列传》中这样评述他的外交成就：“子贡一出，存鲁，乱齐，破吴，强晋而霸越；子贡一使，使势相破，十年之中，五国各有变。”是说他的一次出使，便改变了列国的格局，使五个国家发生了重大变化。《韩诗外传》有两处记载有子贡的话，活脱脱展现着子贡的外交家风采。一次是孔子问子贡之志，子贡慨然答曰：“得素衣缟冠，使于两国之间，不持尺寸之兵、升斗之粮，使两国相亲如兄弟。”孔子听了，赞赏说：“辩士哉！”还有一次，也是孔子问子贡的志愿，子贡还是回答了内容相近语言不同的话：“两国构难，壮士列阵，尘埃涨天，赐不持一尺之兵、一斗之粮，解两国之难，用赐者存，不用赐者亡！”

有了这样的外交智慧，可说是名动诸侯。他聘问各国诸侯时，所到之处，“国君无不分庭与之抗礼”。子贡不仅外交上有着罕见的成就，在商业领域也有着非凡的才能，一次曹、鲁间的经商活动，就可以“富致千金”。

孔子对子贡的器重，不仅因为他的才能，还因为他的思想、因为他的独立思考。好多著名的思想，都是他与老师的交谈切磋中得来的。如有一次他问老师：“假如有这么一个人，广泛地给人民以好处，又能帮助大家生活得好，‘博施于民而能济众’，怎么样？这样的人可以称为仁吗？”在孔子的学生中，也只有子贡敢提这样的问题。他绝不是书呆子，他知道颜回同学好，但是却不学他的穷困潦倒。他很能做生意，也敢做大生意，握有大财，所以他才有资本讲“博施济众”。孔子最知道自己的学生，他也明白子贡不是那种“为富不仁”人，他的回答充满着鼓励与肯定：“如能博施济众，何止是仁，那一定是圣贤了，尧、舜恐怕都很难做到！什么是仁？自己成功也要让别人成功，自己发达也要让别人发达，‘己欲立而立人，己欲达而达人’。”再有如“过犹不及”“自古皆有死，民无信不立”“一以贯之”“己所不欲，勿施于人”“君子恶居下流”“贫而乐，富而好礼”等传世论断，都是在子贡与老师的对话之中产生的。

“自吾得赐也，远方之士日至”，自从我有了子贡这样的学生，好多远在四面八方的学子就络绎不绝地来到我的杏坛学习——这是老师对于子贡评价。

我曾经反复地思考过这样一个问题：孔子到底有着怎样的吸引力，能够让数千学生长期地、紧密地团结在自己周围。他没有钱财，也没有官位，可是学生们竟然能够把心把青春把生命都掏给自己的老师。即使在老师去世之后，学生们依然将一种深厚的热爱放在老师身上，倾心地维护他的人也忠诚地护卫他的学说。这已经远远地超出了利益关系。是老师的取之不尽用之不竭博大精深的思想与学问，是老师博施济众的仁爱的精神，是老师高洁磊落而又用世抗世的品德，是老师丰富多彩、满溢着人性之美的人格魅力——在如春雨一样无声地灌溉着学生们，也如太阳一样照耀着学生们。

“爱人者，人恒爱之”。

从子贡对孔子的挚爱上，我们仿佛就能感受到老师对学生的这种“灌溉”与“照耀”。

那是在孔子死了之后了，颜回、子路、闵子骞、仲弓等这些孔子的大弟子们也都不在了，而孔子晚年所教的学生如子游、子夏、冉有、曾参等学问与德行还没有为世所知，唯子贡既修养日深，财产益富，又在国际间有着很高的声望。有一天，鲁国的大夫叔孙武叔在朝廷中对官员们说：“子贡贤于仲尼。”子贡听到这个话，就给大家诚实地打了个比喻，说自己的学问与修养，譬如门墙，只筑到肩膀那么高，别人站在外面往里一看，什么都看得一清二楚，‘窥见家室之好’，而我们老师孔子的学问与修养，却是宫墙，有数十尺之高，一般的人，连老师的宫墙的门在哪里都找不到，更看不到里面的富丽堂皇了，‘不见宗庙之美’。一般人研究老师，能够找到门就不容易了，何况登堂入室。这也就难怪叔孙武叔这位老先生这样说了。”（见《论语·子张》）

不知为什么这位老先生对孔子如此不满，有一次又在公众场合诽谤孔子。

还是子贡站了出来予以回击。子贡还是用的比喻，但是语气却显示着峻厉：“劝你不要这样做！仲尼是毁谤不了的。别人的学问好道德好，那就好比一个小山包，虽然也高，但是却可以慢慢爬到顶上、超越过去，‘犹可踰也’。至于孔子的伟大崇高，像太阳月亮一样，你虽然不接受孔子的思想与学说，但是孔子的思想与学说还是会像日月一样地照耀你影响你。所以，你的毁谤无损于孔子，只能显示你的不自量力罢了。”

孔子有一名叫陈亢的学生，也就是那个曾经私下问伯鱼的陈亢，有一次问子贡：“子贡学兄，你对孔子是客气与谦让吧，难道他真的比你强吗？”子贡知道陈亢不比叔孙武叔，他不是在诽谤，而是对老师有所怀疑。稍做思考，子贡便认真地教训起陈亢来：“老师生前总是教导我们要做君子，要做君子儒不做小人儒。而人的言谈很重要，有时一张口、一句话就能看出他的无知来，所以讲话一定要谨慎。我们老师的道德修养，我们老师的高明，我们是无法达到的，老师好比是天，不是树一个梯子就可以够得到。他只是生前没有得到重用的机会罢了，如果得到国家而为诸侯，那是可以使百姓人人安居乐业，四方的人士都会前来归服。老师活着是我们大家的光荣，老师死了是我们大家的悲哀，我们谁能及得了他呢？你我两个是同学，你怎么可以把我捧得比老师还好呢？我们怎么能够赶得上老师呢——如之何其可及也（《论语·子张》）？！”

不管是孔子生前还是孔子死后，学习老师的学说、维护老师的学说、并将老师的学说运用到事业之中，对社会与时代有着大贡献的，当数子贡。他的贡献是多方面的，不管是从政、外交、经商，尤其是在孔子身后遇到怀疑与诽谤时候的挺身而出，都堪称杰出。虽然老师对于他的经商没有给予过充分的肯定，但是作为中国私人经商的第一人，子贡也为中国知识分子通过经济自立以达于精神的自由独立，带了一个好头、树了一个样板。国家有难，他可以挺身而出，出仕出使。为了自在自由，他又可以扔掉官位，专心致志于经商，并能够回回把准行情，积累财富。难怪司马迁将子贡列为《货殖列传》的第一人。况且，如果没有子贡雄厚的经济基础作保障、为后援，孔子师徒怎能有力量在列国坚持流亡十四年？又怎能有能力为心爱的老师守丧六年？在这漫长的六年之中，不光是年华的消耗，还有坐吃山空的财力的消耗。但是当同学们守丧三年与他握手相别的时候、当他筑起草庐安心再守三年的时候，一个被时人也被后人忽略的地方，只有子贡心里明白，那就是要用这宝贵的时间重新消化老师的教导、老师的仁爱，以内省的功夫让自己的思想与精神来一个空前的深造与开拓。这犹如佛家的“闭关”，不是隔世，而是精进。这时我们再反过来去读《公冶长》篇中孔子对于子贡的评论，就会有着新的认识了。在这里，孔子把子贡比做宗庙里的瑚琏。要知道，瑚琏是古代的一种玉器，而且是摆在国家最高的庙堂之上的玉器，精洁而又庄严，有着高贵与清纯的品质，只有在国家重大典礼的时候才会请出来亮一下相。

当然还有后来的学生有若、子游、子夏、子张、曾参……其中子夏小孔子四十四岁，子游小孔子四十五岁，曾参小孔子四十六岁。曾子传孔子之道于孔子的孙子子思，子思的门人又传孔子之道于孟子……

《论语·先进》篇中有着这样的记载：“闵子侍侧，誾誾如也；子路，行行如也；冉有、子贡，侃侃如也。子乐。”闵子骞站在老师身旁，恭敬而正直的样子；子路是勇武刚强的样子，而冉有和子贡，则是怡然和乐的样子——孔子多么快乐啊！孟子说：“以德服人者，中心悦而诚服也，如七十子之服孔子也（孔子有名的七十个学生）。”这个孟子，也许是最知孔子的人了。

孔子当含笑九泉的吧？

第二十七章　坦荡与戚戚：君子与小人

小人是君子之痛，也是君子之镜。

不仅是小人常常要伤害君子，更在于小人的存在与小人的言行，无时不在对社会与他人造成祸患，而君子正是以天下为己任，用仁心去爱人，所以小人也就成为君子之痛了。

小人还是君子之镜。君子在因小人而伤痛的时候，却又从小人那得到了一面镜子，一面价值不菲的独特的镜子。通过这面镜子，君子可以认识社会的丑恶与复杂，观察世态的炎凉多变以及人性的龌龊与虚伪。从这面镜子，君子还可以照出自己的洁净与美好，从而让因小人而伤痛的心里，升起着欣悦与自豪，当然还有着向上的兴味与力量。

君子只是阳刚地厌恶着小人，却无暇顾及小人层出不穷的伎俩，犹如鸿鹄高翔，不会因为泥鳅的翻腾而驻足。小人呢？小人当然更是闲不住，他们的胃口恨不得将天下都吞下——当然是要绝望的——因为始终处于不能满足的焦躁里，便费尽心神用来阻止别人向前，实在不行，也要力所能及地将身边的人事物（最好是美好的人事物），扑腾上一片污泥。看着周遭、特别是美好的人、事、物溅着的污泥，于是也便在焦躁之中聊取一点慰藉。

当然，高翔的鸿鹄正拥有着蓝天。似乎热闹非凡而又“殚精竭虑”的泥鳅，也不是一无所获，他们正宝贝疙瘩似地紧守着那个透着腐臭味的烂泥塘。

就是在小人满足于拥有那个烂泥塘的时候，他们就真的因为满足而快乐吗？不会的，不会的，两千五百多年前的孔子就觉察出了常常填塞着自己私欲的小人，是并不快乐的。他说：“这样的小人，难道能同他们共事吗？当他们没有得到职位的时候，生怕得不着，处心积虑，蝇营狗苟；一旦得到了梦寐以求的职位，又怕失去，或者想着更高的职位。为了不失去或者得到更高的职位，又是受贿行贿，无所不用其极。”这样的患得又患失，就把这些小人（不管他当了多大的官或拥有多少的钱），折磨惨了，是没有什么快乐可言的。（鄙夫可与事君也与哉？其未得也，患得之。既得之，患失之。苟患失之，无所不至矣。《论语·阳货》）

小人更不知晓，那些个常常被他们刺伤疼痛的君子，却是在心中藏着大快乐的。在《荀子·子道》中，孔子将君子的快乐与小人的忧愁一起论说的：子路问于孔子曰：“君子亦有忧乎？”孔子曰：“君子，其未得也，则乐其意，既已得之，又乐其治，是以有终身之乐，无一日之忧。小人者，其未得也，则忧不得，既已得之，又恐失之，是以有终身之忧，无一日之乐也。”君子，在没有得到什么职位的时候，早就在心里安妥了一个为天下苍生的仁义的追求，“则乐其意”中的这个“意”，当然就是理想与追求。有了这样的理想与追求，如颜回那样，“一箪食，一瓢饮，在陋巷，人不堪其忧，回也不改其乐”（《论语·雍也》），当然也就安泰舒展。机遇来了，担当了一定的职务，那么好吧，正好实践自己的理想，又有一番乐趣。这样，得与不得，君子真的就是有终身之乐而无一天之忧了。小人呢？正好相反，得与不得，却要背着终身之忧的包袱而无一日快乐。

比如《论语·述而》中的“君子坦荡荡，小人长戚戚”，不仅说了君子的快乐，更言中了君子快乐的最根本的所在，那就是坦坦荡荡，心地因仁爱而光明磊落，胸怀因无愧而开朗安恬。因为君子立身行事，仁德在先，理直气壮，俯仰无愧。一个宽广的胸怀，是能够盛下星辰山河的。能够盛下星辰山河的胸怀，怎会没有鹰飞鱼跃、风唱水鸣？而心地阴私狭窄、患得患失的小人，一切以私利为依归，阴险狡诈，阳奉阴违，两面三刀，口蜜腹剑，一点的小肚鸡肠中，又让不能见人的私利丑行塞得满满的，不要说飞翔，连个挪动脚步的空都没有，又怎么可能不被“戚戚”纠缠不休呢？

就说我的老乡、那个被称为“和圣”的柳下惠吧。寒冷的晚上，还下着大雪，他救起那个冻僵的女子并不难。难在何处？难在为了尽快地将这位女子救活，柳下惠竟然解开自己的衣服，用自己的热怀搂紧了冻僵的女子。这也许还不是最难。最难的是什么？最难的是柳下惠根本就没有想到这个女子的丑俊、更没有想到半夜三更他这个男人搂定了一个陌生的女子外人家人会怎样去想。这就是君子的做派，坦荡磊落，不生一丝云翳。

固然，当阳虎将青年的孔子拒绝于季氏的大门之外的时候，孔子是会在心上留下永久的伤痛的。当孔子唯恐被害、从齐国仓皇出逃的时候，心中也会有着苦涩的失落之感。特别是在孔子被迫流亡列国，而不得不离开自己的国家与家人的时候，他的心上也一定会满布着稠稠的忧伤。而当贤弟子颜回、子路和儿子在自己的老年相继去世的时刻，他更是让自己巨大的痛苦从心头倾泻，捶胸顿足、在天地之间痛哭失声了。尤其是流亡十四年之久，自己的思想与理想总也不能被世人所知所用，而且生命又近终点，那种无望的寂寞，更是迫着苍老的孔子。

但是，正因为孔子有着这样多的君子的痛苦，他才愈加地看清了这个社会的不公与黑暗，也就愈加地感到着自己肩上责任，并由此而让自己的生命迸发出永不消歇的前行的力量、一种让希望与进步的光辉映照着的力量。

有着这样大痛苦的孔子，也就让自己的胸中，充盈起自信与光明、淡定与欢喜。所以就是在陈、蔡之间被徒役围困七日，“不得行，绝粮，从者病，莫能兴”，孔子却依然“讲诵弦歌不衰”。（司马迁《孔子世家》）七天没有吃的，就连忠诚的弟子都产生了动摇，天还时而下起着大雨，加上不断有人病倒。可是六十多岁的孔子，却照样从容地讲课，诵诗，弹琴，唱歌，“岁寒然后知松柏之后凋也”。讲诵弦歌不衰的孔子，还对有着怨言的子路说了如下推心置腹的话：“夫遇不遇者，时也；贤不肖者，材也；君子博学深谋不遇时者多矣！由是观之，不遇世者众矣！何独丘也哉？”（《荀子·宥坐》）

在这里，孔子谈到了一个困扰着中国两千五百多年的重大问题，即社会因为无道产生的不公（根子是制度的无道，也即专制统治下的所谓的人治状态），必然会使众多的人才被埋没、甚至被压制。也正因为如此，改变社会、改造人心的重任，也就必然地落在君子的肩上。有了这样的抱负，哪里还会有因一己的穷通而“戚戚”的余裕？

君子与小人的称谓，其所指在西周与春秋时期是不同的。比如君子，在西周与春秋时期，是对一般贵族的通称，只是到了春秋末年之后，才逐渐成为“有德者”的称呼。而小人一词，西周时指被统治者，春秋中前期则指劳动者，也就是没有受到过教育的普通百姓。只是到了春秋末年以后，逐渐成为“无德者”的称谓。在《论语》中，君子与小人的称呼这两种情况都有。如君子怀德，小人怀土。君子怀刑，小人怀惠。(《论语·里仁》)、君子喻于义，小人喻于利（同上）等，只是分别指贵族阶级与平民阶级。但是大多数情况下，孔子还是用君子与小人分别称呼有德者与无德者，而且往往同时对比而出，比如上面所说的“君子坦荡荡，小人长戚戚”。这种同时对比而出，不只是反映着君子与小人本质的相互对立，也见出孔子对于君子的热爱与对于小人的鄙视与厌恶，并且这样同时对比而出，也以一种不可稍做妥协、稍稍犹豫的气势，警示于当世以及后来者。如——

君子周而不比，小人比而不周。/君子求诸己，小人求诸人。/君子易事而难说也；说之不以其道，不说也。及其使人也，器之。小人难事而易说也；说之虽不以其道，说也。及其使人也，求备也。/君子不可小知，而可大受也。小人不可大受，而可小知也。/君子和而不同，小人同而不和。/君子固穷，小人穷斯滥矣。/君子上达，小人下达。/君子泰而不骄，小人骄而不泰。/君子成人之美，不成人之恶。小人反是，等等。

还有一些，虽然只是说的君子，但是反其道而行之的小人行状，是不言自明的。比如：君子矜而不争，群而不党。/君子不器。/君子谋道不谋食。耕也，馁在其中矣。学也，禄在其中矣。君子忧道不忧贫。/君子不忧不惧……内省不疚，夫何忧何惧？/君子食无求饱，居无求安，敏于事而慎于言，就有道而正焉，可谓好学也矣。/士志于道，而耻恶衣恶食者，未足与议也。/君子耻其言而过其行，等等。

在整个《论语》里，有一百零六处说到君子。说到小人的地方，有二十四次，其中只有四次是指平常的普通人，而二十次全是或刻画或直斥这种缺德的小人。

也许我们会觉得：孔子是不是有些苛刻？不过，当我们看看身边那些君子对社会对人群所做出的贡献，再看看一些小人对社会对人群所造成的危害，就会理解孔子的良苦用心。认清君子与小人的分界，不仅牵涉着你我的个人利益，更牵涉着社会进步和世道人心。即便我们无力改变产生小人的土壤，也应当力所能及向君子看齐，孤立感化小人，最起码也应当做到认清小人的面目，少受骗少上当，让小人的市场逐渐萎缩才好。

我们不妨挑出几条，仔细地看看君子的心地与小人的嘴脸。

君子成人之美，不成人之恶。小人反是。（《论语·颜渊》）

同是人心，就在成人之美还是成人之恶上分出了善恶正邪。只要有人群的地方，只要生活在这个世上，就会遇到君子与小人，就会亲眼看到君子的感人做派与小人的可笑可鄙的把戏。甚至包括你自己在内，都会存在是做君子还是做小人的抉择。当然并不会事事、处处都有这种抉择，但是在一些关键之处，在一些细节的地方，尤其在那种好像并没有第二双或者第三双眼睛看着的时候，也就是在自己私密的情况下，还能不能通过这一关——磊落地做一个君子应当做的事，坚决地不做小人的行状，将是人生的考验与关隘。人，真正的人，君子，就是在这种一次次的考验与闯关之中，提升并渐臻完善、到达化境的。这种君子的境界，当然会是“坦荡荡”的快乐境界或曰自豪自慰的境界。只有在这种境界里，也才能真正体味出人生的滋味。

但是你要做君子，就得遇到小人所设置的诸多障碍、麻烦，有时甚至是一种恶心。但是，小人，却又是君子的磨刀石，正是通过小人，君子也才更能体会出一种君子的高尚、高大、自信、自豪，从而获得人生的价值与享受。往往就是在这样具体的地方，也让我生动地、真切地体察出孔子思想的生动与活泼，也让我看出孔子人性的朴实与可爱。有时，只要静心想想自己的所经所历，当那些个君子与小人是那样真实地出现在你的人生旅途上时，你就会发出会心的微笑，想：真叫孔子说着了。

那是八十年代初吧？我曾经赴西藏采写了一篇四万字的报告文学。记得是在夏天最热的日子里写完的。写完，还处于激动之中的我，就将稿子给了广州的《花城》杂志。想不到，当时任花城出版社总编辑兼《花城》杂志总编、也是诗人的李士非先生，也正在准备写与我同一个题材的关于西藏的报告文学。就在我以为不大可能刊出的时候,《花城》杂志却迅速地、重点推出了这篇报告文学。此后，并连续得到李士非先生的鼓励、帮助与支持。

到了八十年代末，在精神处于苦闷与悲伤的时候，我又碰到了一位这样的君子。那时，写下了《鲁迅十题》。我知道这样长又这样不合时宜的文字，是很难问世的。但是，想不到，曾经长期受到过非人虐待乃至牢狱之灾的新华社记者戴煌先生，看到文章后在电话那边就高扬起鼓励的话语。之后，又放下手中急迫的文字工作，连续地向他所熟悉或者有过交往的数种刊物进行推荐。当然，这篇文章到底还是没能面世。但是，一个素不相识的人所给予的帮助，是那样地长存在我的心上，每每于孤单或者感到寒冷的时候，总会想到这些人这些事，并让孤单的心头蓄起着明亮的温暖。

我还记得河南周口市一位叫庞曙光的教师，也是素昧平生，却于二零零四年二月二日写了一封长信，指出了我发表在《十月》杂志上的《杏坛》一文中的几处错误。如他在信中说："一处是说弟子们为孔子'守灵'。根据我对丧葬仪式的理解，这里应是'服丧'，即后世所说的'守制'，说成'守墓'或'守陵'亦可。'守灵'是下葬前守护灵柩，《史记·孔子世家》说的也是服丧：'孔子葬鲁城北泗上，弟子皆服丧三年。'另一处是说'那个叫子贡的学生，虽然老师生前曾经对他帮助鲁国权臣季氏敛财不满意，还号召同学们'鸣鼓而攻之'，这里先生把子贡和子有写混了……孔子号召弟子们'鸣鼓而攻之'的是子有，事见《论语·先进》第十七章……还有一处，说'百姓们……甚至把家搬到他的坟周围，以至于形成了一个村庄。当今闻名中外的曲阜，就是当年那个村庄吧？'作为鲁地人，先生比我更清楚，曲阜在孔子诞生前四百多年的公元十一世纪就是鲁国的首都。《史记·鲁周公世家第三》说'封周公于少昊之虚曲阜，是为鲁公'。而在周公受封前，已传说炎帝神农氏、黄帝轩辕氏，都曾徙于曲阜，太昊之孙少昊还在曲阜建都。尽管散文艺术不是历史科学，但说曲阜是当年那个为孔子守墓的百姓的村庄，总易引起读者的误解，有人为误认为先生把曲阜的历史搞错了。因此，也建议先生将此句换换说法。另外，先生在第二部分最后那一段里说孔子'开辟出了一种最为重要的事业：教师'，建议先生将'师'字改为'育'，或把'事'字改为'职'，因为'教师'是职业，'教育'才是事业。"

这位教师，这样真诚地指出我《杏坛》一文中的四处错误，使我不仅在百花文艺出版社出版我的散文集《午夜的阳光》时得以改正错讹，也让读者从这种校正中得到了正确的知识。在这封让我感动的信中，还有这样的话："文人相重不好吗？为什么非要文人相轻呢？孟子说：'君子莫于与人为善。'后辈小子，当谨遵遗训。这就是我给您写这封信的初衷。"像庞曙光这样与人为善的君子，其宅心的仁厚，总能让我在跋涉的途中如遇甘泉一样地产生着欣悦与慰藉。

说到文字，我们知道，东汉有位叫郑玄的著名的经学大家。就在他正在进行为《春秋传》作注的工作时，却在一次远行时遇到了一位叫服子慎的人。同宿在一个旅馆，也就有了接触的机会。当他知道服子慎准备为《春秋传》作注的设想，并了解到服子慎与自己的观点有许多相通之后，便坦然地将自己已经作注的那部分全部赠给了服子慎，并祝愿服子慎的设想早日成为现实。于是，也就有了服氏注的《春秋传》流传于世。郑玄这是在把自己的心血相赠，也是将一位“成人之美”的君子的风范，长留在了人类的旅途上。还有那个地位卑贱、却有着“成人之美”心地的《西厢记》中的红娘，不也是个女君子吗？

小人呢？小人与君子的做法正好相反。这种看不得别人好、见到别人的好就莫名地难受的小人，还会以小人之心去度君子之腹，把事情与人心都想得曲曲弯弯。本来，别人的好对他并没有任何的妨碍。但是这也不行，小人心里就是难受，容不得别人的好，好似黑暗的害怕光明。恰恰小人使坏心眼的工夫又多，也就会在本来有路的地方，费尽心机挖掘出沟坎甚至于陷阱来。这种小人的心态很好笑，他们对于美好的人、事，能阻挡更好，不能阻挡，也要让别人的那个好减慢速度或掉些成色。如此，难受的心里才能稍稍有了一点快意。如果别人的好又略微对他有些不利，那就会“激发”出小人挖掘沟坎陷阱的更大的能量与“智慧”来，真如孔子所说，要“无所不用其极”了。两千年的专制与独裁，又恰恰营造出了一个宜于小人生长的土壤与气候。于是得了势的小人，更加加重了社会“举枉错诸直”的程度，越来越得势的小人，也就常常握着“成人之恶”的或大或小的各种权力与能量，其破坏性真是要出乎人的想像力的。有些人，本来正在君子与小人之间徘徊，稍稍有点健康的力量或者正常的风气促促，就可以使其做君子的事、慢慢成为一个于人于社会都有益处的君子。只是小人的常常得意与君子的常常的坎坷，也就将一些本具君子潜质的人，也赶到了或曰逼到了小人的行列中。更有甚者，是小人看不得容不下别人揭发批评小人的行状。如果有人敢于不懈地揭发批评，那也会犯忌。因为小人往往心虚，他要推人及己，对号入座。但是，因为君子的批评揭发太光明正大了，小人于是就造出了堂皇的理由，并把这理由罗织成害人的帽子给君子戴上。常常，看看君子头上戴的帽子（有时这种帽子会使成千上万的人家破人亡、流离失所），也能看出小人之心的险恶与毒辣，卑鄙与肮脏，还有一点儿滑稽。

有小人就会遇到小人。有时小人会扑面而来，躲都躲不开。在提升、职称、住房等这些具体问题上，会看到小人充分的表演。就是在好多似乎大家不经意的处所，也会发现小人鬼祟的影子。当然，也有小人长着一副君子脸，给人一种老实的感觉，甚至常常地笑着、好似只会做好事善事的样子。但是一个人的美丑，在心胸而不在脸面。小人的心胸决定了他的眼光的短浅与思想意识的卑下，这种人也就经不起具体事情的考究。“成人之恶”的做法，必然要想法施行，于是他的那颗遇到别人的好事就难受得百爪挠心的心肠，总会露出马脚来，而让使坏、作梗的行动，可以到了可笑、不加掩饰的地步。如此，即使长着一副正人君子的面孔，也会让一个又一个的“旁人”认出他的“小人”的本相来。这也就不怨孔子会说“乡愿，德之贼也”（《论语·阳货》）。在这里，“乡愿”就是指的这些心口不一、伪善欺世的“老好人”。孟子对这种人也有着透彻的认识，说他们虽然看起来忠诚可信、廉洁奉公，小人之心不易为外人识破，但是常做的坏事劣行却又将他们暴露无遗。我就曾经遇到过这样的“乡愿”，他们会在你遇到危险或者不顺的时候，落井下石，当然也会在你前行的时候，笑嘻嘻地，一边夸着你的步伐，却一边又利用手中的那点破权，暗暗地使着一个又一个的绊子。整天与文字打交道，也就见识了诸多“文字行当”里小人的行状。有时翻捡自己的一些文章，还会发现一些篇章上小人所留下的或阻止或糟蹋的爪痕蹄印。

我曾经有一篇名为《走进香格里拉》的游记，被恣意地砍杀的原因说来好笑。文中说封建专制的坏话不行——“秦始皇一个焚书坑儒，天下即刻噤若寒蝉。紧接着的汉，比秦的法更毒，来了个‘罢黜百家，独尊儒术’，争荣的万木顿成萧索。有秦汉的榜样，接班的就好办多了，直到大清王朝的覆灭，统治者都是一手焚坑一手‘独尊’，将人的心性面团样地团弄在手里”——砍去（说是容易让人联想）！说东晋末年的黑暗不行——“东晋末年南朝之初，正是社会黑暗官场黑暗的时候。官场越是黑暗，做官的越是要昧了良心或出卖了灵魂才能将官做顺做稳做大。陶渊明明白得很，当老百姓的大老爷的前提，是先要当好上级的龟孙子”——砍去（容易叫人类比）！连对云南“香格里拉”表示留恋也不行——“我这个从孔子、孟子家乡来的鲁人真不想走，直觉得这里就是家，可以安身的”，——也被砍去！我不解，百思后才略微明白了一点：你留恋别处，那么作者所处的当地呢？不好吗？要是当地领导看了不高兴呢？一篇精心写出的不长的游记，竟被顷刻间轻而易举地砍去13处、近1300字。我看着砍杀和砍杀时那种得意（自己写不出却行着砍杀之权时的得意），就知道“五四运动”所进行的启蒙之路，还是多么的漫长。

但是小人虽可笑却又可怜。再多几只黑手，也是无法将天捂严遮黑的，东方不亮西方亮，连秦始皇的焚书坑儒都不能阻止文化的传播，小人的爪痕蹄印又如何能阻止美好的精神、思想、情感、包括文字的传播与深入人心呢？这让我想起了历朝被阉的宦者，他们的阴毒，他们的看着健全人就恼就恨的变态，是有点小人“风采”的。

有颜回者好学，不迁怒，不贰过。（《论语·雍也》）

颜回当然是孔子最为喜爱的君子，而且是君子的楷模。孔子在这里夸奖的时候，颜回已经去世了，也是孔子生命快要终结的时候了。老年的孔子，是在回首往事，也是在回顾一生，其感叹两千多年间都在君子的心头响着，并不断地警醒着后来者：自己是否做到了？

不迁怒，就是自己遇到不顺心不痛快的事情，不要迁怒于人；不贰过，就是不重复犯同样的错误。要做到这样，是相当困难的。喜怒哀乐，人之常情，非有仁厚的心宅，很难事事处处做到做好。

就说那个朱元璋吧，他虽然当上了皇帝，可是他小人的一面并不会因为他当了皇帝就没有了。有一次他与马皇后在后宫里谈笑，谈到高兴处，有些得意忘形的朱元璋重重地拍了一下大腿，兴奋得跳起来，手舞足蹈地说：“想不到我朱元璋也能当皇帝！”那种小人得志的形态，活脱脱露出了他寒微时的无赖相。只是他忘形之时，并没有留意旁边还站着两个太监。他“表演”完也就出去了。但是出去了不大一会儿又回来了。回来干什么？要立刻杀掉那两个看到了自己表演的两个太监，不然让他们传了出去可是有失皇帝的威严。但是一问，一个是哑巴不会说话，一个是聋子什么也听不见，这才作罢。原来，朱元璋刚一走，马皇后立刻就吩咐那两个太监说："皇帝肯定马上就要回来，你们要想活命，一个要装哑巴，一个要装聋子。切记，听话！"真是知己莫如妻。看来，这个马皇后，倒是个仁厚的君子。孔子当年说"惟女人与小人难养也"，他只是在说难养。但是孔子这里的"小人"，无疑全是男人。可能孔子也看到了女人只是难养，但是论到小人之类，男人要比女人多得多。从这点上说，我倒觉得孔子是尊重妇女的。

在这样的地方，小人往往又会成为君子的一面镜子。小人岂止是迁怒，还要文过，甚至推诿，将自己的错误推卸于他人。出了问题，只要能够保住既得利益，也是无所不用其极。实在说不过去了，也要找一个替罪羊。孔子说："所恶于上，毋以使下。"（《大学》）我们最不愿意上级怎样对待自己，自己就不要以这样的态度对待自己的下级。这当然是孔子对于执政者的教导与批评，也是孔子对于小人的警告。只有君子，受到了上级的苛责，却仍然能够宽厚大度地对待自己的部下。

具体怎样做才能像个君子而又远离小人？孔子说："在上位，不陵下；在下位，不援上。正己而不求诸人，则无怨。上不怨天，下不尤人。故君子居易以俟命，小人行险以侥幸。"（《中庸》）处在上位不欺侮在下位的人，处在下位而不去攀援巴结在上位的人。端正自己对别人无所要求，自然也没什么怨恨。上不怨恨天，下不怪罪他人。所以君子安于平易的地位以待天命的到来，小人却冒险妄求非分的利益。

小人一旦权在手，立刻脸就变，原本还是一张有点像样的人脸，却变得没有了人味没有了人样。对上，谄与媚，如猫；对下，骄和横，似狼。甚至在有些专业技术单位，简直算不得什么正儿八经的官，却也"一阔脸就变"，好似一下子高了几个档次，对下刻薄寡恩，全没了一丝儿尊重人、尊重人的劳动的平等观念。对属下冷着个脸，连句像样的话都不会说，只会从鼻孔里哼出点声音（其实"属下"大多是知根知底的多年的同事，本事都是差不多的）。有的甚至对于本系统本单位的专家也吆来喝去，好像有了那点小位置，就不知道自己能吃几碗干饭姓甚名谁了，以至于逼得一些专家带气走人，跳槽到本是竞争对手的单位。我就曾经见到过一个大学的名师榜，全按职务顺序排列，几名在社会上知名度高又是德艺双馨的老教授，却要列在没怎么授课却有着行政职务的校领导之后。小的氛围，当然会影响周围的环境也会由更大的环境所决定。正如孔子所斥责的：居上不宽，为礼不敬，临丧不哀，吾何以观之哉。（《论语·八佾》）——是的，“吾何以观之哉”，这种样子怎么能让人看得下去呢？

子曰：“君子易事而难说也；说之不以其道，不说也。及其使人也，器之。小人难事而易说也；说之虽不以其道，说也。及其使人也，求备焉。”（《论语·子路》）

文中的“说”字，是“悦”。

夫子是个性情中人，也是个深通世故之人。在这里，他将与君子共事和与小人共事作了深透的对比。他告诉人们：“在君子手下工作很容易，讨他的喜欢却很难。不用正当的方式如努力工作积极做事去讨他喜欢，他不会喜欢的。等到他使用人的时候，却能够因才用人，衡量各人的才德去给以相应的职责。但是在小人手下工作却就难了，只是讨他喜欢却容易。就是用花言巧语、投机钻营等不正当手段去讨他的喜欢，他也会喜欢。等到他使用人的时候，却全不顾各人的德才情况，只是按照个人的好恶，喜欢的，哪怕是小人也要坚决用；不喜欢的，就是德才兼备，也会百般挑剔、求全责备。

这实在是关系着用人制度的一个大问题。

我们可能会想到唐朝初期魏徵与唐太宗的故事。的确，那是一个有作为的贤明的帝王，魏徵也是一个贤明的宰相。史书称魏徵：“有志胆，每犯颜进谏，虽逢帝甚怒，神色不徙，而天子亦为之霁威。”这是形容他对太宗进谏时的模样，虽然太宗天威震怒，他还是神色坚定，毫无惧色，没有一点儿讨好的意味，而太宗也能渐渐息怒，聆听谏言。如有个大臣叫郑仁基，女儿长得美丽又有才华，皇后要把她收为李世民的嫔妃。当册封的诏书写好后，有人说了一句：“她不是已经与人订婚了吗？”魏徵知道后，就向李世民进谏道：“陛下住着亭台楼阁，就应该希望百姓有安身的房子；陛下吃着山珍海味，就应该希望百姓有充足的食物；陛下有着众多嫔妃，就应该希望百姓有称心的婚姻。现在陛下把已经与人订婚了的女子夺过来，这怎么符合人家父母的心意呢？”唐太宗听了这番话，马上取消了册封。但是“龙颜”的权威是不容侵犯的。贞观六年（六三二年）三月的一天，魏徵又在朝廷上与唐太宗争得面红耳赤。太宗心头的火已经烧得够旺的了，只是怕在众大臣面前发作了有失明君的名号，才隐忍着。终于到了退朝的时候。回宫后，盛怒未息的唐太宗，对长孙皇后说："迟早我要杀了这个乡巴佬！"皇后急忙问道："陛下要杀谁呀？""魏徵总是当面侮辱我，不给我留情面！"皇后听完后，立刻郑重地换了礼服出来向太宗道贺说："君明则臣直。魏徵忠直，敢于犯颜直谏，正说明你的圣明大度，真是可喜可贺啊！"太宗听完后，怒气渐消。想起魏徵的为人处世，内心油然生起了无限的敬意。所以太宗曾说："人言魏徵举动疏慢，我但见妩媚耳。"就是说，人家都说魏徵举止粗鲁，我看这正是他妩媚可爱的地方啊！魏徵病逝时，太宗亲临痛哭，并罢朝举哀五日，后来太宗临朝时流着泪对群臣说："以铜为镜，可以正衣冠。以古为镜，可以知兴替。以人为镜，可以明得失。朕当常保此三镜，以防己过。今魏徵殂逝，朕遂亡一镜矣！"

但是，当一个国家的兴衰，只能建立在碰巧摊上一个贤明帝王或者贤明宰相的侥幸上，这个国家就会时时处于一种危险之中。在这里，还是制度是决定的因素。孔子当时当然看不到这样的问题，他只是在大声地疾呼，要执政者"举直错诸枉"，将德才兼备的人提拔起来放在邪恶的人之上罢了。

如果没有有效的监督与检验制度，如果国家的主体——百姓，还没有真正的用人的决定权（包括最高领导），如果我们还处于人治的怪圈之中，那么，孔子的理想也就会永远无法真正实现。回首中国两千年的专制制度，我们不难发现，从"任人唯贤"的口号到"卖官鬻爵"的现实，有时仅一步之遥，有时更合二为一。如此，君子便会越来越少，因为做君子竟要受穷受欺受气受罪过窝囊日子，小人却会像荆棘一样疯长，因为做小人却得势得利得权得财过豪侈生活。一家的天下，天下人为奴隶，奴隶哪有为天下的积极性？大家的天下，天下人为主人，主人谁不为天下而尽力尽责？一家的天下，天下人讨好一家人；大家的天下，执政者讨好天下人。大家的天下，专门讨好一家人的小人就会被世人唾弃，更不会大行其道。我曾经听到过这样两个相同的故事：不知是过去多少世纪还是过去多少年头了，分别处于我国南方、北方的两座名山，曾经为了一家人的登山而分别封山，把广大的游客人为地拒之于大山之外，并美其名曰安全需要。当然是小一些的执政者在讨好大执政者，而且是这样的讨好，正是孔子当年说的：小人难事而易说（悦）也；说之虽不以其道，说（悦）也。拿整个天下服侍一家人，这个天下，也就成了鲁迅先生所说的没有门、连扇窗户也没有的铁屋子。所以孔子呼吁“举直错诸枉”，鲁迅呼吁“救救孩子”。

这是中国两位真正的知识分子的呼吁。

还是在《论语·子路》篇，紧接着孔子上面的这段话，孔子又说了一句发人深省的话——

子曰：“君子泰而不骄，小人骄而不泰。”

君子安详舒泰，却不骄傲凌人；小人骄傲凌人，却不安祥舒泰。

孔子的话让我想到美国的林肯。虽然他是一个鞋匠的儿子，当过船夫、木工、伐木工、店员等，但是他到底还是被美国民众两次直选为总统。

其实他当不当总统都是林肯，一个诚实、谦逊而又仁爱的人的林肯。他二十一岁当店员的时候，有一次多收了一位顾客十二美分。当他发现的时候，天已经黑了。但是他毫不迟疑，步行六英里（近十公里），将多收的钱直接送回顾客的手中。包括竞选总统和议员在内，林肯曾经八次失败。他竞选的挫折当然与他的贫寒出身有关。在一次竞选总统的演讲时，一个参议员（一个“骄而不泰”的富且贵之人）满含轻侮地挑衅他：“林肯，你不要忘记你是一个鞋匠的儿子！”林肯直面这位参议员，平静地回答：“是的，如果你的鞋有了毛病，我可以帮助修理。我虽然不是一个伟大的鞋匠，但是我跟我父亲学过修鞋的手艺。”这时，林肯又转向大家说：“我没有父亲的手艺高，他几乎无所不能。但是有一件事可以肯定，我无法像他那样伟大，他的手艺是无人能比的。”说到这里，林肯流下了眼泪。这时，所有的嘲笑都化作久久的掌声，这掌声之中当然也包括着那位参议员的由衷的掌声。

民众选择他，当然也记得他曾经的允诺：“我们将为争取自由和废除奴隶制而斗争，直到我国的宪法保证言论自由，直到整个辽阔的国土上在阳光雨露下劳动的都是自由的人”。他说到了，也做到了。

人是会被异化的。金钱会锈蚀尽人性的光辉，官位与权力更会将人性扭曲得丑陋不堪。人甚至会苍白无聊到人味与人性丧失殆尽、只剩下了职务称谓的可怜地步。而这一切异化悲剧丑剧发生的背后，是那个吞吃了人连骨头渣都不吐的巨大的旋涡，也就是马克思说过的那个使人不成其为人的专制制度。因此，让人性的根基磐石样稳固的林肯就深深地吸引了马克思，他这样评价林肯："他是一位达到了伟大境界而仍然保持自己优良品质的罕有人物。"

我记得他的治国十诫中的那句话："增进同胞之爱，不可煽动阶级仇恨"。民众选择他，反对派又可以把他暗杀掉，这就是美国。但是林肯就是林肯，人的林肯，一个"泰而不骄"的君子的林肯。最高的职位不能让他的人性异化，生活的富足不能让他的人性异化，连死亡的威胁也不能让他的人性异化。

那两个因为自己一家人登一座山却让天下人都不能登这座山的人，与林肯相较，真是君子小人立见。

不说小人了吧。说多了，会让手中的笔也生出着厌恶的。

还是言说君子的事情让人心生快乐。毕竟，他们（当然包括女君子）才是社会前进的真正的力量。在夫子的眼里，这些君子是那样的妩媚动人。

他们"先行其言，而后从之"（《论语·为政》）。孔子还说"巧言令色鲜矣仁"，一个人是这样，一个部门、一个地区，乃至一个国家也是这样。不要听说得怎样，主要看做得如何。说得天花乱坠，往往做得惨不忍睹。真正的君子，那是要一言既出，驷马难追，一定要先做后说，或者只做不说。想想看，世上的母亲，为了儿女，哪个不是做多说少或只做不说？如果还不能理解孔子"先行其言，而后从之"的意思，那就看看自己的母亲或者身边的母亲，就会知道该怎样做一个君子了。这个"做"，也就是孔子提倡的"修己以敬"，"修己以安人"，"修己以安百姓"（《宪问》），先把自己的德行修炼好了，再以诚挚仁爱之心，去为他人，为百姓尽其所能多做一些具体的实在事。

我们可能觉得，为别人做点事情是容易的。但是有些时候，当为别人做些好事需要付出大的代价的时候，我们还能力所能及地去做吗？

君子，就是要"无求生以害仁，有杀身以成仁"（《论语·卫灵公》）。君子，就是要"当仁，不让于师"（同上）。

君子的仁心之诚，犹如深渊般沉静，太空般广大（肫肫其仁，渊渊其渊，浩浩其天）。有了这种诚实的仁德，就会厌恶丑恶如厌恶臭味一样，喜爱善良如同喜爱美人一样（如恶恶臭，如好好色）；不要说没人看见，正有十双眼睛看着、十只手指着，君子特别注意自己独处的时候（君子必慎其独）。财富可以使屋子华美，德性却可以使人身体充实精神愉快，心地宽广，所以君子必然要使自己的心意出于至诚（富润屋，德润身，心广体胖，故君子必诚其意——以上《中庸》）。即使苦难，也不能改变君子“质”“文”相辅、“文质彬彬”的风貌（质胜文则野，文胜质则史，文质彬彬，然后君子。《论语·雍也》）。

作为一个人活在这个世上，作为一个人活在这个国家中，难道只等着别人来照亮自己吗？没有钱财，或者也没有权势，不要紧的，那就像个君子一样点燃起自己的血肉，照亮自己，也照亮别人。一灯照隅，万灯照国。有了这样生生不息的君子，我们这个灾难深重又多产小人的古国，才会有着光明的前途。

第二十八章　公元前 479 年：孔子之死

公元前四八一年（鲁哀公十四年）的春天，鲁国的贵族们在大野（现在山东巨野）打猎，叔孙氏的管车人鉏商捕获了一只奇异的野兽。载了归来，叔孙氏看到了这样一只根本叫不出名来的野兽，认为不吉祥，就把它送给了管理山林的人。博学多识的孔子听说竟然有这样大家都不认识、叫不出名字的怪兽，便前去观看。谁知孔子一见便如相识多年的老朋友一样，连连地反问：“你为什么来啊！为什么来啊！这是麟啊！”（麟也！胡为来哉！胡为来哉！——胡仔《孔子编年》）说罢，又掩面大哭，泪水连衣襟都湿透了。

叔孙氏听说七十一岁的孔子竟然为了这只叫麟的野兽哭湿了衣襟，也觉得这只兽非同小可，便从管山林的人手中要了回来。

只有学生子贡心疼着老师。他边搀扶着大哭的老师边小心而又好奇地询问：“老师为什么哭它，还哭得如此伤心？”孔子这才止住哭，对子贡说：“麟是瑞兽，含仁怀义，只有政治清明社会和平，遇到仁爱的君王它才出现。可是现在是恶人当道的乱世，物欲横流，礼崩乐坏，麟却出来了，它这是生不逢时必遭残害的呀。你不是看见了吗？它的一条腿已经被粗暴地折断了，‘出非其时而见害，吾是以伤焉！’。”说罢，又是痛哭失声。

子贡最知道老师。他清楚老师哭麟也是在哭自己、哭与自己有着一样命运的知识分子，老师是在为天下众生而悲伤，是在为无力挽救的世道而难过。那就让老师痛痛快快地大哭一场吧。他知道，处在这个混账的世道下，也只有老师敢歌敢笑敢怒敢哭。老师见到麟时的那一声“吾道穷矣！”的叹息，是那样的震撼着他的肺腑。子贡后来也终于明白，老师正写着的《春秋》，为什么到了鲁哀公“十有四年，春，西狩获麟”便戛然而止。

子贡还将多次经历老师的痛哭。就在老师哭麟的当年，老师最得意的学生颜回死了，死于穷困与疾病。这样一个最好的人却最没有得到社会的任何使用。虽然他箪食瓢饮、却不改其乐，但是社会干什么去了？当政者干什么去了？为什么会忽略了他、并要让这样一个君子中的君子、贤者中的贤者受着冷遇与慢待、贫困与饥寒？子贡当然不会忘记，老师哭颜回哭得那样的伤心，他的身子就如树叶在风中颤抖。颜回走了。接着，子路又死了，死在老师七十二岁上。这个“片言可以折狱”的子路，也不是寿终正寝，而是死于春秋末年常有的内乱。

老师又哭，还是哭得那样伤心。

接连的打击，就这样降临在已经迫近生命最后时日的孔子身上。

二月五日

终于到了公元前四七九年（鲁哀公十六年），夏历二月五日（周历四月五日），子贡前去看望已经病了的老师。孔子在心里是有着感应的，他越来越想自己的学生了。颜回走了，子路走了，闵子骞走了，仲弓等人都走了，连儿子伯鱼也走了。老师知道，那个子贡该来看他了。果然，子贡来了，上午的太阳从寒风里筛下，沐着正在悠然散步的自己的老师。子贡突然感动了，几十年的岁月里，就是这个人像父亲一样用全副的心血教育着一茬又一茬的学子，没有一天的懈怠。他看着这个病了的老师，拄着拐杖，风正动着他的白发与白了的胡须，仍然是那么的高大。高大之中，还更有一种飘逸与洒脱，铸于这金黄色的阳光里。一个想法就在子贡的心里萌动一如星辰升起在夜空里：这个人，眼前的这个老人，这个从百姓中来又归于百姓的人，肯定要成为有人类以来，最为不朽的人了。

子贡看到了老师那急切的眼神。他紧走几步，扑到老师的跟前，攥紧着老师的手。手是这样的冰凉，还有着微微的颤动，子贡本能的更加攥紧了。他下意识地觉得，要通过自己的手，将自己的体温传给老师。但是他，突然在这寒风里感到着一股强烈的暖流，从这双冰凉的手上传达于自己的心上，还有袅袅的音乐在这暖流之上盘旋。有泪水就在子贡的脸上悄然滑落了。

老师似乎没有看到这些。他埋怨着子贡：“早该来了，怎么来得这么晚呢？”一边埋怨，一边将昏花的眼睛从子贡的头顶望向遥远的天际。有一声叹息，从他胸膛的深处露出。随之，孔子便唱起歌来：“泰山要倒了！

梁柱要断了！哲人要死了！——泰山坏乎！梁柱摧乎！哲人萎乎！（司马迁《史记·孔子世家》）”苍凉如钟，孤寂如磬，清纯如瑟，回响在寒风里。

唱着的老师又哭了。泪水如小溪般欢畅地流淌。子贡听到老师如歌的倾诉：“天下无道久矣，没有人能够尊奉我的主张，‘莫能宗予’。夏朝的人死了，要把棺材停在东厢的台阶上；周朝的人死了，要把棺材停放在西厢的台阶上；我们殷商的人死了，是将棺材停放在堂屋的两柱中间。昨天晚上我梦见自己坐在两柱中间，受人的祭奠，子贡啊，看来，我就要死了。”

子贡惊诧了。老师真的要死了吗？可是老师却像谈论四时运转一样的超然物外，虽然含着钟的苍凉，磬的孤寂和瑟的清纯，而那颗心却像这当空的太阳在微笑着灿烂着。

还有那阳光里闪着玉一样莹光的泪水，是老师在哭吗？

他知道，已经不用任何安慰。老师当然是在哭学生，哭自己，哭这个苦了天下苍生的无道的社会。但是这欢畅却又耀着玉的莹光的泪水，又是在欣悦地向这个仍然饱含着温情的世界和世界上的一切挥手作别，更是向着那个刻刻迫近的死亡，招手相迎。这泪水又分明是一条河流的使者，正将老师的生命导入于无际无涯的海洋。

二月六日

齐鲁的旷野里，北风猎猎地吹着。

病了吗？脚步怎么会如此轻盈？踏在这片生于兹养于兹并将要没于兹的土地上，孔子的心里有了一种从未有过的踏实的感觉。

七十三年的岁月，正踏出着一条没有尽头的道路。他欣慰地看到，是他罄尽生命，在中国的大地上犁出了一片文化的沃野。他不能不想，走了之后，在这片沃野之上，还会因为小人的践踏而又荆棘榛榛吗？

孔子捋了一下被北风吹得有些凌乱的胡子，将目光洒向空旷的田野，也洒向自己曲折斗转的一生。他经验过多少小人的行径啊，也屡屡被那些得势的小人们所伤所害所欺所骗。

我们至今翻阅《论语》，仍然能够感受到孔子对于小人的憎恶与唾弃。他们是毁坏社会的蛀虫，也是毒化社会风气的苍蝇与蛆虫。在整个《论语》里，孔子有二十四次提到小人，只有四次是指平常的普通人，而二十次全是或刻画或直斥这种缺德的小人。

孔子在《论语》第一篇《学而》的开始部分，就对这种小人进行了第一次刻画："巧言令色。"花言巧语，说的比唱的还好听，会讲大道理，会往领导心里奏事，并能装出一副伪善的面目，但是有一条，就是不真做正经人。"匿怨而友其人"（《公冶长》），这是说小人的阴险。他明明对人心里藏着仇怨、嫉妒，却装出一副公允甚至亲热的样子，与人周旋，遇到机会就会暗咬一口，甚至可以致人以死地。

正如小人是君子的一面镜子一样，孔子也好把君子当作一面镜子，用君子的光明与磊落，照出小人的小与卑鄙与阴险来。如孔子说"君子成人之美，不成人之恶。小人反是。"（《颜渊》篇）小人就烦别人的美别人的好，别人一美一好他就心里难受，有时难受得百爪挠心似的，想法阻拦非要破坏或者迫不及待地去扒个豁子。于是，"成人之美"也就成了大家欣赏的一种君子之风。"君子和而不同，小人同而不和"（《子路》篇），君子能够团结别人，却又坚持自己的意见，不会随声附和，而小人正好相反，只是根据自己的利益说话行动，哪怕明知是个谬论，只要对自己有利，也会坚决赞成。"君子泰而不骄，小人骄而不泰"（同上），君子安详舒泰，从不骄傲凌人；小人却把手中的权力（哪怕是一点点小权力）用在盛气凌人上。究其根源，君子知道尊重人、尊重人的劳动，而小人则只考虑自己的面子自己的利益，从来就不会也不懂得尊重人、尊重人的劳动。

对于君子与小人，孔子有一句大家耳熟能详的总结："君子坦荡荡，小人常戚戚"（《述而》篇）。这里孔子是说的胸怀胸襟，也就是我们老百姓常说的心眼。君子是大胸怀大胸襟大心眼，坦荡正直，光风霁月，哪怕泰山压顶也会泰然处之；小人则是窄胸怀狭胸襟小心眼，卑鄙龌龊，阴暗险冷，为了自己的一点私利，当狗做猫都行，就是不做人。

虽然孔子不会像道家所提倡的那样"以德报怨"，但是他也早已释怀了。小人的脏总是脏了自己，将自己的丑陋显于世上，更把君子衬托得越发高大与光彩起来。孔子的嘴角间，露出了一丝别人不易觉察的微笑。他从脚下抓起一把土，轻轻地扬起，让风吹去。他的那些对于小人的曾经的憎恶，也如这沙土一样随风散去，只留下怜悯在心头热着。"举枉措诸直"，是这个社会这个时代让小人得势、君子碰壁，但是这样的时代这样的社会会长久吗？违了公理违了人心怎么可能长久呢？小人不也是受害者吗？在社会与时代的鼓励与怂恿下，他们让自己宝贵的生命酱在污秽之中，并成为对社会与他人有害的蛆与蛀虫，这是可悲可悯的呀。风中的孔子，期待着自己用数十年岁月所耕耘出的那片文化与教育的沃野，能让更多的君子长成大树，甚至期待着在中国层出不穷的小人，也能够在这片沃野里变成君子，过上几天光光明明、坦坦荡荡的日子。

风越来越大了。太阳，正在东方升起。

二月七日

孔子不知道，云彩是在夜间涌起的。但是他似乎对于云彩的蔽日并没有什么感觉，心头仍然晴朗着。

后世加给他的头衔他当然无从知道，但是学生们已经把他尊为“圣”了。他记得那是在与子贡的一次谈话中，子贡曾经问他“夫子圣矣乎？”当时他回答子贡说，“圣则吾不能，我学不厌诲不倦也”。子贡这时就说：“学不厌，智也；教不倦，仁也。仁且智，夫子即圣矣！”（《孟子·公孙丑上》）

其实，称号是什么有什么意义与关系呢？在他一生里，不管穷通与否，他不过始终在以一个君子要求自己罢了。一部《论语》，竟有一百零七次说到君子。他曾经告诫过自己的学生子夏，要他们当君子儒不要当小人儒。当老师的，自然要言行如一、表里如一，做好表率了。

将天下苍生的苦难担在自己的肩上已经很久了。君子不担谁还去担？头破血流过，走投无路过，甚至还遇到过看似无法越过的绝境。但是有过一刻的忧愁与恐惧吗？没有，从来没有。“内省不疚，夫何忧何惧”？七十三岁，不能算短了，谁能知道一个无愧无悔着的生命，是多么的快乐吗？

他为担着天下苍生的苦愁而快活着。那是站在人生的高处，有风雪雷电，有险峰幽谷，有悬瀑深潭，有峭崖危石。有这些当然要万苦千辛，要有炼狱般的考验，但也正因为有这些，才有着常人没有、小人更是无法享受到的巨大的收获与欢欣。

“朝闻道，夕死可矣。”（《里仁》篇），让死神把生命拿去好了。能够拿去他的生命，却无法拿走一个君子心头的仁爱，因为他的仁爱已经在他的“道”中载着，直奔后世而去了。这种仁爱是什么？这种仁爱就是既可以把幼小的孤儿也可以把国家的命脉都交付给他，就是在面临生死存亡的关头，他也不会有丝毫的动摇与屈服（可以托六尺之孤，可以寄百里之命，临大节而不可夺也，君子人与？君子人也——《泰伯》篇）；这种仁爱就是“修己以安百姓”（《宪问》篇），修炼自己君子的德行，让天下苍生全部得到安乐的生活。

那是谁？那是他吗？一个熟悉而又陌生的孔子正从远处而来。他乘着殷朝的车子，穿着周朝的服装、戴着周朝的礼帽，奏着尽善尽美的韶乐，而所处的时间，正是在夏禹的时代（行夏之时，乘殷之辂，服周之冕，乐则韶舞——《卫灵公》篇）。

大禹的时代是那样的令人向往。大禹承接了舜的帝位之时，就接受了舜的嘱托——四海困穷，天禄永终（《尧曰》篇）——假如天下的百姓都陷于困苦贫穷，上天给你的帝位也就会永远地终止了。就是这个大禹，宁愿让自己办公室的建筑简陋得如百姓的住房一样，也要省出财力去为天下兴修水利。就是这个大禹，“三过家门而不入”，而且是新婚之后的第四天就长别家人，领导人民治理洪水去了。就是这个大禹，“亲自操稿耜而九杂天下之川。腓无胈，胫无毛，沐甚雨，栉疾风，置万国。禹大圣也而形劳天下也如此”（《庄子·天下》）。杂为治理，腓是腿肚子，胈是肉，亲自——看来“亲自”一词古已有之——操着家伙，顶风冒雨，带头苦干。不仅干，还是真干实干长干，不然不会干得腿肚子上没了肉，小腿上磨光了毛。

戴着周朝的礼帽，乘着殷商的车子，奏着韶乐的孔子，正从远处而来，走在夏朝的时空里，并高声地咏唱着：“巍巍乎，舜禹之有天下也而不与焉……”（《泰伯》篇）——舜和禹真是高大而又崇高啊，他们拥有天下、富有四海，却整年地为百姓操劳，从来不为了自己。

二月八日

是雪在翻飞吗？

孔子望着窗外混沌的世界，有一缕留恋的火苗就在胸中窜起着。

他最是难舍自己的学生。

一个一个，三千个学生就在这雪的翻飞中挨个从自己的面前走过。

多想让他们停留一下，好再摸摸他们的脸他们的头他们的手。就是闭上眼，光凭手，也能摸出是颜回还是子贡。多想为他们掸去身上的雪，再为他们端上一碗开水，让他们捧着慢慢地喝，既暖手又暖身还暖心。但是得提前交待那个性急的子路，水烫，要慢慢地喝。不然，肯定会烫着他。多想听听他们读书的声音，那是比天籁、比韶乐都要美妙百倍的音乐啊，那是可以忘生忘死的声音啊！不管是滴水成冰的数九寒天，还是汗流浃背的三伏酷暑，一旦学习起来，大家总会忘掉了寒暑，出神入化于精神的妙境里。更想再与学生们来一番越磨越深、越磋越透的辩论，哪怕受更多的抢白、更多的质疑。那是心灵与心灵的碰撞，有照亮灵魂的火焰燃烧不息。颜回走过来了，我得告诉他，还是要好好保养一下身子。这不是樊须吗（即樊迟，姓樊名须字子迟，亦名迟）？不要走得这样匆忙吧，是不是还对于我骂你的“小人哉，樊须也”有所不满？那次你问种庄稼和种菜的事，我确实是不懂，当时也有些躁，话是说过头了。我现在想起来，学会种田与种菜有什么不好呢？我不是说过“知之为知之，不知为不知，是知也”的话吗？老师也有不知的事情，你问得好，你不想再问问别的什么吗？问吧，问吧，老师真想听你的提问呢！

可是，谁也没有停留，还是一个一个的，从孔子的面前走过，向前走去。

但是，在这雪落中华的时刻，无限留恋的孔子，从学生那浩浩荡荡的队伍里，听到了一个嘹亮的声音，在雪野中回响：仁者爱人，仁者爱人。老师笑了，这是樊迟的声音啊。老师继而哭了，笑着哭了，因为他听到了这整支队伍共同发出的生命的大合唱：仁者爱人，仁者爱人……

“德不孤，必有邻”（《论语·里仁》），有道德的君子从此再也不会孤单了，这一列学子的队伍，还会无限地延长、延长，壮大、壮大。

一种莫大的欢乐与幸福，就这样充盈于孔子苍茫的胸际。

不远的将来，又有一个叫孟子的君子大儒，还在感叹着孔子当年的欢乐与幸福。他告诉世人：“得天下英才而育之，一乐也，而王天下不与焉。”这种欢乐与幸福，给个皇帝也不换！岂止不换，简直是不可同日而语的欢乐与幸福。

雪下着。孔子笑着哭了。

二月九日

他知道母亲在等着他。

那个叫颜征在的女性，注定要因为儿子而流芳永远。

母亲墓前的树已经长得又大又粗了，而母亲的容颜却越来越清晰如同就在眼前。虽然学无常师，但是母亲当然是自己的第一个老师了。母亲在困境中的从容与果敢，母亲对待生活的乐观与进取，还有母亲一视同仁地照顾抚养身有残疾的哥哥，以及母亲待人接物的得体与大气，都是那样潜移默化地教育着年幼的孔子。那座尼山和尼山上的那个山洞，好多年没有登临了吧？母亲生前可是常常会停下手中的针线活，朝着那个方向走神呢。

尤其是母亲的笑容，美，还带着一种莫名的宽容。身体病着，可是只要一看见儿子，笑容就会自然地浮现在脸上，是那样的温馨。流亡的十四年里，母亲的笑容就常常地浮现在自己的眼前，从而给自己艰难的行旅增添起力量。她曾为父亲献出过如花的青春，她更无言地为自己的儿子献出了整个的生命。

如果没有年轻时做乘田、委吏的经历，怎会有后来“弃天下如敝屣”的胸怀与气度？

在孔子内心最柔软的地方，除了母亲，还有自己的妻子亓官氏。太苦了她了，在那十四年里，她是怎样度过的“守寡”一样的时日呢？其中的艰辛当是一言难尽的。一丝愧疚就在心上浮起了，还有一声轻轻的叹息。

对了，还有那个南子。她也早已不在人世了。但是她的好心她的照抚虽然被世人、包括自己的学生所误解，但是孔子心里是有数的。一种感激总也在记忆的深处藏着。十四年的流亡之旅，七十多个国君与大夫，没有哪个能够真正理解孔子重用孔子，倒是这个担着好多“风言风语”的南子，对孔子有着真正的敬重。多少年了？也不用去计算了，但是那次相见却如昨天一样。还有她在帷幔后面的回拜，和回拜时所披戴的环佩玉器首饰发出的叮当撞击的清脆声响，都历历如新。如果母亲健在并且知道南子对于自己儿子的好，肯定也会对南子有着好感与感激的吧？

雪一定会把母亲的墓盖得严严实实了。等着我母亲，儿子就要来了。

二月十日

黄昏。

点上那盏灯吧。多少个这样的黄昏与多少个夜晚，就是在这盏灯下，孔子让自己的整个的身心，投入在这些文化典籍之中。投入其中，犹如鱼在海中鹰在云上。

双腿已经有些麻木与僵直了，只好斜靠在床头的墙上。把那断了牛皮绳子散落了的竹简重新穿好，再打上牢稳的结。手也不听使唤了，一个结就要打好久好久。但是孔子的头脑却空前的清楚，犹如雨后的春晨。

就是闭上眼睛，他也熟悉每一片竹简和竹简上的每一个字。有时，他会觉得，这些竹简比自己的儿子还亲。那些个权贵们是不把这些东西真当回事的，他们没有工夫去想想它们的价值，当然更没有工夫去看上一眼。即使迫于应酬必须要学习，也总是在皮毛间打转，很少能从肌肤深入进灵魂中了。

连睁开眼睛都觉得难了。干脆闭上眼，只用手轻轻地柔柔地摩挲。

有风从窗子的缝隙中探进来，灯光好似春天的柳条般摇曳着。孔子的身影，也便在墙壁上荡来荡去，是那样庞大，又是那样坚定。

那只一条腿受伤的麟已经死去还是回归了山林？手中的这些竹简，却是比麟更有生命力的生命啊！它们就如这盏灯吧，看似脆弱得很，轻轻的一口气就可以把它吹熄。但是，当它们已经刻在人们尤其是仁人的心上之后，那是再也熄灭不了的啦。人，人的情感与思想，还有烟雾缭绕的历史，都会因为它们而不朽、因为它们而再生。它们就是一盏盏的灯，再黑的夜、再长的夜，也能被它们照亮。一旦把心灵点着，就是点着了一颗颗星辰，那就更是黑夜与大风都无法扑灭的了。

后来有一个叫秦始皇的愚蠢的皇帝，以为把这些手持灯盏的知识分子和正在亮着的灯盏一起扑杀，他的皇帝位置就可以万岁了。但是历史早已证明，“焚书坑儒”只是宣告了一个专制王朝的短命，并将这个专制制度的罪孽永远地钉在了耻辱柱上。是孔子后人的一面小小的鲁壁，就护下了这粒文化与文明的火种。专制统治者应当明白，多少知识分子、包括普通百姓的心灵，不都是一面永远站立的“鲁壁”？这是任何焚烧与虐杀都无济于事的。

也许孔子早已看见了这一切？摇曳的灯光里，有微笑正在孔子的胡须间游走。

这个冬日的黄昏听见，有苍凉的咏唱正从这栋屋子的门缝间逸出：天行健，君子以自强不息……

二月十一日

没有一点寒冷。

孔子真切地听见了雪花的脚步，那是尧的脚步舜的脚步禹的脚步周公的脚步吧？“有朋自远方来，不亦乐乎？”（《论语·学而》）知音的接踵而至，真是让孔子喜出望外了。

携手间，已经在飞了。

轻灵的魂魄，也如这纷扬的雪花，翔舞在天地之间。是飞舞在泰山的峰巅间吗？只有醒目的松柏，在这银白的世界里吐着勃郁的绿色。这当是泰山上的君子了，“岁寒，然后知松柏之后凋也”（《论语·子罕》）。

齐鲁莽莽，世界茫茫，壁立万仞的泰山也如这轻灵雪花，在宇宙间飞翔。

从来没有过的解放，从来也没有过的自由，就这样弥漫在孔子的生命间。每一片雪花都是一个音符，共同组成了无边无际、无上无下的和鸣。这是天上的音乐吗？可分明又是在人间，而自己的每个细胞，也都成这个和鸣中的一个不可分割的部分。

一种大安详、大欢乐降临了。

是寒冷的锐利刺痛了孔子？他从梦中醒来。

已经无力翻身了，他看到有银色的东西正侵入在床头上。是雪吗？他艰难地微微侧过脸去。一种喜悦一下子就亮起在这深夜里：雪霁了，这是月亮的吻痕。

孔子没有担心，也没有疑惑。雪花，泰山，知音，他们存在过，就不会丢失。或者，这眼前的月光，就是梦中的雪花变的？

全身也许就只剩下心口窝处还有一点温热，他清醒地意识到死亡的来临。一辈子“不语怪、力、乱、神”的孔子（《论语·述而》），就要直面死神了。

平静如水的孔子甚至有了一个大胆的念头，要用这心口窝处仅有的一点温热，去温暖那个被人误解的死神。

它是多么美好的一个精灵啊！是它给人以最终的休息与解脱，也是它给人以最终的平等与自由。这种自由，是自由得连躯壳都抛弃了的。

死亡也是这样的美丽。可以是一片树叶飘扬着从树上降下，也可以是一颗星辰燃烧着从天空陨落。可以是山溪渗入于渴念的田野，也可以是黄河跳下万丈的壶口。但是它们，都带着生命的光芒，升华于安详而又欢乐的至境。

寒冷又在慢慢地离去，那颗臻于圆融的灵魂，轻柔得如天鹅的羽毛，飘逸着似天上的白云。

就这样，灵魂飞扬在漫天的月光里。

那就是自己常常驻足的泗水吧？它正在月光里粼粼着玉的光泽。是的，泗水在等着孔子，等得好久了。它从哪里来？又到哪里去？泗水笑了，无言地说着：我从来的地方来，我到去的地方去。孔子笑了，一河的月光泛着澄明也在笑呢。忍不住，孔子掬起一捧河水，啧啧地饮下。啊，连肺腑也被月光照彻了。

天与地，月与河，人与世界，植物与动物，灵与肉，生与死，过去与未来，全都处于一种无始无终、无边无际的和谐中。只是这种和谐不是静止，而是一切的生命都因为大自在大解放而处在欣欣向荣之中。

不是吗？瞧这条泗水，它不是日夜不息地在流吗？一切的生命，一切的时间，不是都如这泗水一样在日夜不息、一去不回地流淌向前的吗？

死亡也是一种流淌啊。

随心所欲、自在安详已经好久了。但是今夜，生命却新生出一种从来也没有过的欢乐与美妙。

好吧，那我就走了。

公元前四七九年（鲁哀公十六年）夏历二月十一日，七十三岁的孔子死了。

孔子死了吗？他的生命正化作一条船，载着满船的明月，与泗水一起，正驶向烟波渺沔的远方。

“逝者如斯夫，不舍昼夜。逝者如斯夫，不舍昼夜……”

孔子死后就葬在鲁国国都曲阜城北面的泗水岸边。孔子死时，鲁哀公前往致祭，并为孔子作了一篇沉痛的悼词。悼词说“老天爷真不仁慈，不肯留下这位老人，让他扔下我，孤零零一个人在这个世上。我孤独而又悲伤。啊，多么悲痛！尼父啊，再没有人可以作我的楷模了！——旻天不吊，不慭遗一老，俾屏余一人以在位，茕茕余在疚。呜呼哀哉！尼父，毋自律！（《史记·孔子世家》）”

他的学生们像对待父亲一样，都来为老师守丧三年。三年服丧完毕，大家相对而哭，好多还是不忍离去。只有子贡在老师的墓旁搭了一间小房子住下，又为老师守丧三年，总共服丧六年才不舍地离去。

司马迁在《孔子世家》的最后，有这样一段充满着感情的文字：“《诗》有之：‘高山仰止，景行行止’（像高山一样让人瞻仰，像大道一样让人遵循）。虽不能至，然心向往之。余读孔子氏书，想见其为人。适鲁，观仲尼庙堂、车服、礼器，诸生以时习礼其家，余祗回留之不能去云（我怀着崇敬的心情徘徊留恋不忍离去）。天下君王至于贤人众矣，当时则荣，没则已焉。孔子布衣，传十余世，学者宗之（读书人仍然尊崇他为宗师）。自天子王侯，中国言六艺折中于夫子（都把孔子的学说来做为判断衡量的最高标准），可谓至圣矣！”

第二十九章　孔子质疑

孔子是幸运的。生在那样百家争鸣的时代，可以由着自己的心性说话、生活；而且一个人活过了一世，还要被百世千世的人记着说着。

但是孔子又是不幸的，一会儿被捧起，一会儿被打倒。捧起时，得到过独尊的地位，成了打压百家、甚至束缚天下知识分子和百姓的神灵。打倒时，却又被踩在脚下，成了多种罪孽的替罪羊，踩的人边踩还要边骂："让你永世不得翻身！"

圣是不必说的了，孔子活着的时候，就有他的学生以"圣"赞誉其师了。孔子刚死，鲁哀公便尊之为"尼父"，汉朝则尊为"褒成宣尼公"，到唐玄宗又封为"文宣王"，宋真宗更封为"至圣文宣王"。元朝，虽是北方游牧民族入主华夏，在尊孔上却不落后，尊孔子为"大成至圣文宣王"。到了明朝，有了点变化，在"至圣"之后加上了"先师"二字，以至到清初就成了"大成至圣先师文宣王"。毕竟到了现代，那就"伟大"吧，还要在伟大之后，加上政治家、思想家、教育家（有时还要加上一个活动家、外交家等）。有了这样神、圣、尊、贵的地位，当然就要祭祀，于是就有了曲阜的孔庙。从鲁哀公下令将孔子的三间居屋辟为寿堂始，历代帝王竞相增扩，以至大到清代的占地一百四十四亩、四百六十多间房舍、五十四座门坊的孔庙。不仅如此，唐太宗时还下了一个诏令，要全国遍设孔庙，以至全国最多时，孔庙多达两千五百多座。祭祀还不够，"爱屋及乌"，历代帝王还要惠及孔子的子孙后世，尤其是孔子的直系后裔。自汉高祖将孔子九世孙孔腾封为"奉祀君"后，孔子十三代孙孔霸又被封为"关内侯"，赐田赐宅。接着，孔子的嫡孙又有了"褒成侯""崇至侯""文宣公"等封号。从宋仁宗皇帝将孔子四十六代孙孔宗愿封为"衍圣公"始，成了世代承袭，一直延续至孙中山才算作罢。这个捧，时间之久长、地位之高崇，真可谓到了登峰造极的地步。这也成了中国两道"好看"的风景，皇帝那边要世袭，嫡裔长子长孙；孔子这边也要世袭，也是嫡裔长子长孙。只是孔子这边要比皇帝那边还稳定，皇帝那边是秦刘李赵，走马灯似地更换，孔子这边却是只此一家，别无他店。

有涨必有落。打的时间虽然不算长久，其程度之烈，也是空前绝后（但愿绝后）。反孔，讨孔，倒孔，批孔，圣人已成“孔老二”“孔家店”“地主阶级的孝子贤孙”，“恶霸作风”“法西斯气味”。似乎还不过瘾，又将孔子像从孔庙大成殿上拉倒剖腹游街示众，更继之以扒坟掘墓，从孔子墓至其后裔之数万坟茔全被扒开，撒骨头扬坟，无一幸免。当然也有理论上的批判与声讨，拉出了“阶级”（奴隶主阶级的代表）、“政治”（倒退守旧保守落后）、“哲学”（唯心史观）等，把孔子批得“体无完肤”，甚至将孔子与林彪并列，掀起全国性的“批林批孔”运动。

不管是捧起还是打倒，热闹固然热闹，但是却似乎与孔子无关。

不要说这些热闹与孔子无关，就是那个据说来自于孔子“君君、臣臣、父父、子子”的“君为臣纲，父为子纲，夫为妻纲”，主张后者绝对服从前者，“善皆归于君，恶皆归于臣”，也是与孔子关系不大的。本来孔子说到这三个关系的时候，是相互的，有着相互尊重的民主精神在里面。是董仲舒打着孔子的名义“制造”出了“三纲”，而宋明理学更由此发展成“君要臣死臣不得不死，父要子亡子不得不亡”、“饿死事小，失节事大”等所谓的“存天理、灭人欲”，并把这一切都安在了孔子的头上。正如顾准所说：“四书朱注，是朱熹的著作而不是孔子的著作。凡朱注中如‘义理’、‘天理人欲’之类的东西，完全是另外一种哲学体系，以此解孔是不行的。”（湖南人民出版社《六十个孔子》）

孔子就是孔子，一个春秋时代的孔子，一个充满着人味的春秋时代的孔子。既然是人味的孔子，有着人性的新鲜活泼的优点，也会有着人性的新鲜活泼的毛病。他是说过“后生可畏”的，作为后来者，在学习孔子的为人与思想的时候，当然也有着质疑孔子的权力或曰义务。

质疑之一：作为一个家庭之中的男人，孔子没有尽到自己的责任。

作为儿子，他曾经费尽周折，找到了父亲的埋葬地，并将劳累了一生的母亲与父亲合葬。作为父亲与叔父，他也曾经尽心尽力，为女儿与侄女找到了合适的丈夫。这些，孔子都做得相当出色。

但是，作为丈夫的孔子，做得如何呢？且不说那句“唯女子与小人难养也”为后世妇女留下了无法回避的话柄，仅就孔子将妻子丢在鲁国于不顾，流亡列国十四年这件事来说，孔子就没有尽到一个男子汉应当尽到的职责。儿子，女儿，侄女，女婿，还有孙子，一大家子，多少家务，多少艰辛，多少困难，全靠妻子一人料理。就是妻子病逝，孔子也没有回去一趟。

这实在有些说不过去。可能有人会说，这正是孔子“事业心”强的表现，他是在为天下人谋福利。这种说法看似正当，其实，拿出人性这个最为普通的道理品品，就站不住脚了。世上多少男人们，正是拿着“事业”一词做挡箭牌，却抛下了本该承当的家庭义务与责任。况且，在家庭义务与责任之后，还有一个不能回避的情感。一个女人，就这样独自与丈夫分离十四个年头，从心理、生理上讲，都是不人道的。中国太讲究妇道了，女子稍稍不如男人的意，就会成为“不德”。她们手中，没有任何招牌可借。

家中马厩失火了，孔子可以只问人不问马，体现着他的人道主义情怀。可是那个为其养育了儿女又承当着几乎所有家务的妻子，却没有得到应有的照抚与关爱。或许关系不够融洽，致使“两地分居”。但是，关系不够融洽的责任，也是要由双方承担的。

质疑之二：三年之丧与一年之丧的争论，真理似乎在宰我的手里。

据钱穆先生考证，父母去世，守丧三年之礼，虽是“天下通丧”，但在孔子所处的那个时代，已经废弃，“此礼久不行”，形同虚设。宰我在这里就是针对这一情况，与老师讨论与其名存实亡，不如根据实际改革这一制度的问题。

显然，宰我明确认为，父母去世儿女守丧三年确实太长。宰我的理由相当充分：死去的人已经死去，再也不能复生，那么就得以活着的人为主，考虑活着的人的工作与生活。上来宰我就把自己的立场摆了出来：三年之丧，似乎太久了。理由也在情在理：君子三年的时间不行礼，“礼必坏”；三年的时间里不作乐，乐也必将生疏起来。宰我不仅敢想，还颇有辩才，出言就从老师重视且又经常教导他们的“礼乐”出发。

不仅搬出了“礼乐”这样带有原则性的问题，而且还喻含着“礼乐”

的是否后继有人的严重性。因为在他接下来又摆了现实的情况，“新谷既升”与“钻燧改火”。也就是说，新产的谷子都已经进仓了，钻木取火的木头也已经更换了，我们不能再守着已经过时的三年旧制了。古人取火，钻一木为燧，中凿眼，再取一木为钻，钻头置于燧眼，用绳牵拉使两木相磨起火。燧木既燃就常保不熄。一木将燃尽，另一木即接其火，后薪继前薪，是谓传薪，也叫薪传。“薪尽火传”一词，就是比喻师生传授，学问一代代地流传。所以，宰我就将三年之丧，会使老师所教、学生所学的礼乐中断的大问题摆到了桌面上，并由此得出了父母之丧，居丧一年就可以的结论，“期可已矣”。

孔子无疑是坚决反对的。但是孔子也知道，与宰我“商榷”是要费些工夫的。孔子曾经把他所教的内容分为四个大的部分，即德行，政事，言语和文学。从孔子的教学内容的排序，我们也可以看出其分量的先后，在孔子那里，是最讲究德育的，其次就是“政事”，也就是要有从政治理国家的本领。他之所以将言语排在文学之前，也是那个时代的真实情况的真实反映。这里的言语，有着相当大的成分是指外交，在那样列国林立、战乱不断的时代，外交直接关系着国家的战争与和平、安定与紊乱、富强与贫困。而在孔子所列他的最为重要的十名学生中，在言语科的只有两名，就是宰我与子贡，而且宰我还要列子贡之前。可见宰我的论辩能力。

老师先设了一个陷阱。他开口就问宰我：三年之丧未满，你就吃北方很难得到的稻米，脱去素朴的孝衣改穿带花纹的好衣服，能够心安理得吗？实际上，孔子在这里是以攻为守，你宰我不是开口就提出了“礼乐”的大问题吗？那么好，我孔子开口就提出一个“孝”的大问题。“食夫稻，衣夫锦，于女安乎”，这个“安”字，几乎等于直接地问宰我你到底还有没有孝心。

这里，孔子与宰我有着明显的不同立场：那就是站在父母的立场上而不是站在子女的立场上。

二十世纪九十年代初吧？在国内的一次儒学研讨会上，有人提出不宜言孝的论文。当时孔子的后裔孔令朋教授读完这篇论文就大声地说：“有人撰文认为孝是封建残余，时值新世，不应提倡。作者本人当必非孝，请持此主张者站起来，向大家表明‘我不孝我父母，也教育子女不要孝我’。

久之无人应声，可见公开承认自己不孝，还是有顾忌的。”（孔令朋《孔裔谈孔》）与孔子将一年之丧与不孝等同一样，孔令朋先生是把“不宜言孝”与“不孝”等同起来。到了二十世纪八九十年代了，一个“孝”字还让人“久之无人应声”，何况在孔子的面前，又是那样的年代。宰我当时面临的压力可想而知。智慧如孔子者，当然也想到了宰我的不好应对。

出乎孔子意料，宰我公然以一个“安”字作答。

孔子生气了，生气得还挺厉害，有些急不择言。他说君子居丧期间吃不出饭味，听了音乐也感受不到快乐，在家里也处于悲戚的不安之中，你宰我竟然还“安”！父母生下你三年之后才能离开父母的怀抱，起码也是享受了父母的三年之爱，你却连三年之丧都做不到，真是不仁呀，“予之不仁也”！

不仁不义的帽子就给宰我戴上了。

宰我心里当是不服的。但是宰我毕竟是个君子，心存仁义，他看到老师生气了，也知道他们师生说到岔道上去了，更明白他的以后代的生命生活工作为重点的主张，暂时是无法得到老师的认可了。宰我无言地走出去。走出去还听到了老师“不仁”的斥责。但是走出去的宰我，在心里还在与老师讲着理：您不能这样上纲上线呀！况且老师不是讲过嘛，“生，事之以礼；死，葬之以礼，祭之以礼”，这就是“孝”了。我们只要这样做到了，也就是孝了，为什么非要坚持那个三年之丧呢？还有，老师您不是还讲过，“礼，与其奢也，宁俭；丧，与其易也，宁戚”吗？不是也在讲礼与其形式奢华不如俭朴、丧与其事事周到不如悲哀更好吗？学生一年之丧的主张，不是正好与老师的教导一致吗？

这让我想到了鲁迅先生的《答客诮》一诗，是一九三二年十二月三十一日，用书法的形式写给好友郁达夫的——无情未必真豪杰，怜子如何不丈夫？知否兴风狂啸者，回眸时看小於菟。这时鲁迅的唯一的孩子周海婴已经两岁多，对于“横眉冷对千夫指”的鲁迅先生，竟然对儿子倾注了如此多的柔情，世人有所议论。鲁迅正是回答这些议论与疑问也就是“客诮”的。这首诗，既体现了一位父亲对于孩子无比深长的爱恋（读到那只威猛无比的老虎却也会深情地柔和地看护着自己的小老虎处，总是让人心弦为之颤动），也表达着鲁迅一贯地试图颠覆两千间以尊长位上者为本位的传统、树起以卑幼者为本位的新风、从而开启人与社会解放的大门的理想。

但是，何其难哉。从孔子至今，对于这种变革，已经拒绝了两千五百多年了。

宰我与老师的论说，精彩着呢，尤其是孔子，形神兼备，不妨再录于下，以备读者及时对照阅读——

宰我问："三年之丧，期已久矣。君子三年不为礼，礼必坏；三年不为乐，乐必崩。旧谷既没，新谷既升，钻燧改火，期可已矣。"子曰："食夫稻，衣夫锦，于女安乎？"曰："安。""女安，则为之！夫君子之居丧，食旨不甘，闻乐不乐，居处不安，故不为也。今女安，则为之！"宰我出。子曰："予之不仁也！子生三年，然后免于父母之怀。夫三年之丧，天下通丧也，予也有三年之爱于父母乎！"（《论语·阳货》）

质疑之三：当官后的孔子，似乎有点奢侈。

早在明朝，就有个名叫李贽的知识分子的异类，就对孔子的这个缺点有过批评。

李贽这个人怪着呢，他老与孔子过不去。就在孔子用拐棍打原壤的小腿的时候，李贽就调侃过，说孔子对老朋友"一头骂，一头打，孔夫子直恁慈悲"。孔子提倡礼乐，李贽却嫌礼太束禁人。如有一年夏天他突然嫌头痒，又懒得梳头，说剃就剃了个光头。作为官员队伍中人，那时是不允许剃光头的，因为只有和尚才剃得光头，所以这个官也就做不成了（实在是他本来就嫌官职也束禁人的）。孔子说"唯女子与小人难养也"，当然孔子的三千弟子中更没有一个女学生。这个李贽却不。平生痛恶伪学道学，"每入书院讲堂，峨冠大带，执经请问，辄奋袖曰：'此时正不如携歌姬舞女，浅斟低唱'"（钱谦益语）。有学生带着妓女到他那里听课，他不为怪，反而"破颜微笑"说："这比与道学先生做伴强多了。"他在黄麻讲学期间，常有女子来听课。这可是惊世骇俗的举动，好心人怕他惹事生非，劝他："女人见识短，不适合学道。"可是李贽先生不为所动，且为女子辩护得振振有词："谓人有男女，则可；谓见有男女，岂可乎？谓见有长短，则可；谓男子之见尽长，女人之见尽短，可乎？且彼为法来者，男子不如也！"（吴虞《明李卓吾别传》）更有甚者，他还把这些问道学法的女子当作观音菩萨，把与她们的问答刻成《观音问》一书。这样的一个“异端”，岂能见容于世？他早就料到了，所以他说：“今世俗子与一切假道学，共以异端目我，我谓不如遂为异端，免彼等以虚名加我。”（李贽《焚书·答焦漪园》）大祸果真就来了，这个七十多岁的老翁也就被皇帝逮捕入狱了。平时在外面还感到受束缚，进了监狱那还不更加的不堪？况且他又有洁癖，怎能忍耐那样肮脏的地方？有一天，这个在狱中自如地读书作诗的知识分子，突然夺下理发者的剃刀，就割了自己的喉管。割了，却没有即死，延缠了两日。其间，有一个侍者问他“痛否”？他就用手指头在手掌中写道：“不痛。”这个侍者，又问：“何自割？”他又在手掌中写道：“七十老翁何所求！”言外之意，就是不堪所辱，唯求一死。对于强加的死，他早就做好了准备。他曾经说过这样的话：“可以知我之不畏死矣，可以知我之不怕人矣，可以知我之不靠势矣，盖人生总只有一死，无两个死也。”（李贽《续焚书·与耿克念》）

就是这么一个人，对待孔子还有许多新鲜的观点。如对于朱熹的“天不生仲尼，万古如长夜”的说法，李贽就据理力争：“天生一人，自有一人之用，不待取给于孔子而后足也。若必待取足孔子，则千古以前无孔子，终不得为人乎？”（李贽《焚书·答耿中丞》）意思明白得很，天生下人类，也就各人有各人的用处与生活，不用仰仗孔子。“若必待取足孔子”，那么千古以前没有孔子的时候，人就不是人了吗？

对于孔子一当官就奢侈，这个李贽在《明灯道古录》中，有过诙谐但却直接的批评。他的批评，不知孔子听到了会怎样，反正后人读着并不怎么太烦——

圣人虽曰“视宝贵如浮云”，然得之亦若固有；虽曰“不以其道得之则不处”，然亦云“富与贵是人之所欲”。今观其相鲁也，仅仅三个月，能几何时，而素衣霓裘，黄衣狐裘，缁衣羔裘等，至富贵也。御寒之裘，不一而足；裼裘之饰，不一而袭。凡载在《乡党》者，此类多矣。谓圣人不欲富贵，未之有也。

当然，孔子是个讲究礼仪的人，在鲁国做了大官，当然要带一个好头。这其中穿衣戴帽就是大事，有些是必须的。但是，从《乡党》篇中所记载的看，肯定不会样样都是“礼仪”的需要，是有着奢侈的成分在的。

南怀瑾先生对孔子是尊重无比的。他在《论语别裁》一书中，唯独对于《乡党》一章没有讲解阐述，莫非也是觉得对于孔子的这种奢侈，不好置言？

这让我想到孔子的另外一件事。那是在他最为钟爱的学生颜回去世的时候，颜回的父亲颜路，请求孔子卖掉车子来替颜渊置办棺材的外椁。颜回家里贫穷是出了名的，颜回的父亲也知道孔子最喜爱自己的儿子，而且作为父亲，更想将自己儿子的丧事办得好一些。所以，他向已经过了七十岁的孔子也是自己的老师，提出了卖掉老师的车子做椁的请求。

但是被孔子拒绝了。虽然，孔子的拒绝是相当困难的，而且孔子也是正处在悲痛之中。孔子拒绝的理由是这样的："不管有才能或者没有才能，但总是自己的儿子。我的儿子鲤死了（比颜回早一年，在孔子七十岁上），也只有内棺，没有外椁。我不能卖掉车子步行而替他买椁。因为我也曾经做过大夫，大夫，是不可以步行的。"（才不才，亦各言其子也。鲤也死，有棺而无椁。吾不徒行以为之椁。以吾从大夫之后，不可徒行也。见《论语·先进》）

孔子的拒绝，我们可以理解。从孔子的回答，我们也可以看出，孔子的晚年生活得已经比较贫穷，连儿子死时都已没有能力置办棺材的外椁。加之，年迈之人，步行困难的情况下，颜路的请求是有些过分的。即使这样，我们还是可以看到，孔子这次的拒绝，也是有些违了人情的，况且是在那样大家都在悲痛的时候。

钱穆先生对此也是疑虑多多，他说："谓颜氏家贫，孔子何不能为办一椁？颜路请孔子助椁，何为独指明欲卖孔子之车？孔子不欲卖车徒行，岂更无他长物可卖？且孔子之车，当是诸侯赐命之车，岂可卖之于市？而颜路请之？"（钱穆《论语新解》）

质疑之四：孔子的"忠君"思想，开了中国知识分子一个不好的先河。

固然，孔子说过"勿欺之，而犯之"，主张对君主要有批评态度；也说过"其身正，不令而行。其身不正，虽令不行"等，要君主自身做端正的话；甚至也说过"为政在德""使民以时""用贤纳谏"等教导执政者的话。不过，就是这些话，确实首先还是为当时天下各自自立为国的诸侯们的利益考虑的。

孔子对待国君敬的忠心是诚恳的，也是明摆着的。如他主张“事君尽礼”（《论语·八佾》），“事君，能致其身”（献身尽职,《论语·学而》），“事君，敬其事而后其食”（侍候君上，先踏踏实实做好工作，再考虑拿俸禄的事《论语·卫灵公》）等。

他喜欢言行一致的人（虽然有时他也做不到）。他的忠诚，也反映在行动上。国君要召见他，他会焦急得等不得备好马车，便匆匆地步行前往，“君命召，不俟驾行矣”；在国君的宫殿里，毕恭毕敬，甚至经过国君坐的空位子，也要像国君真的坐上面一样竦然见敬。

即使他所忠的“君”，不是后来意义上的皇帝，但是皇帝却正是从“国君”发展而来，而且从根本意义上说，“国君”与皇帝，也没有根本上的区别，都是专制统治者，只是范围的大小不同罢了。

“君君，臣臣，父父，子子”，之所以被董仲舒利用，也是因为其中有着被利用的价值。不然，那个齐景公也就不会听了孔子的话，高兴地遇到知音似的连声赞叹：“是呀是呀，若是君不像君，臣不像臣，父不像父，子不像子，即使粮食再多，我能吃得着吗？”（虽有粟，吾得而食诸?《论语·颜渊》）

处在那样的春秋末年，列国纷立又纷争，思和平，思安定，当然已成社会的普遍渴求。作为“木铎”的孔子，当然会用心尽力地反映这一要求。君臣父子各守其位，当然也就有了安定团结、社会和谐的盛世局面。他的梦想就是“郁郁乎文哉，吾从周”的周天子高高在上发号施令，然后是王室、诸侯、卿、大夫、士等稳定而又等级森严，尊卑有序，各守其位，各尽其职，再从“亲亲”的孝逐步地达到“尊尊”的和平的一统天下。而真正到了一姓天子一姓天下的大一统时代，哪个专制统治者不是梦里都在渴求这样的等级森严，尊卑有序，各守其位，各尽其职的安定团结、社会和谐的局面，而且又是“大成至圣先师”说过的，拿来发号施令多现成。其实，统治者是最精通“拿来主义”的，更何况他们又把忠君与爱国联系在了一处，并有意无意地将其合二而一。至于孔子当年只做了四年的官就与国君与执政者闹崩了，流亡列国十四年，也没能找到一个明君去忠，后来的帝王是再也不去细察了。

忠君，如果说滥觞于孔子，当是不错的吧？

只是夫子想不到，会这样愈演愈烈，且时间是如此漫长，队伍还这般的浩荡。明末，当李自成就要和正在进北京的时候，是死了不少“士”的，有的是带着全家十几口、几十口地赴死，为那个不争气的崇祯皇帝和那个气数已尽的大明王朝“尽忠”。

夫子敢于流亡的骨气，在他的后人里、尤其是后人中的知识分子中，更是难得寻见了。但是，到了清朝的初年，倒是出了一个异类：孔尚任。偶然的际遇，让他当了康熙皇帝的一次曲阜孔庙孔林的导游，并在孔庙内为康熙帝和康熙的文武百官讲了一次《大学》，并由此被皇帝青睐、直接提拔为北京国子监博士（已相当于进士出身）。他的老祖宗传下来的那个“忠”，此刻更是带上了感动与感情，可谓是忠得痛哭流涕，自己都以为是一种旷世“异数”。那是一六八四年十一月上午八时左右，康熙帝煞有介事，在孔庙大成殿前三跪九叩，对孔子行三献礼后，便换上鹰白色便袍，外套石青色褂，由奎文阁入承圣门，步升诗礼堂御座。待衍圣公率领五世子孙向皇上三跪九叩首罢，随着鸿胪鸣赞一声威严而洪亮的“讲书”唱赞，孔尚任由阶入，跪拜，恭立讲案西侧。孔尚任先至讲案前，面朝北而立，翻开讲卷，用二银尺镇定。咫尺之前，就是御案，康熙和孔尚任相向面南，容肃立端，御案上书亦展开，是用二金尺镇压。“大学之道，在明明德，在亲民，在止于至善……”，诗礼堂内，只有孔尚任自信、谨顺、温润而又朗亮的讲书声，声透屋瓦，余韵绕梁。近在咫尺的皇帝在听，“天颜悦霄”；排立于左翼的大学士、各部尚书、内阁学士、翰林院掌院、国子监祭酒、太常寺卿、太仆寺少卿、鸿胪寺少卿、光禄寺少卿以及巡抚等二十二位阁僚大臣在听，多少人心萌妒羡；列立在右侧的衍圣公及孔孟颜曾等有功名者三十五人也在听，感动而自豪。

就是得到了这样的“隆恩”，这个孔子的后裔，还是在心头深处，为那个“自己”留下了一小块日后站立的余地。他在当时所写的《出山异数记》的结尾，竟然还有着这样的文字：“书生遭遇，自觉非分，犬马图报，期诸没齿。但梦寐之间，不忘旧山，未卜何年，重抚孤松。石门有灵，其绝我耶？其招我耶？”他是在怀念他曾经隐居的石门山了。可是老祖宗血脉中的那点独立思索、孤傲不屈的基因，又在孔尚任的骨子间苏醒了？苏醒的土壤与机因，当然是在他看清了皇上其实并不把他真正当回事，尤其是看清了圣明如康熙者，也不过是在把他们孔家当个稳定统治的摆设之后。他于失意之时，终于完成了《桃花扇》，里面可是正儿八经有着骂清人的话，而且对于明末的投降派（当然是投降满清）给予了辛辣的鞭挞。康熙是何等样人？他还能体会不出这个骨头缝间藏着的那优越与平等来？但是他总不好自己打自己的脸，况且又是他尊崇的孔家。也就用冷落耗他，继之又惩之以罢官。他知道这些士子们最难受的也就是冷落与罢官了。

只是孔尚任早已没了祖宗的豪气，他不能流亡，也无处流亡，那时的天下已经“大一统”，率天之下，莫非王土。他甚至还对那个有着知遇之恩的康熙心存幻想。就在京城苦苦地等，一年，又一年，直等到第三年的深冬。穷困潦倒的圣裔简直落入到悲惨的境地。北京的冬日是寒冷的，清晨打水，皴裂的手便会冻在井盥上。一个月里，断炊该有九次了吧？辘辘的饥肠真使他度日如年了，那就早点睡吧。朔风整夜地吼着，冰却封住了玉河的呜咽，薄旧的被子盖着骨瘦如柴的身子，饥寒交迫的孔尚任听着老鼠在破了的顶棚上蹿叫，整宿难眠。五十五岁的人了，却像一只被人丢弃的弊屣，泪水默默地涌出，淌下，流湿了斑白的两鬓。他百回千回地想开了石门山，那个知冷知暖、给他以理解与慰藉的石门山啊，才断的泪水，就又化作思念的溪流。

终于，暮冬时分，罢官后在京滞留等待了两年多之久的孔尚任彻底失望了，支撑起身心俱疲的暮年，打点行装朝着家乡曲阜城北的石门山而去。

是喜，是悲？

虽然历代都有零星的反抗、反拨的异类，但是毕竟寥若晨星了。其实哪里能算作晨星，有，也只能是一星两点的萤火虫儿吧？如此看来，上个世纪的“五四”运动，孔子的遭遇劫难，当是中国的一种幸运了。

质疑之五：王充的《问孔》有几分道理。

在独尊儒术的中国古代社会，东汉的王充是比明朝的李贽更早更值得注意的一个知识分子的“异类”。这个出身于“细族孤门”的寒士，留在世上的最重要的著作，便是他花费了三十年心血写成的《论衡》一书。在这部书中，有着重要的一章——《问孔》。

《问孔》开宗明义，便指出世儒学者最大的毛病就是对于圣贤之言，不知问之难之："好信师而是古，以为贤圣所言皆无非，专精讲习，不知问难。"其问难许多，择出几节译列如下：

孔子曰："公冶长可妻也，虽在缧绁之中，非其罪也。"

王充问得有理：仅是无罪而蹲过监狱就可以将女儿嫁与，这不能算作理由。是因为公冶长已经三十岁了还没有找到对象，还是他的行为有着贤君子的模样？如果是这两种理由中的任何一种，那就不用说蹲过监狱的事。不然，就不是嫁给一个贤人，而是嫁给一个受冤枉的人了，"是孔子不妻贤，妻冤也"。如此，如果公冶长不是个贤人，孔子做的就不对；如果公冶长是个贤人，而孔子却不说出他贤在哪里，这也是不对。

子贡问政，子曰："足食，足兵，民信之矣。"曰："必不得已而去，于斯三者何先？"曰："去兵。"曰："必不得已而去，于斯二者何先？"曰："去食。自古皆有死，民无信不立。"

王充此处问得更是有理：假如一个国家而缺少了粮食，百姓整天处于饥饿状态，必然会放弃礼义，放弃了礼义，"信"往哪里安放？古有言，"仓廪实，知礼节；衣食足，知荣辱。让生于有余，争生于不足"。而今孔子却说要去掉粮食，那么"信"怎么可以建立起来？春秋时代，因战争而造成大面积的饥饿，有的易子而食，有的用人骨当柴烧，因为肚子饥饿而没有吃的，才无暇顾及恩义。本来父子之恩也是一种信，可是等到易子而食的时候，这个信早就被背弃了。孔子却教子贡去食存信，这不是明显的错误吗？在迫不得已的情况下，如果能够做到去信存食，虽然想去掉信，信却去不掉，"信自生矣"；反之，去掉了食，虽然想存着信义，也会因为没有了粮食而使信义无从建立了，"虽欲为信，信不立矣"。

信哉斯言！

王充似乎意犹未尽，接着又拿出孔子流亡途中回答冉有的理论，再一次进行驳诘。孔子流亡刚到卫国边境的时候，看到卫国的人口稠密，感叹说"庶矣哉！"人口真多呀！这时是冉有在为老师驾车，冉有听了老师的感叹，就问："人口多了，下一步该做什么呢？"孔子回答说："富之。"冉有再问："既富矣，又何加焉？"孔子曰："教之。"对于孔子的这一套理论，王充驳诘道："给冉有说要先富起来再进行教化，给子贡却讲的是去掉粮食也要留下信义，'食与富何别？''信与教何异？'向两个学生却就同一个问题给出了两种正好相反的道理，你孔子对于治理国家，到底有没有一定之规？”

可谓问得真问得切，以子之矛戳子之盾。

仔细想想，虽然王充问的有理，孔子也许有着他的思考？不同的回答，也是孔子一惯的风格，只是这里相差太大了一些。也许孔子考虑到子贡经常干些经商做买卖的事，而经商容易欺诈所以需要“信”字当头？

我们已经知道，那个犯上作乱的公山弗扰召孔子，孔子“欲往”；同样是犯上作乱的佛肸召孔子，孔子还是“欲往”。虽然都被子路劝止，毕竟还是曾经“欲往”，是与自己“亲于其身为不善者，君子不入也”的理论是相悖的。

王充关于孔子的这两次“欲往”，问得更为严厉。首先，王充说，孔子的回答有些跑题，子路提出了老师的倡导：亲于其身为不善者，君子不入也，既然这两个人都不善，则必不往。孔子应当回答公山弗扰与佛肸善不善的问题，可是孔子却说自己又坚硬又白洁，不会被磨薄不会被污染。这无意间已经承认了这两个人的不善，也就承认了老师做的与老师教的正好相反。

就是以孔子“不曰坚乎？磨而不磷；不曰白乎？涅而不淄”，王充也提出另外一个问题：孔子不饮盗泉之水，曾子不入胜母之间，是因为“避恶去污”，“盗泉、胜母有空名，而孔、曾耻之；佛肸有恶实，而子欲往”，那么，不饮盗泉之水是对的话，而“欲往”则必然就错。

王充进而问道，你的“不义而富且贵，于我如浮云”，是真是假？你孔子曾经说过“吾岂匏瓜也哉，焉能系而不食”，如今还不如干脆对子路这样直言：“吾岂匏瓜也哉，焉能系而不仕？”

王充还回顾当年孔子拒绝同样是不善的阳货的出仕之召（也叫阳虎），并慨然道：“阳货欲见之不见，呼之仕不仕，何其清也。公山、佛肸召之欲往，何其浊也！”

好在孔子并不如毛泽东所言“恶霸作风”“法西斯气味”，而是主张言论自由的，也许他的在天之灵，不会计较王充的“问孔”吧？

第三十章　孔子的后代们

处在商品经济大潮中的中国人，如果想找一个参照物，使自己不至于在物欲横流的现代生活中迷失自我的话，最好是去朝圣曲阜。

走近曲阜就是走近历史。游览孔子后代嫡孙的私邸兼历代衍圣公官署的孔府，你的目光会无意间变得杳邈起来，这座楼房厅堂四百六十多间、占地二百四十余亩的“与国咸休安富尊荣公府弟　同天并老文章道德圣人家”，就是一个漫长却又“俱往矣”的封建社会让你尽收眼底。而和它一墙之隔、占地三百七十多亩的孔庙，则会让你触摸到古代中国的脉动并感悟出沧桑的必然。但是，真正使你一下置身于历史长河之中，让浮躁或沉重、聪慧或愚钝的灵魂沉浸在大和谐、大欢乐、大澹谧里的，还是孔林，当今世界规模最大、年代最久、保存最完整的氏族墓葬群。

孔子的后人们就围着孔子埋在这里。

占地三千亩、比曲阜城区还要大的孔林，坐落于曲阜城北三华里处的泗水、洙水之间，是孔子及其后裔的丛葬墓地。两千年间，孔氏家族的亡灵相继埋葬于此，有坟茔数万座。陪守数万坟茔的，是数千幢历代碑刻、石仪。而掩映这坟茔与碑石的，则是由孔子“弟子各以四方奇木来植”（郦道元《水经泗水注》）的数万株四季苍翠的各类树木。碑林？植物园？博物馆？

我常常想，这里就是中华民族的胎记吧，哪怕再过无数个世纪，它也会明白无误地告诉世人：这就是中国。

如果现在与未来是无际的海洋的话，那么孔林就是历史长河的入海口了。启程时的纤细，经过千里万里的补充和两千年的积蕴，已经汇聚成浩瀚之势，森阔而又深邃。劈山穿谷的跌宕奔放，赴险冲危的勇决激越，以及一泻千里的透世豪情，都升华为一种不动声色却包容一切、理解一切又洞察一切的大美，平实、静远、恬淡而又活泼、智慧、博大。

灵魂，在这里安歇；生命，从这里出发。

两千年里，一个一个的君王皇帝，让一代一代的知识分子和亿万百姓匍匐在脚下。他们化国为家，乐于以对生灵的涂炭、对生命的荼毒换取一家的江山，乐于以丧失天下人的尊严来保住一己的尊严。这出封建的悲剧上演得如此久长，以至让跪着的人和跪着的灵魂也似乎失却了站立的本能。那个为了巴结齐桓公而将自己的亲生儿子杀了为其熬人肉汤喝、从而被“历史”褒为忠臣的易牙，不就是这出血淋淋悲剧中的一个典型角色吗？难怪悲愤的鲁迅先生“翻开历史一查，这历史没有年代，歪歪斜斜的每页上都写着‘仁义道德’几个字。我横竖睡不着，仔细看了半夜，才从字缝里看出来，满本都写着两个字是‘吃人’！（《狂人日记》）”

但是，只要还有婴儿呱呱坠地，那种对人的尊严的渴求和对灵魂自由的呼唤，就不会泯灭。于是在两千多年前，布衣孔子就以一个教师的身份周游列国，向各国诸侯呼吁把人当人对待的仁政，并把一个天下“大同”的理想播下。

紧挨着孔林的一零四国道的入城处，有一尊名为“畅想”的雕塑，升腾的巨龙在二十米的高空托举着地球，地球上是一辆周朝的马车，驾车的就是孔子。每次对它注目，每次都按捺不住心中陡兴的波涛。这是一幕大剧，在时空的旷野里突兀。任萧飒的秋雨鞭笞济世的热怀，蓬勃的情感依然如初，困顿、死亡，以及身后的封土、祭祀，都不能羁縻他的脚步。那辆周游列国的马车（应当是牛车才对），辚辚而来，一如泗河之水，绵延至今，如泣如诉……

夫子死了，弟子们将他葬在泗水之滨，这块土地便成了华夏一方独特的地方。人间的真情在这里滋长，因为孔子的爱世爱人之心和弟子们的爱师之心也种在了这里；人间的平等与心性的自由也在这里萌生，因为不论身份的贵贱，只要是孔氏的后裔都可以安葬在这里，而且一进林门就一概平等。

这是旧中国中唯一一块灵魂平等的宿地。

受过苦的眠在这里，享过福的眠在这里；做官的眠在这里，为民的眠在这里；胖的眠在这里，瘦的眠在这里；富的眠在这里，穷的眠在这里。大家挤挤挨挨不分男女贵贱高低彼此，就因为老祖宗孔子是在穷滞中辞世的，就因为饭碗子儒家学说是在百家争鸣中成熟的。走进这方老树新树争荣的两千年的古林，你会一下子沐浴于一种平等的氛围中，一种获得人的尊严的欢欣便会如闪着阳光的溪流在心头潺潺。虽然孔子和历代衍圣公的坟大一些，他们的墓前还会有一些石仪，甚至孔子墓的周遭还树起着高大的红墙，但是这一切都是后人加上去的，丝毫无损于灵魂们平等的相处。碑大碑小坟大坟小都是一样的，有碑无碑有坟无坟都是一样的，冬日的雪为众魂戴孝，清明的雨为众魂哭祭。

这是一面飘扬了两千年的、富含民意的平等的大纛。

鸟瞰大江南北，古老中华所遗的浩瀚古迹，多是叠印着奴性目光的、浸透着森严等级烙印的有关帝王将相的“遗迹”，“普天之下，莫非王土；率土之滨，莫非王臣”。那些胆敢发出平等战叫的志士仁人，鲜能留下一鳞半爪的实物而成为“文物”遗存后世。

但是谁能逃脱时间的审判呢？“上帝”让一切的人都光腚生的时候，就已经给了人间一个谁也无法逾越的“宿命”：一切的人都得赤条条的死。从皇帝到乞丐，概莫能外。一切外在的煊赫，只能显露其内囊的空虚、证明其生命与统治的速朽。试想那个叫秦始皇的人，即使将全中国的地下都埋上兵马俑，能延长秦王朝一分一秒的寿命吗？对于死去的秦始皇和速朽的秦王朝而言，他的数万兵马俑和乞丐的一根讨饭棍是一样的价值。孔子真是伟大，他似乎早已料到了数百年后秦始皇的下场，发出了“始作俑者，其无后乎”的警告。难怪这个暴君给夫子记下了仇，来了个焚书坑儒，并且为了破了孔家的风水，在他墓前挖了一道名叫洙水的河。没想到这个和老百姓杂处的圣人，因为得了百姓爱戴的“风水”，竟从一个小小的坟地蔚然长成了一片苍翠勃郁的灵魂的乐园。并且冷眼地看着，一个又一个的统治者在穷奢极欲的腐败中灭亡。秦始皇把四川所有的山岭砍伐得象秃子的脑袋一样，为自己建造起了一座方圆三百多里的阿房宫，建成之日不也就是他的王朝毁灭之时吗？经过六个清帝连续修建被称为“万园之园”的圆明园，它那残存的尸骨上所铭刻着的民族耻辱与封建腐朽，又是怎样的让每一个炎黄子孙怵目惊心啊！

但是，残暴是残暴者的掘墓人，只有“仁者无敌”（孟子语）。

我们毕竟保存了这样一块圣地，一块让圣人和百姓平等相处、给平民以慰抚、给生命以尊严的圣地——孔林。

两千年来，这块充满着人文精神和人道情味的葬林，犹如中国文化的“诺亚方舟”，坚强地行驶在乡野间，从往古驶向未来。

罗曼·罗兰说：“一个人生活在太古老的民族中间，是需要付出很大代价的”，幽静的孔林深刻地感到了这点。

在草木虬结的孔林深处，让人惨怆怛悼的是散布的为旌表夫死守节死节的女子所立的石坊，那无言却哭诉百年千年的石坊。据有关资料记载，这座老林里曾经埋葬着有据可查的三百二十四个节孝女子的亡灵，而且大部分是年轻女子的亡灵。夫为妇纲，这是不人道的封建社会悬舞在广大女性头上一条罪恶的鞭子。凄厉的鞭影里，是女性饱受侮辱的心灵和遍体鳞伤的躯体。

就为了“守节”，为了跟随已去阴府甚至从未见过面的丈夫，年轻的她们是悬梁、投井还是撞棺而死？本应有权享受生活的生命，那活鲜鲜的生命，该是带着怎样的无奈、忧伤、遗憾、留恋或控诉撒手人间的？也许历史根本就忽略了那个民间的故事。一个农村的女子，本已有了邻村的意中人，就因为“父母之命”和“媒妁之言”而不得不与另一个男子结合。命舛的女子更想不到那个一面不识的男人是如此的病弱，还未成亲便一命归西。虽然一面不识，她却注定生是他的人、死是他的鬼了。一面不识的人，不会引起她的悲伤。他的去世也许还在她心头升起了一丝希望，甚或隐隐的窃喜。但是死了儿子的“婆家”还是要把这个媳妇接到家来，甚至亲生的父母也不允许女儿有半点“非分”之想。不从的女儿被毒打着。反抗的女儿竟然被亲生的父母用绳子勒死了。而后便是夫死妇随的褒奖，便是一个活泼的生命随夫一起埋入深深的孔林。

宽厚的孔林只有用自己悲悯的胸怀，涵容起这些忧伤的灵魂，久久地、久久地照抚着。

无言的孔林不仅照抚着这些忧伤的灵魂，还收留着那些无家可归的逡巡的游魂，它的每一棵树木都是招魂的旌幡。哪怕皇上的罪人，它也向其敞开仁义的胸怀。在其收留的游魂里，有两个人我们不应当忘记：孔子六十九代孙、衍圣公孔传铎的第四子、第五子孔继汾和孔继涑。

他们是孔子后裔中在文化事业上卓有建树的才子。一个精通经史和历朝掌故典章制度，写成了六十万字的《阙里文献考》；一个终生致力于书法的研究，集晋隋唐宋元明清历代名家书法精品，精心临摹，雇高人刻成五百八十四块全帖刻石，汇编成传世国宝《玉虹楼法帖》。他们都曾热衷过功名，也在乾隆年间当过阵子官。但是知识分子本性上的独立意识和独立人格，又必然地要和置人于奴隶地位的封建统治发生深刻的冲突，这也就注定了他们的悲剧结局。

公元一七五六年，衍圣公孔昭焕就孔庙庙佃户人当差事与山东巡抚白钟山发生争执，孔继汾、孔继涑被指控为把持府务、干涉地方公事，分别被革职和革去功名。乾隆并没就此罢休，继汾因编著《孔氏家仪》与《大清会典》不符，被坐成增减会典服制罪，发配新疆伊犁；继涑则因所建堂屋屋脊九间连在一起而被定为谋反罪，直至戴着谋反的罪名凄凉地死去（因为九是等级森严的封建社会中最大的等级数，只有皇宫和皇帝恩准的地方才能使用）。

也许最让这两个文化人遗憾终生的是被开除了孔家族籍，死后不得埋进孔林。而死后不能进入孔林，则被孔氏后裔视为莫大的耻辱。一七八六年，客死杭州的孔继汾魂归曲阜，葬于曲阜城西犁铧店村南。四年之后，客死北京的孔继涑魂归曲阜，葬于曲阜城西大柳村，非但不能入葬孔林，其埋于村野墓穴中的棺木上，还被锁上了三道铁索。

两个悲郁的游魂日夜在孔林的墙外徘徊。乾隆当年对孔继汾的“圣裁”，也许仍然使这两个徘徊的游魂处于杌陧不安之中——“小有才干，若能安分供职，自必早加擢用。以其居乡多事革职，本非安分之人，故弃而弗用耳。彼应安分改过，乃著《家仪》一书，则因其平日抑郁不得志，藉以估名纾忿，其心更不可问。若使仕宦通显，必不以著述为能。此等进退无据之徒最可鄙恨……著命革职，拿交刑部，交大学士九卿会同该部严审（见孔范今、桑思奋、孔祥林所编《孔子文化大典》）。”“安分”二字，道破了所有封建统治者辖制知识分子的天机，千百年万马齐喑从而造成一个落后挨打的旧中国的悲剧也便于此形成。我于一个暮色四合的春日，凭吊了没于乡野的孔继涑墓。暮霭朦胧，炊烟漏香，只是那幢默然而立的碑才提醒人们，碑下静卧于民居间的小土堆就是号作谷园的孔继涑之墓。这位当年在书法艺术上与江南梁同书齐名、被世人称为“南梁北孔”的孔族才子，就这样伶仃于村野间，让寂寞的心绪泊于朔风秋雨里。透过轻柔的烟霭，梁同书题写的墓碑犹如有着生命，依稀映入眼帘：至圣六十九代孙候补内阁中书谷园先生之墓。惺惺相惜之情，跃然碑上，我仿佛嗅到南北两位文人、写家把盏对酌的酒香。

问起几十年来坟的遭际，碑边住家中一位农人的话让我沉思良久。他言之凿凿地说："坟在上个世纪六七十年代被扒过，是个空棺材。"

莫非真的只是一具空的棺材埋在这里，而他早已暗暗归葬孔林？其实，即使真的埋尸乡野，锁着三道铁索的棺材又怎能锁住自由的灵魂呢？几十里外的孔林深处，早就安顿下了徘徊的幽灵，因为这里是旧中国唯一的一处灵魂的家园啊。

一茬一茬的灵魂，已经将这里养育得如此肥沃与博大，再重灾的年成这里也会丰收文化与精神的食粮，再骚乱的年代这里也会迅速地愈合创伤，复归于它的静穆与夐远。

它记忆着承受着人间的辛酸苦难灾殃伤害，但是一切的辛酸苦难灾殃伤害却又无法压垮它打倒它。

五十多年前，孔林曾经经历过从未有过的劫难：一九六六年十一月至一九六七年初，孔林遭巨劫。弹指间两千年过去，睿智的孔林犹如生命之舟轻泛于时间的河流上，两千年的岁月在它的眉眼间鲜活如初。弹指间五十多年过去，静静的孔林甚至没有增添一根白发，那场以极左面目出现、充斥着法西斯暴行、实质上透着旧的腐臭的浩劫，却早已成为历史，我们这个包袱沉重但却无比伟大的民族，也已经走出泥泞，走向她崭新的时代。

在孔子的七十四代孙中，有一个叫孔祥民的人。当孔林在二十世纪六七十年代横遭祸殃的时候，他曾经用相机记下了那不堪回首的场景。从此以后至今，他已经一百多次进入孔林，享受它、感悟它，为它拍摄留存了五千多张照片及底版。他说这五千多张也仅仅是孔林千姿百态的万分之一。

我理解他，这里不仅是灵魂的家园，也是于不能承受之轻中疲惫心灵的憩息地。得意之人不必来这里，越是无助者越能从这里得到帮助，越是心苦者越能从这里得到本来意义上的安恬与慰藉。面对它，你会清晰地感到世俗的得失是那样的无关紧要。面对它，就是面对一个友人，而且这位友人还是一个充满着平民意识的伟大哲人。每一次进入孔林，都会有莫名的灵感接连地从脑中跳出，使我真切地感到生命的美丽和深刻。

谁说这里是灵散形殁的死地呢，魂不就是最珍贵的良种吗？种在这里，长出树，长出草，也长出翩飞的蝴蝶和永不磨灭的感情与思想。

灵魂从根本上说是孤独的。对于这种孤独，一切的热闹和排场都无济于事，甚至还会越发加深这种孤独。这或许是一种悲剧性的宿命吧，但是这宿命又是开合的、平等的。平等的灵魂于此写下了这部伟大的著作，向来者诉说。这是此时无声胜有声的大诉说，无声但却不是沉默，因为沉默有时是良心的泯灭，是卑劣的怯懦。

公元前的沉静弥沦其间，使一切的金钱与权势都成为一种摆设，只有生生不息的生命具有着真正的质量。二百多年前，那个不可一世的美国在哪里？再过多少年后，这国那国不都是人类的吗？而且人类出现之前早已有了地球，人类消亡之后，地球也还会存在。圣人未来之前，这块地方是个什么样子？这个古老而又煊赫的家族，在茫茫的宇宙间不也是短促的一瞬吗？天上的棋局未动一子，地上已是走马灯一般换了几十个朝代，只有明亮的北斗夜夜提甘露醉这方灵魂。

哪一块土地没埋过死者，哪一处埋过死人的地方不正有新的生命诞生？人可悲一死，人可喜一死。生命的延续好似接力，死如夜，睡了；生如旭日，天天升起。大禹说“生者寄也，死者归也。”谁说盖棺可以定论？一个人，一件事，有时要看上几十年、数百年甚至几千年才能看清。有些似乎看清的、定论的，多少年后也还会被推翻，这真是不以人的意志为转移。

孔林的中央是孔子墓，高六米，直径十二米，墓前是几株苍翠依然的古柏。太阳会不会熄灭，地球会不会消亡，这几棵古柏不管，只是苍翠地活着，出神地品咂时间。死了本是平常事，却堆这么大个坟，树这么大个碑，香火还这么旺。旺旺的香火又挡不住焚书坑儒，碑碎墓掘，一片荒凉。银河系也是宇宙的匆匆过客嘛，太喜了浅，太悲了妄，只应记住到底还是谬误短真理长。

沉静的老林其实是一个寓言，一个预言，一段警示。大自然的，终归要回归大自然，太热了不好也没用。

红尘遮眼，林清如水。面对这遥远的沉静，人类该有多少反思？

孙犁曾说，古代的美术遗产，工匠的多存，而历代文人画却损失殆尽。遍观历代工匠所留存下的碑坊石仪，的确给这座老林平添了许多古朴与生动。但是真正体现了老林大美的，还是那种生命的杂糅，人与自然的杂揉，历史与现实的杂糅，回忆与憧憬的杂糅，生与死的杂糅。在这生与死的交汇处，一切都生机勃勃，树、魂、鸟、虫，人们的忧思，人间的真情，都于此蓬勃地生长。

让我久久铭记的，还有孔子墓前的那点楷树枯桩。孔子死后，其弟子各以四方异木来植，并为师守墓三年，只有子贡自南方移来楷木并守墓六年。这棵楷木在清康熙年间毁于雷火，仅遗下这一点枯桩。谁说生死无法相晤，有子贡结庐守墓六年不辍，师徒朝夕相处。孔子挥手催行，还见学生步步回首，将心留下成楷，长成乔木，风里雨里，百年千年，时刻将老师慰护。虽然雷火无情毁栋梁，但是有枯桩在、心不死、爱如初。从此以后，一座孔林惹得天下学子，谁不在生命里为老师栽一棵楷树？

走出孔林吧。走出孔林不远就是一座精美绝伦的石坊，建于明朝，十二面夹抱石栋的石鼓，分雕盘龙、舞凤、骏马、麒麟，坊额刻有“万古长春”四个大字，意为孔子的思想万代不衰。回首孔林，遥念夫子，有诗句在我心头形成：不知是谁 / 种下这个 / 万古长春的愿望 / 虽有一代代儒生 / 用命浇灌 / 却芽也不发 / 石坊还是石坊 / 四百年寂寥如墓 / 只有范进疯语 / 与枯枝老鸦对唱 // 谁家婴儿坠地 / 呱呱嘹亮 / 唤醒湿淋淋的太阳 / 更有雄鸡报晓 / 和百音杂酿 / 原来生活之树长春 / 思索的头颅常新 / 长春常新的不用建坊。

跋

再过一万年，中国也会有两个被大家记住的人：孔子与鲁迅。有个人把他们“封”成一个旧圣人，一个新圣人。其实，圣人一说，正如其中之一的鲁迅所说，“是权势者们捧起来的，是那些权势者或想做权势者们的圣人，和一般的民众并无什么关系。”（鲁迅《在现代中国的孔夫子》）

但是不朽者的不朽，是要活在民众的心里。而要活在民众的心里，就必然要与民众的喜怒哀乐，发生着血肉的关联。不是高高地在他们之上，而是要朴实地在他们之中。

于是，一个充满着人味的布衣孔子，就穿过两千五百多年的历史埃尘，霭霭然向我们走来。

附录一　孔子年谱

一岁　公元前551年（周灵王二十一年，鲁襄公二十二年），夏历八月二十七日，公历九月二十二日，孔子生于鲁国陬（zōu）邑昌平乡（今山东曲阜城东南）尼山附近。今尼山下有“夫子洞”，亦叫“坤灵洞”，传说为孔子诞生的地方。因父母祷于尼山而生，故名丘，字仲尼（《孔子家语·本姓解》）。

二岁　公元前550年（周灵王二十二年，鲁襄公二十三年）

孔子在鲁。

三岁　公元前549年（周灵王二十三年，鲁襄公二十四年）

孔子父亲叔梁纥死，葬于防山（今曲阜城东，后世称梁公林、启圣林），孔母颜征在携孔子移居曲阜阙里。

四岁　公元前548年（周灵王二十四年，鲁襄公二十五年）

孔子在鲁。

五月，齐崔杼杀齐庄公，立其弟，是为景公。晏婴评论道：“作为百姓的君主，难道是用他的地位来高踞于百姓之上？应当以治理国家为主。作为君主的臣子，难道是为了俸禄？应当维护国家的利益。”（见《左传·襄公二十五年》）

此前，随国的季梁就提出：“夫民，神之主也，是以圣王先成民而后致力于神。”（《左传·桓公六年》）邾国文公也提出：“苟利于民，孤之利也，天生民而树之君，以利之也，民既利矣，孤必利焉。”（《左传·文公十三年》）凡此种种，都是从西周的保民思想发展来的。这也是孔子仁的思想的渊源。

五岁 公元前 547 年（周灵王二十五年，鲁襄公二十六年）

孔子在鲁。

弟子秦商生，商字不慈。

六岁 公元前 546 年（周灵王二十六年，鲁襄公二十七年）

孔子自幼好礼，“为儿嬉戏，常陈俎豆，设礼容。”（《史记·孔子世家》）

弟子颜繇、曾点生。繇又名无繇，字季路，又称颜路，颜渊之父。点字皙，曾参之父，鲁国人。

七岁 公元前 545 年（周灵王二十七年，鲁襄公二十八年）

孔子在鲁。

周灵王死，子贵立，是为景王。

弟子冉耕生。耕字伯牛，鲁国人。

八岁 公元前 544 年（周景王元年，鲁襄公二十九年）

孔子在鲁。

吴公子季札赴鲁观礼。鲁系周公封地，可用天子礼乐，故保存周礼较完备。

九岁 公元前 543 年（周景王二年，鲁襄公三十年）

孔子在鲁。

此年郑国子产执政，“使都鄙有章，上下有服，田有封洫，庐井有伍。”（《左传·襄公三十年》）郑国大治。后来孔子对子产政绩评价很高。

十岁 公元前 542 年（周景王三年，鲁襄公三十一年）

孔子在鲁。

鲁襄公死，其子裯继位，是为昭公。

弟子仲由生。由字子路，卞人。

郑人游于乡校，议执政善否。然明劝子产毁乡校，子产不听。曰：“其所善者，吾则行之，其所恶者，吾则改之，是吾师也，若之何毁之？”孔子后来评价子产的这些话说：“以是观之，人谓子产不仁，吾不信也。”（均见《左传·襄公三十一年》）可见孔子对子产尊重民意评价很高。

十一岁 公元前 541 年（周景王四年，鲁昭公元年）

孔子在鲁。

十二岁 公元前 540 年（周景王五年，鲁昭公二年）

孔子在鲁。

弟子漆雕开生。开字子若，蔡人。

十三岁 公元前 539 年（周景王六年，鲁昭公三年）

孔子在鲁。

十四岁 公元前 538 年（周景王七年，鲁昭公四年）

孔子在鲁。“吾少也贱，故多能鄙事。”（《论语·子罕》）这说明他少年时代从事过各种劳动。

十五岁 公元前 537 年（周景王八年，鲁昭公五年）

孔子在鲁。孔子曾说：“吾十有五而志于学。”（《论语·为政》）

鲁“四分公室”，其三军改为四军，叔孙、孟孙各领一军，季孙领二军。当时军、赋统一，分军即分赋，所以当时称此举为“四分公室”（《左传·昭公五年》）。

十六岁 公元前 536 年（周景王九年，鲁昭公六年）

孔子在鲁。

三月，郑国铸刑书。“礼治”衰退，法治渐起。

弟子闵损生。损字子骞，鲁国人。

十七岁 公元前 535 年（周景王十年，鲁昭公七年）

孔子在鲁，赴季氏宴，被阳虎拒之门外。

孔子母亲颜征在去世。

十一月，鲁执政季武子卒。

十八岁 公元前 534 年（周景王十一年，鲁昭公八年）

孔子在鲁。

十九岁 公元前 533 年（周景王十二年，鲁昭公九年）

孔子在鲁，娶宋人亓官氏之女为妻。

二十岁 公元前 533 年（周景王十三年鲁昭公十年）

孔子在鲁，生子孔鲤，因鲁君以鲤赠孔子，故以鲤为名，字伯鱼。开始任委吏（管仓库的小吏）。

二十一岁 公元前 531 年（周景王十四年，鲁昭公十一年）

孔子在鲁，改任乘田吏，管理牛羊畜牧。孟子曾说："孔子尝为委吏矣，曰：'会计当而已矣。'尝为乘田矣，曰：'牛羊茁壮而已矣。'"（《孟子·万章下》）

二十二岁 公元前 530 年（周景王十五年，鲁昭公十二年）

孔子在鲁。

弟子南宫适生。适字子容，鲁国孟僖子之次子。长子孟懿子亦为孔子弟子。

二十三岁 公元前 529 年（周景王十六年，鲁昭公十三年）

孔子在鲁。

晋会诸侯于平丘……子产争承（争取使郑国少贡），自日中以争，至于昏，晋人许之。孔子认为"子产于是行也，足以为国基矣"（《左传·昭公十三年》）

二十四岁 公元前 528 年（周景王十七年，鲁昭公十四年）

孔子在鲁。

春，鲁季氏家臣南蒯在费地叛，费人逐之，奔齐。

二十五岁 公元前 527 年（周景王十八年，鲁昭公十五年）

孔子在鲁。

二十六岁 公元前 526 年（周景王十九年，鲁昭公十六年）

孔子在鲁。

二十七岁 公元前 525 年（周景王二十年，鲁昭公十七年）

孔子在鲁，乘郯子朝鲁而学之。

郯子朝鲁，在宴会上，他回答叔孙昭子之问，谈起其祖先少皞氏的官制。据《左传·昭公十七年》记载："仲尼闻之，见于郯子而学之。既而告人曰：'吾闻之，天子失官，学在四夷，犹信。'"孔子好学，而且学无常师，此其一例。

二十八岁 公元前 524 年（周景王二十一年，鲁昭公十八年）

孔子在鲁。

宋、卫、陈、郑皆有火灾。郑国裨灶认为如不祭天攘灾，郑国还要再次发生火灾。子产不同意这种意见，认为“天道远，人道迩，非所及也，何以知之？”（《左传·昭公十八年》）这种把天道与人道分开来的观点，对于孔子重人道轻天道思想的形成有很大影响。

二十九岁　公元前 523 年（周景王二十二年，鲁昭公十九年）

孔子在鲁。学琴于师襄子。

三十岁　公元前 522 年（周景王二十三年，鲁昭公二十年）

孔子在鲁，自谓“三十而立”（《论语·为政》），奠定了治学、作为为政等坚实的学问德业基础，并在这一年前后创办平民教育。最早的一批学生有颜路、曾点、子路等人。

弟子颜回（字渊）、冉雍（字仲弓）、冉求（字子有）、商瞿（字子木）、梁鳣（字叔鱼）生。前四人为鲁国人，梁鳣齐国人。

齐景公偕晏婴访鲁，并问政于孔子，孔子答以善于用人。

郑国子产死，仲尼闻之，为之出涕，曰：“古之遗爱也。”（《左传·昭公二十年》）他认为子产有君子之道四焉：“其行己也恭，其事上也敬，其养民也惠，其使民也义。”（《论语·公冶长》）

三十一岁　公元前 521 年（周景王二十四年，鲁昭公二十一年）

孔子在鲁。

弟子巫马施（字子期）、高柴（字子高）、宓不齐（字子贱）生。巫马施陈国人，高柴齐国人，宓不齐鲁国人。

三十二岁　公元前 520 年（周景王二十五年，鲁昭公二十二年）

孔子在鲁。

弟子端木赐（字子贡）生，卫国人。

周景王卒，子猛立，为悼王，被子朝所杀；景王另子匄续立，是为敬王。

三十三岁　公元前519年（周敬王元年，鲁昭公二十三年）
孔子在鲁。

三十四岁　公元前518年（周敬王二年，鲁昭公二十四年）
孔子在鲁，收孟懿子、南宫敬叔兄弟二人为弟子；适周（适周之事，一说在后些年），问礼老聃，观明堂，拜社稷，返鲁。

三十五岁　公元前517年（周敬王三年，鲁昭公二十五年）
鲁昭公率师攻季孙氏，季孙、叔孙、孟孙三家联合反抗昭公，昭公师败奔齐。孔子因鲁内乱经泰山适齐，遇一女子哭诉亲人被虎咬死仍不愿离开此地时，不由发出“苛政猛于虎”的慨叹（见《礼记·檀弓下》）。到齐国后为高昭子家臣，并晋见齐景公。

三十六岁　公元前516年（周敬王四年，鲁昭公二十六年）
孔子在齐，闻《韶》乐，答齐景公问政说：“君君，臣臣，父父，子子。”（《论语·颜渊》）。
这一年鲁昭公自齐居郓。郓原是鲁地，上一年齐为昭公攻取。

三十七岁　公元前515年（周敬王五年，鲁昭公二十七年）
孔子在齐。齐大夫扬言欲害孔子，孔子被迫返鲁。
弟子樊须（字子迟）、原宪（字子思）生。樊须鲁人，原宪宋人。
吴公子季札聘齐，其子死，葬于嬴、博之间，孔子往观其葬礼。

三十八岁　公元前514年（周敬王六年，鲁昭公二十八年）
孔子在鲁。
鲁昭公至晋，居乾侯（晋邑）。
晋魏舒执政，灭祁氏、羊舌氏，分祁氏之田为七县，羊舌氏之田为三县，选派贤能之士（包括其子在内）为县宰。孔子十分赞赏，说魏子之举“近不失亲，远不失举，可谓义矣”（《左传·昭公二十八年》）。

三十九岁 公元前 513 年（周敬王七年，鲁昭公二十九年）

孔子在鲁，对晋铸刑鼎持反对态度。

四十岁 公元前 512 年（周敬王八年，鲁昭公三十年）

孔子在鲁，自谓“四十而不惑”（《论语·为政》）。

弟子澹台灭明（字子羽）生，鲁之武城人。

四十一岁 公元前 511 年（周敬王九年，鲁昭公三十一年）

孔子在鲁。

弟子陈亢（字子禽）生，陈人。

鲁昭公久在乾侯，晋侯欲送昭公回国，鲁之季孙意如来迎，昭公未敢返鲁。

四十二岁 公元前 510 年（周敬王十年，鲁昭公三十二年）

孔子在鲁。

鲁昭公卒于乾侯。季孙立昭公弟公子宋，是为定公。

四十三岁 公元前 509 年（周敬王十一年，鲁定公元年）

孔子在鲁。

弟子公西赤（字华）生，鲁国人。

四十四岁 公元前 508 年（周敬王十二年，鲁定公二年）

孔子在鲁。

四十五岁 公元前 507 年（周敬王十三年，鲁定公三年）

孔子在鲁。

弟子卜商（字子夏）生，卫国人。孔子死后，他在西河讲学，颇有影响。

四十六岁 公元前 506 年（周敬王十四年，鲁定公四年）

孔子在鲁，观鲁桓公庙，问欹器，发挥“持满”之道说：“吾闻宥坐之器者，虚则欹，中则正，满则覆。”（《荀子·宥坐》）

弟子言偃（字子游）生，吴国人。

四十七岁 公元前 505 年（周敬王十五年，鲁定公五年）

孔子在鲁。

弟子曾参（字子舆）、颜幸（字子柳）生，皆鲁国人。

鲁国季平子卒，阳虎作乱篡政。阳虎欲劝孔子出仕，孔子避之，后终遇于途，虽也口头应允，但终不仕，实则退而修《诗》《书》《礼》《乐》以教弟子。孔子说："不义而富且贵，于我如浮云。"（《论语·述而》）

四十八岁 公元前 504 年（周敬王十六年，鲁定公六年）
孔子在鲁。
季氏家臣阳虎擅权日重。阳虎与鲁定公及季氏三桓分别在周社（社为古代祭祀土地神之所）、亳社盟誓，以嫁祸于不守盟誓者。

四十九岁 公元前 503 年（周敬王十七年，鲁定公七年）
孔子在鲁。
弟子颛（zhuǎn）孙师（字子张）生，陈人。
二月，齐将郓、阳关二地归还鲁国，阳虎据为己有。

五十岁 公元前 502 年（周敬王十八年，鲁定公八年）
孔子在鲁，自谓"五十而知天命"（《论语·为政》）；公山不狃使召孔子，被子路劝阻。
鲁阳虎欲杀季氏、除三桓，未遂而叛，逃阳关（今山东泰安市东南）。

五十一岁 公元前 501 年（周敬王十九年，鲁定公九年）
孔子在鲁，任中都（今山东汶上县西）宰，卓有政绩。
弟子冉鲁（字子鲁）、曹卹（字子循）、伯虔（字子皙）、颜高（字子骄）、叔仲会（字子期）生。冉鲁，鲁国人；曹卹，蔡国人；伯虔、颜高、叔仲会鲁国人。
六月，鲁伐阳虎，攻打阳关。阳虎突围奔齐，旋逃亡宋国，最后逃至晋国，投赵简子。孔子说："赵氏其世有乱乎！"（《左传·定公九年》）

五十二岁 公元前 500 年（周敬王二十年，鲁定公十年）
孔子在鲁，相继升小司空、大司寇。
夏，鲁、齐夹谷（今山东莱芜南）之会。孔子以大司寇身份为定公相礼，齐国被迫归还郓、讙、龟阴等地。会盟前，孔子说："虽有文事，必有武备"（《谷梁传·定公十年》），遂进行了周密的准备。

五十三岁　公元前 499 年（周敬王二十一年，鲁定公十一年）

孔子在鲁，为鲁大司寇，鲁国大治。

鲁与郑讲和，开始背弃晋国。

五十四岁　公元前 498 年（周敬王二十二年，鲁定公十二年）

孔子在鲁。子路为季氏宰。

杀少正卯，"戮于两观之下，尸于朝三日"，罪名是"人有恶者五，而盗窃不与焉：一曰心达而险，二曰行辟而坚，三曰言伪而辩，四曰记丑而博，五曰顺非而泽。此五者，有一于人，则不得免于君子之诛，而少正卯兼有之。"（《荀子·宥坐》）

在大司寇任上，采取大动作"堕三都"，堕郈邑（今山东东平县南）、费邑（今山东费县）较顺利，堕成邑（今山东宁阳东北）受阻，导致堕三都半途而废。

弟子公孙龙（字子石）生，楚国人。

五十五岁　公元前 497 年（周敬王二十三年，鲁定公十三年）

孔子去鲁适卫，开始十四年流亡列国之旅。

鲁国得治而富强，齐国惧而施美人计以败其政。鲁君、臣中计，怠于政事。孔子失望而辞官，去鲁适卫。

五十六岁　公元前 496 年（周敬王二十四年，鲁定公十四年）

孔子在卫，因未受礼遇而一度离开卫国。

在卫国见卫灵公夫人南子。子路不悦。卫灵公与南子还让孔子为次乘游览市容。

五十七岁　公元前 495 年（周敬王二十五年，鲁定公十五年）

孔子在卫。

鲁定公卒，其子蒋立，是为哀公。

五十八岁　公元前 494 年（周敬王二十六年，鲁哀公元年）

孔子在卫。

春，吴王夫差败越于夫椒，遂入越。越王勾践退保会稽，使大夫种求和。三月，吴越和。

五十九岁 公元前 493 年（周敬王二十七年，鲁哀公二年）

孔子在卫，又适曹赴宋。

卫灵公问阵于孔子，孔子说："俎豆之事则尝闻之，军旅之事未之学也。"（《史记·孔子世家》）孔子在卫三年多而不得用，遂决计离卫而去。卫灵公卒，立蒯聩之子輒，是为卫出公。

孔子在适宋途中，在与弟子习礼于檀树下时，受宋司马桓魋威胁而微服适陈。

六十岁 公元前 492 年（周敬王二十八年，鲁哀公三年）

孔子在陈。

鲁国季桓子病重时，曾嘱其子季康子要召回孔子以相鲁，但季康子未按其父嘱行事，只召孔子弟子冉求回国。孔子说："鲁人召求，非小用之，将大用之也。"（《史记·孔子世家》）

孔子曾说"六十而耳顺"。

六十一岁 公元前 491 年（周敬王二十九年，鲁哀公四年）

孔子在陈。

六十二岁 公元前 490 年（周敬王三十年，鲁哀公五年）

孔子在陈。

六十三岁 公元前 489 年（周敬王三十一年，鲁哀公六年）

孔子在陈。在适蔡途中被困，绝粮七日，但孔子及弟子依然诵读、弦歌不止。孔子在路途中还遇到隐者长沮、桀溺、荷蓧丈人和楚狂接舆等，但他们普遍对孔子流亡列国、积极用世的思想和行为缺乏理解。

楚大夫诸梁（采邑在叶，人称叶公）问政孔子，孔子说："近者说（悦），远者来。"（《论语·子路》）叶公又通过子路问孔子是什么样的人物，子路不知如何回答。孔子闻后说："女奚不曰：'其为人也，发愤忘食，乐以忘忧，不知老之将至云尔。'"（《论语·述而》）

六十四岁 公元前 488 年（周敬王三十二年，鲁哀公七年）

孔子由负函（今河南信阳）返卫。

卫出公与其父蒯聩争夺君位，政局混乱。子路向孔子问为政之道，孔子说：“必也正名乎！……名不正则言不顺，言不顺则事不成，事不成则礼乐不兴，礼乐不兴则刑罚不中，刑罚不中则民无所措手足。”（《论语·子路》）

弟子子贡受鲁季康子派遣，使吴。

六十五岁 公元前 487 年（周敬王三十三年，鲁哀公八年）

孔子在卫。

吴鲁交战，弟子有若率师参战取胜而返。

六十六岁 公元前 486 年（周敬王三十四年，鲁哀公九年）

孔子在卫。

六十七岁 公元前 485 年（周敬王三十五年，鲁哀公十年）

孔子在卫。

孔子夫人亓官氏卒。

六十八岁 公元前 484 年（周敬王三十六年，鲁哀公十一年）

孔子应鲁季康子之请，由卫返鲁，至此结束了长达 14 年的流亡生活。

鲁哀公问政，孔子说：“政在选臣”（《史记·孔子世家》）；又问：“何为则民服？”回答说：“举直错诸枉，则民服；举枉错诸直，则民不服。”（《论语·为政》）

季康子问政，孔子说：“政者正也，子帅以正，孰敢不正？”（《论语·言渊》）又通过冉有问“田赋”之事，孔子说：“若不度于礼，而贪冒无厌，则虽以田赋，将又不足。”（《左传·哀公十一年》）季康子不纳，亦不用孔子。

孔子不再求仕，始整理《诗》《书》，定《礼》《乐》，作《春秋》，继续授业讲学，从事教育事业。

春，齐师伐鲁，孔子弟子冉有为季氏将左师，与齐军战于鲁郊，克之。季康子问他怎么学会作战的，冉有说学于孔子，遂荐孔子于季氏。季康子派公华、公宾、公林以币迎孔子归鲁。

六十九岁 公元前 483 年（周敬王三十七年，鲁哀公十二年）

孔子在鲁。

孔子儿子伯鱼卒；孙孔伋（字子思）生。

鲁行田赋；冬有蝗灾，孔子说："火伏而后蛰者毕，今火犹西流，司历过也。"（《左传·哀公十二年》）

七十岁 公元前 482 年（周敬三十八年，鲁哀公十三年）

孔子在鲁。

孔子曾说："七十而从心所欲，不逾矩。"（《论语·为政》）

七十一岁 公元前 481 年（周敬王三十九年，鲁哀公十四年）

孔子在鲁，作《春秋》。

弟子颜回死，孔子痛哭，说："噫！天丧予！天丧予！"（《论语·先进》）

鲁"西狩获麟"，孔子说："吾道穷矣！"自此绝笔，停止修《春秋》。

六月，齐国陈恒（又叫田成子）杀简公，孔子劝鲁哀公及三桓讨之，以正君臣之义，不果。在齐国这次政变中，孔子弟子宰我死于难。

七十二岁 公元前 480 年（周敬王四十年，鲁哀公十五年）

孔子在鲁。

卫国发生政变，蒯聩逐其子出公而自立，是为卫庄公。孔子弟子子路死于难，孔子哀甚。

七十三岁 公元前 479 年（周敬王四十一年，鲁哀公十六年）

夏历二月十一日，孔子寝疾七日而殁，葬于曲阜城北泗水南岸。

弟子多守墓三年，唯子贡庐于墓凡六年。有的弟子及鲁人移于墓旁而居，名为孔里。

鲁哀公诔文："旻天不吊，不慭遗一老，俾屏余一人以在位，茕茕余在疚。呜呼哀哉！尼父！无自律。"（《左传·哀公十六年》）

附录二　孔子语录

一、子曰：“学而时习之，不亦说乎？有朋自远方来，不亦乐乎？人不知而不愠，不亦君子乎？（《学而》）——说，同悦；愠，生气、埋怨；君子，道德高尚而有学问的人。

孔子说：不断地学习与实践，不是非常愉快的事吗？有志同道合的朋友从远方来，不是非常快乐的事吗？别人不了解我，我却不怨恨（仍然安心地做学问），不也是君子吗？

二、子曰：“学而不思则罔，思而不学则殆。”（《为政》）——罔，迷惑，通“惘”；殆，危险，坏事。

孔子说：只读书而不去独立思考，就会茫然无得；只思考而不去认真读书与学习，思路就会闭塞不通，也是很危险的。

三、子曰：“由！诲，女知之乎！知之为知之，不知为不知，是知也。”（《为政》）——由，即仲由，字子路，孔子的学生，小孔子九岁，鲁国卞人（今山东泗水县）；女，同汝，即你；知，同智，聪明、聪明人。

孔子说：由！听我说，你是个聪明人吗？懂就说懂，不懂就说不懂，这才是聪明人。

四、子入太庙，每事问。或曰：“孰谓鄹人之子知礼乎？入太庙，每事问。”子闻之，曰：“是礼也。”（《八佾》）——太庙，祭祀开国之君的庙。鲁国太庙指周公庙，周公旦是最初受封而未到任的鲁国国君；鄹，也作郰，在山东曲撰阜东南，孔子的父亲叔梁纥曾做过鄹邑的大夫，故称孔子为“鄹人之子”。

孔子进入周公庙，每件事情都要发问。有人便说：“谁说叔梁纥的儿子懂得礼呢？你看他进了太庙，遇事总是问这问那。”孔子听了之后说：“这正是知礼呀。”

五、子曰：“知之者不如好之者，好之者不如乐之者。”（《雍也》）

孔子说：“对于学问修行，懂得它的人不如爱好它的人，爱好它的人不如以它为乐的人。”

六、子曰：“默而识之，学而不厌，诲人不倦，何有于我哉？”（《述而》）——识，读 zhi，记住；诲，教导，指教。

孔子说：“把看到听到的东西默默地记在心里，勤奋学习，从不自满，教导别人，从不疲倦，这些事情我做到了哪些呢？”

七、子曰：“不愤不启，不悱不发。举一隅不以三隅反，则不复也。”（《述而》）——愤，因求知而未得而烦闷；悱，心里想说而不能明确地表达出来的样子；隅，平面正方形的角。

孔子说：“学生不到苦思不解的时候，我不去开导他；学生不到想说而又说不出来的时候，我不去启发他。我告诉他一方面的道理而不能使他连续想到其他方面的道理，就不再用这种方法教他了。”

八、哀公问曰：“何为则民服？”孔子对曰：“举直错诸枉则民服，举枉错诸直，则民不服。”（《为政》）——哀公，鲁国国君，姓姬名蒋，谥号为哀；举，推举、选拔；错，同“措”，放置。

鲁哀公问孔子：“怎样做才能使百姓心服呢？”孔子回答说：“把正直的人提拔起来，安置在邪恶的人之上，老百姓就会心服；若是把那些邪恶的人提拔起来，放在正直的人之上，老百姓就不会心服。”

九、子曰：“富与贵，是人之所欲也；不以其道得之，不处也。贫与贱，是人之所恶也；不以其道得之，不去也。君子去仁，恶乎成名？君子无终食之间违仁，造次必于是，颠沛必于是。”（《里仁》）——恶，同“乌”，何的意思。恶乎，怎么能够。终食，吃完一顿饭。违，违背、离开。造次，仓促之间。

孔子说：“金钱和地位，人人都想要有；如果不用正当的方法得到，君子是不会接受的。贫困和低贱，人人都厌恶，如果不用正当的方法摆脱，君子是不会逃避的。君子离开仁德，怎么能成名呢？君子连一顿饭的工夫都不违背仁，紧急关头是这样，颠沛流离的时候也是这样。”

十、子曰：“朝闻道，夕死可矣。”（《里仁》）

孔子说：“早上听到真理，晚上死去也甘心。”

十一、子曰：“见贤思齐焉，见不贤而内自省也。”（《里仁》）

孔子说：“看见贤德的人就想向他看齐，看见不贤德的人就反躬自问有无同他一样的毛病。”

十二、子曰：“德不孤，必有邻。”（《里仁》）

孔子说：“有德的人不会孤立，一定有志同道合的人与他相伴。”

十三、子曰：“贤哉，回也！一箪食，一瓢饮，在陋巷，人不堪其忧，回也不改其乐。贤哉，回也！”（《雍也》）——箪，古时盛饭的圆形竹器；食，吃饭。

孔子说：“颜回真高尚啊，用一个竹筒吃饭，用一个瓜瓢喝水，住在一个简陋的巷子里。别人忍受不了那样的困苦，颜回却不改变他的乐趣，颜回真高尚啊！”

十四、子贡曰：“如有博施于民而能济众，何如？可谓仁乎？”子曰：“何事于仁！必也圣乎！尧舜其犹病诸！夫仁者，己欲立而立人，己欲达而达人，能近取譬，可谓仁之方也已。”（《雍也》）——能近取譬，能以自身作比方，将心比心，推己及人的意思。

子贡说：“假如有人能普遍地给百姓好处，使大家都能生活得好，怎么样？可算得上仁人吗？”孔子说：“何止是仁人，那一定是圣人了，恐怕连尧舜也很难做到呢！举凡仁人，自己想生活得好，也必须使别人生活得好；自己想通达，也必须使别人通达；事事推己及人，可以说是实践仁道的方法啊。”

十五、子曰：“饭疏食饮水，曲肱而枕之，乐亦在其中矣。不义而富且贵，于我如浮云。”（《述而》）——饭，吃，名词作动词用；疏食，粗粮蔬菜；肱，手臂的自肩至肘部分。

孔子说：“吃粗粮，喝白水，弯着胳膊当枕头，乐趣也就在这里面了。那种通过不正当手段得到的金钱和地位，对于我来说，就像空中的浮云。”

十六、叶公问孔子于子路，子路不对。子曰：“女奚不曰：其为人也，发愤忘食，乐以忘忧，不知老之将至云尔。”（《述而》）——叶，旧音摄，楚国的县名，今河南叶县南。叶公姓沈，名诸梁，字子高，楚国大夫，封地在叶，故称叶公，也即成语“叶公好龙”的叶公。奚，何。云尔，如此罢了。

叶公向子路打听孔子的为人，子路没有回答。孔子对子路说：“你为什么不这样说：他的为人，就是勤奋好学忘掉了吃饭，乐于求知忘掉忧愁。连老了也不觉得，如此罢了。”

十七、子曰：“三人行必有我师焉，择其善者而从之，其不善者而改之。”（《述而》）

孔子说：“几个人在一起走路，其中必定有值得我取法的人，选择他们的优点加以学习，发现他们的缺点则作为借鉴，而改正自己。

十八、子曰：“君子坦荡荡，小人常戚戚。”（《述而》）

孔子说：“君子襟怀坦白而又快乐，小人则经常愁眉不展。”

十九、子绝四：毋意，毋必，毋固，毋我。（《子罕》）——毋，同“无”；意，同臆，猜测。

孔子杜绝四种毛病：不主观臆测，不绝对武断，不固执己见，不惟我独是。

二十、子在川上曰：“逝者如斯夫！不舍昼夜！”（《子罕》）

孔子站在河边上感慨地说：“消逝的时光像这河水啊，日夜不停地流去了！”

二十一、子曰：“后生可畏，焉知来者之不如今也？”（《子罕》）

孔子说：“年轻人是可敬畏的，怎知他们将来不如现在的一辈呢？”

二十二、子曰：“三军可以夺帅也，匹夫不可夺志也。”（《子罕》）——三军，周代建制，诸侯大国可建上、中、下或左、中、右三军，这里代指全军。

孔子说：“三军统帅可以被人夺去，一个普通老百姓立定的志向，却是不能强迫他改变的。”

二十三、子曰：“岁寒，然后知松柏之后彫也。”（《子罕》）——彫，同凋，凋谢意。

孔子说：“到了寒冷的时候，才知道松柏是最后凋谢的。”

二十四、子曰："君子成人之美，不成人之恶。小人反是。"（《颜渊》）

孔子说："君子成全人家的好事，不促成人家的坏事。小人则恰恰与此相反。"

二十五、子曰："其身正，不令而行；其身不正，虽令不从。"（《子路》）

孔子说："处在领导地位的人自身端正了，不发布命令，别人也会依照你的样子做；如果自身不正，即使发号施令，也没有人听从。"

二十六、子曰："无欲速，无见小利。欲速则不达，见小利则大事不成。"（《子路》）

孔子说："不要一味图快，不要贪小便宜。一味图快而达不到目的，贪小便宜就做不成大事。"

二十七、子曰："志士仁人，无求生以害仁，有杀身以成仁。"（《卫灵公》）

孔子说："志士仁人，不因贪生而损害仁的高尚品格，只会为维护这种品格而牺牲自己的生命。"

二十八、子曰："人无远虑，必有近忧。"（《卫灵公》）

孔子说："一个人如果没有长远的考虑，就必然有眼前的忧患。"

二十九、子曰："群居终日，言不及义，好行小慧，难矣哉！"（《卫灵公》）

孔子说："整天在一起闲聊，不说正经话，喜欢耍小聪明，很难有什么出息。"

三十、子曰："君子求诸己，小人求诸人。"（《卫灵公》）

孔子说："君子严格要求自己，小人严格要求别人。"

三十一、子曰："君子矜而不争，群而不党。"（《卫灵公》）

孔子说："君子为人庄重而不与人争执，能团结人而不拉帮结派。"

三十二、子贡问曰："有一言可以终身行之者乎？"子曰："其恕也乎！己所不欲，勿施于人。"（《卫灵公》）

子贡问道："有没有一个字就可以终生奉行的呢？"孔子说："该是'恕'吧！凡是自己不喜欢的，也不应当强加给别人。"

三十三、子曰："当仁，不让于师。"（《卫灵公》）

孔子说："在真理面前，对老师也不让步。"

三十四、子曰："过而不改，是谓过矣。"（《卫灵公》）

孔子说："有错误而不改正，那可真是叫作错误了。"

三十五、子曰："有教无类。"（《卫灵公》）

孔子说："不论贫富、贵贱，人人都可以接受教育。"

三十六、子曰："益者三友，损者三友。友直，友谅，友多闻，益矣；友便辟，友善柔，友便佞，损矣。"（《季氏》）——谅，诚信；便（pián）辟，善于逢迎谄媚的人；善柔，巧于柔化、见风使舵；便佞，以言辞取媚者。

孔子说："有三种有益的朋友，有三种有害的朋友。与正直的人交朋友，与诚实的人交朋友，与博闻多识的人交朋友，那是有益的；同谄媚逢迎的人交朋友，同看风使舵的人交朋友，同花言巧语的人交朋友，那就有害了。"

三十七、子曰："道听而途说，德之弃也。"（《阳货》）

孔子说："听到马路消息就到处传播，那是违背道德的。"

三十八、子曰："中庸之为德也，其至矣乎！民鲜久矣。"——中庸，是孔子的最高道德标准。中是折中，无过也无不及，庸是平常。

孔子说："中庸这种道德，该是最高的了，大家已经是长久地缺乏它了。"

三十九、子曰："知者乐水，仁者乐山。知者动，仁者静。知者乐，仁者寿。"（《雍也》）

孔子说："聪明人乐于水，仁人乐于山。聪明人活泼，仁人沉静。聪明人快乐，仁人长寿。"

四十、樊迟问仁。子曰："爱人。"（《颜渊》）

孔子的学生樊迟问什么是"仁"。孔子回答说："爱人。"